宗教が拓く
心理学の新たな世界

なぜ宗教・スピリチュアリティが必要なのか

[編著]
松島公望・大橋　明・川島大輔

福村出版

まえがき

「心理学」という学問は〝人間の営み〟について探る学問であり、「宗教」も〝人間の営み〟に深く関与していることから、この二つの領域は遠い位置にはないことは明らかである。しかし残念ながら、「心理学」と「宗教」との関わりは、とくに日本においては決して活発ではなかった。そのため、「宗教心理学を専門としているわけではないのだが、自分が研究を進めていく過程で『宗教』『宗教的なもの（スピリチュアリティ）』に遭遇してしまった。しかし、これまで『宗教』『宗教的なもの（スピリチュアリティ）』について扱うことがなかったので、それらのものを対象にしてどのように研究を行っていけばいいのか、どのように調査をすればいいのかがわからない。『宗教』『宗教的なもの（スピリチュアリティ）』は扱うのが難しそうだから、重要な要因であるのだが、自分の調査、研究で扱うのをあきらめようと思っている……」といった声をしばしば耳にすることがあった。

われわれはこの状況を打破したいと考えている。それが本書の目的である。「宗教」「宗教的なもの（スピリチュアリティ）」が心理学のさまざまな専門分野に関連しており、かつそれらを自分たちの研究に取り入れることで、その専門分野に新たな風を吹かせることになると本書で伝えたい。すなわち、心理学者が「宗教」「宗教的なもの（スピリチュアリティ）」を研究に取り入れることで、心理学の諸分野にどのような新しいパースペクティブが生まれ、その専門分野の進展に寄与するのかを明らかにしたいのである。さらに、このような観点は学問の中だけで閉じるものではない。いつどのようなときに「宗教」「宗教的なもの（スピリチュアリティ）」は必要とされ、機能するのかについて科学的な研究成果を知ることは、現代社会に生きる「宗教者（宗教指導者・信者）」にとっても、その社会的な役割や関わり方を考えるうえで重要な示唆となるのではないだろうか。

本書の目的を達成するために、各章の執筆者たちには、それぞれが研究を進めていく過程で「宗教」「宗教的なるもの（スピリチュアリティ）」に遭遇した経験をベースに、「なぜ自分たちは『宗教』『宗教的なるもの（スピリチュアリティ）』を必要とするようになったのか」について論じてもらうことにした。その際、次のような構成とした。

①自分がたどってきた研究史（研究におけるライフヒストリー）。
②なぜ自分たちの専門分野において「宗教」「宗教的なるもの（スピリチュアリティ）」が必要になったのか。
③「宗教」「宗教的なるもの（スピリチュアリティ）」を自分たちの研究に加えることによって、自分たちの専門分野で足りなかった領域や空白になっていた領域をいかに補うことができたのか。さらに、それらを補うことにより、その専門分野にどのような進展をもたらすことができたのか、新たな風を吹かせることができたのか。
④「宗教」「宗教的なるもの（スピリチュアリティ）」と「心理学（実証的研究、〈調査、実験〉データ）」が結びついた先に生まれる新しい可能性や新たな宗教心理学＝本書のタイトルのとおり、『宗教が拓く心理学の新たな世界』について論じる。

なお、それぞれの章の描き方には非常に幅やばらつきがあることもお伝えしておきたい。①の「自分がたどってきた研究史（研究におけるライフヒストリー）」についても、執筆者によって、「宗教」と「心理学（実証的研究）」と「自分自身の立場／専門分野」との結びつき方が大きく異なっている。

たとえば、編者の一人である松島にとっては、最初に「キリスト教（宗教）」との関わりがあったが、そのときは「心理学」の専門家ではなく、その後さまざまな経緯の中で「キリスト教（宗教）」と「心理学」が結びつき、現在の研究のかたちが出来上がった。また他の執筆者においても、「自分は宗教者である」、つまり前提としての「宗教」がすでにあり、研究を進めていく中で、「心理学（実証的研究）＝調査データ、実験データを活用して論じていくこと」の意義を感じ、「宗教」と「心理学（実証的研究）」を結びつけていこうとした場合もあった。その一方で、自分の専門分野を研究していく過程で偶然「宗教」に出会い、それまでの自分の研究とどう結びつくかを考えてきた執筆者もいる。さらに、「宗教」と「自分の専門分野」との関連を調査する共同研究を行ったことにより、自分がこれまでやってきた心理学的研究や研究方法と結びつける経験をした執筆者もいる。

このように執筆者によって立場や背景などが異なるため、前述の①～④の流れとは異なる描き方をしている場合もあるが、その「違い」についてはそれぞれの「個性」「生き方」とご理解いただければ幸いである。

続いて、「本書の構成（章立て）」と「索引」について言及したい。

本書は、「概念（思想）」「実証（データ）」「現場（実践）」の三つの領域との結びつきを想定しながら描かれた章によって構成される（これらの三つの領域による『難解で捉えることが困難である『宗教』『宗教的なるもの（スピリチュアリティ）』を追究するための『新たな連携・協働』」については「あとがき」で詳述している）。本書の執筆にあたり、執筆者へは「三つの領域の中で自分自身はどこに位置するかを想定しながら執筆してほしい」とお願いした。原稿が完成した後に、われわれ編者があらためてそれぞれの領域に分類した。当然、明確に「この領域である」と分類できるものではないため、「概念（思想）」「現場（実践）」の章については、「実証

（データ）」との結びつきも含まれる（「概念（思想）」にまつわる章はすべて「実証（データ）」との結びつきについて論じられている）。

このように執筆者にお願いしたことにより、それぞれがどの領域に対して意識しているのか、力点を置いているのかが見える。章のタイトルから「これは現場（実践）かな……？」と思える章が異なる領域に位置しているのは、執筆者がその領域に対して意識しており、力点を置いているからである。

第1章から第5章は、「『現場（実践）』と『実証（データ）』の結びつきを想定しながら描かれた章」、第6章から第18章は、「『概念（思想）』との結びつきを想定しながら描かれた章」である。その中で第6章から第15章は、「現場（実践）」と「実証（データ）」の結びつきを、第16章から第18章は、「現場（実践）」との結びつきを想定しながら描かれている。第19章から第26章は、「『実証（データ）』との結びつきを想定しながら描かれた章」である。

序章と第27章は、これらの章とは立ち位置を異にしている。序章は、本書全体を意識したかたちで論じられており、第27章は、心理学（実証的研究）に対する批判・反省を論じている。各章の内容は表1に「各章の説明」として簡潔にまとめた。本書を読む際の「ガイド」として活用してほしい。

続いて、「索引」について示したい。本書の索引に掲載されている用語は、それぞれの執筆者が自分の担当章から五つのキーワードをあげたものである。そのため、本書の索引は「宗教」「宗教的なるもの（スピリチュアリティ）」に関連しているすべての用語を抽出しているわけではない。また、通常の索引では抽出しないような用語が抽出されていることがある。そのような通常の索引と異なるのが本書の索引であるが、各章のキーワードによって作成されたため、執筆者がどのようなテーマ、概念に関心があり、どのような領域に対して着目しているのか、取り組んでいるのかを見て取ることができる。

執筆者があげたキーワードの中で重複していたのは、「スピリチュアリティ（4名）」「宗教性（3名）」「宗

表1　各章の説明

章	タイトル〔著者〕	概要	立場
序	キリスト教と宗教心理学――心理学(データ)から見えてくる新たな地平〔松島公望〕	筆者の歩みを通して、キリスト教と心理学(データ)が結びつくことの意味を論じ、それらが結びつくことにより、新たな地平が拓かれていくことを示している。	／
1	叡智と宗教心理学〔タカハシマサミ〕	自らの研究史(叡智、高齢期における心理構造)をたどりながら、スピリチュアリティ研究に至った経緯とその面白さについて述べている。	概念(思想)―実証(データ)
2	人生の意味と宗教心理学〔浦田 悠〕	筆者が作成した「人生の意味の入れ子モデル」を基に宗教・スピリチュアリティと人生の意味を検討し、「人生の意味」それ自体を捉えることの難しさを語っている。	
3	神学と宗教心理学〔森本真由美〕	神学と心理学をいかに結びつけることができるのか。神学、心理学の拠って立つ理論と研究法を踏まえて、両者の協働のかたちを探っている。	
4	宗教認知科学と宗教心理学〔藤井修平〕	21世紀に登場した宗教認知科学がもたらした成果を踏まえて、宗教認知科学と宗教心理学とが結びつくことによって生じる新たな可能性を論じている。	
5	身体性(ソマティック心理学)と宗教心理学〔久保隆司〕	ソマティック(SOMA-based)心理学を通して、「実証」「臨床」「思想」を結びつける「統合的な宗教心理学」の必要性を説いている。	
6	ポジティブ心理学と宗教心理学〔島井哲志・小笠原將之〕	ポジティブ心理学の理論と臨床事例を通して、人間にとっての「超越的存在(超越論的他者)」が意味するところを論じている。	現場(実践)―実証(データ)
7	仏教現場と宗教心理学〔武田正文〕	僧侶として、カウンセラーとして、仏教と心理学をいかに結びつけていくのかを思案することにより、仏教の心理学研究のこれからについて論じている。	
8	宗勢調査と宗教心理学――寺院を通して心を探る〔相澤秀生〕	仏教教団によって実施される宗勢調査から見た寺院の実態を示したうえで、心理学的な手法を加えることで新たな可能性が広がることを論じている。	
9	ミッションスクールと宗教心理学〔クリーグ波奈〕	A校(プロテスタント)の教員、元生徒へのインタビューを通して、実践共同体としてのミッションスクールにおける宗教的価値の伝達の意義について論じている。	
10	職場・会社組織(成人期／産業組織心理学)と宗教心理学〔今城志保〕	会社組織における宗教要素の意味合いについて、職場スピリチュアリティおよびマインドフルネスに焦点を当てて論じている。	
11	家族(家族心理学)と宗教心理学――国際結婚家族研究から見えてくる家庭内文化実践の枠組みとしての宗教〔矢吹理恵〕	国際結婚家族研究により、ミクロレベルの個人の信条やものの見方から、マクロレベルの社会階層・国・文化圏における宗教の機能が可視化されることを指摘している。	
12	高齢者(老年期／老年学)と宗教心理学〔大橋 明〕	高齢者を対象とした宗教心理学が日本で広がってきた理由を挙げつつ、具体的な宗教的行動の意味を扱うことが今後の発展につながるとしている。	

表1　各章の説明（つづき）

章	タイトル〔著者〕	概要	立場
13	介護・ターミナルケアと宗教心理学〔河村諒〕	高齢者が体験する死別場面や、高齢者施設における日常場面で、宗教が果たす役割、また宗教を取り入れることの課題について論じている。	現場（実践）―実証（データ）
14	災害と宗教心理学〔大村哲夫〕	震災で死亡した子どもに卒業証書を授与する現象を調査し、死児の成長という民間信仰に通底する心理によって、死者を慰め生者を癒す効果があることを指摘している。	
15	犯罪被害者遺族と宗教心理学――二人称の死後世界観〔白岩祐子〕	魂の永続や死後世界の存在を信じることは、犯罪被害など不条理な死に直面したときに顕著であることを示し、この観点から死後世界観の尺度作成を試みている。	
16	看護・臓器移植と宗教心理学〔石井賀洋子〕	一般的な医療従事者教育では宗教の学びを深める環境が整っておらず、臓器移植に関わる人々のためにも宗教について意識を深める必要性を指摘している。	現場（実践）
17	アルコール依存（精神保健福祉）と宗教心理学〔岡田正彦〕	アルコール依存からの回復にはスピリチュアリティが重要であり、精神保健福祉領域においてもこの視点を取り入れる必要があると語っている。	
18	発達障害と宗教心理学〔森 マミ〕	障害受容や価値観の転換に関する論の変遷をまとめつつ、宗教的価値観が障害受容を促進する可能性について指摘している。	
19	心理臨床と宗教心理学〔河村従彦〕	自身の研究史と神表象理論に関する実証的研究の成果に触れつつ、心理臨床での宗教の意義と課題について言及している。	実証（データ）
20	子ども（乳幼児期）と宗教心理学〔辻本 耐〕	子どもはいつ死を理解するようになるのか。子どもの死に対する概念と宗教性の発達について、緻密な実証的研究の成果を紹介しつつ論じている。	
21	学習（行動分析学）と宗教心理学〔中尾将大〕	学習理論の研究者であった筆者が、家族との死別経験を転換点として、どのように宗教に関心をもち、宗教的行動の研究に従事することになったかを記述している。	
22	青年期のアイデンティティと宗教心理学〔杉村和美〕	欧米で自明視されてきたものとは異なる日本人青年の宗教的信念に着目し、それがいかにアイデンティティと関わっているのかを、今後の展望とともに解説している。	
23	自然と宗教心理学〔西脇 良〕	人々が素朴に抱く自然観の中に宗教性を見出し、その心理学的研究の成果について平易に解説している。	
24	社会心理学と宗教心理学〔及川 晴〕	宗教への社会心理学研究において、とくに測定方法に着目しつつ、科学的アプローチの有益性について論じている。	
25	質的研究（ナラティヴ心理学）と宗教心理学〔古賀佳樹・川島大輔〕	著者らの対話という形式で、質的研究と宗教心理学の接点について平易に語っている。	
26	数量的研究（心理統計）と宗教心理学〔日原尚吾〕	宗教を数量的に捉えることの困難性とともに、その取り組みが心理学の数量的研究の新たな地平を切り拓く可能性に言及している。	
27	自文化中心主義と宗教心理学――美しきフクロウが教えてくれること〔イーリャ・ムスリン〕	自文化中心主義への注意を喚起する観点から、アメリカ心理学追従の心理学研究への警鐘と、文化的相違に対する意識の重要性を訴えている。	／

教（2名）」「宗教学（2名）」「宗教的行動（2名）」「心の理論（2名）」と六つしか存在していなかった。それは、執筆者の着眼点が異なっていたことを表しており、実証的宗教心理学にまつわる分野がそれだけ多岐にわたって展開していることを意味しているともいえる。

さらに索引を通して「全キーワードに対する使用頻度」について俯瞰することができる。索引を見ることにより、本書の中でどの程度の執筆者がそれぞれの用語を使用しているのか（着目しているのか）を理解することができる。また、それらの用語がそれぞれの章でどのようなかたちで使われているのか、捉えられているのかを比較してみても学びの幅が広がるように思われるので、索引についてもぜひ活用してほしい。

索引を含めてさまざまな試みを行っている本書を新たな挑戦の書として位置づけたい。本書の執筆者は「宗教と心理学を結びつけて新たな成果を見出そう」と取り組み、格闘している者たちである。ゆえに、それぞれの執筆者が描く「宗教と心理学の未来（これこそ、本書のタイトルである『宗教が拓く心理学の新たな世界』である）」を語ってもらうことにした。本書は序章を含めて28章あることから、28通りの「宗教と心理学の未来」が描かれている。この28通りの「宗教と心理学の未来」を大いに味わっていただきたい。

松島公望・大橋　明・川島大輔

目次

序　章　キリスト教と宗教心理学
——心理学（データ）から見えてくる新たな地平

松島公望

第1節　研究に至るまで

筆者はキリスト教徒の家庭に生まれ育ち、幼いころから教会に通い続けた。「将来は、世界を巡り、何千人、何万人の前で説教を語る牧師になりたい」と大いなるヴィジョンを掲げて、小学校～中学校～高校～大学とその思いを胸にキリスト教徒として歩んでいた。

大学を卒業して、念願だった神学校に入学した。しかし、そこからが闘いの始まりだった。周囲の期待に応えるために牧師という職業を選択したこと、現場の牧師の職務と自分自身が想像していた牧師像の間にズレがあることに気づき始めた。

神学校は寮生活であったことからさまざまなものとじっくりと向き合うかたちになった。自分が所属した教団、教会、神学校、それらに関わる人々と向き合うこととなり、理想と現実との狭間でつまずき、傷ついていった。真理だと信じていたものが揺らぎ、いろいろなことがわからなくなり、葛藤し、混乱していった。苦しみ、悶える中、ひたすら神に救いを求め続けた。深夜、祈禱室で独り祈り続け、叫び続けたこともあった。しかし、「神は沈黙し続けている」と思った。そのような状況が続いたことにより、さらに筆者は深く傷ついていったのである。そうした葛藤や混乱が次第に大きくなっていき、それらを収めようとして必死になって神学校での学び、実習、奉仕などに没頭した。そしてドクターストップがかかり、悔やみつつ神学校から去ることになってしまった。

　病いに伏した直後は「何としても牧師になりたい」ともがいていたが、その思いを断ち切ってから一気に快方に向かい、新たな道を模索するようになった。模索の中であらためてキリスト教のこと、自分の通っていた教団・教会のこと、自分の信仰や自分が体験としたと思っていた宗教体験などについて思い巡らすようになった。

　思い巡らす中で見えてきたことは、私にとって聖書が「律法の書」「裁きの書」となっていたということであった。神は「裁きの神」であり、かつ「絶対的な存在」であった。絶対的な裁きの神から「お前は罪人である。罪がある限り、お前は永遠の滅び、永遠の死に至るのだ。だから悔い改めよ」と責められ、自分自身も自らを強く責め続けていた。そこには逃げ場はなく、恐怖しかなく、それゆえ神学校時代は強迫的に追い込まれていったのである。加えて、「神のように、イエス・キリストのように、聖《きよ》く正しくあらねばならない」といった「〜でなければならない」「〜してはならない」という、キリスト教でいわれる「律法主義的な考え」にも陥っていた。自分の罪深さ、弱さ、醜さを神からも自分からも責められ、落ち込み、傷つき、律法主義的な考えにがんじがらめになり、それらができない自分にさらに落ち込み、傷つき、まさに負のスパイラルで激しく疲弊し、深く傷ついていったのである。

「このように激しく疲弊し、深く傷ついたキリスト教徒としての歩みは一体何であったのか……」と自問自答する日々が続いた。そのような中で、あらためて「自分が歩んできた道と対峙しよう」との思いに至った。そこから「両親や兄はキリスト教に救われたが、自分はキリスト教に傷つけられた。どうしてそのような違いが現れたのか。その違いを追究してみたい」と考えるようになった。「独学には限界があるから、体系的に学ぼう」と思い、大学院に行くことにした。

　キリスト教徒として歩んでいるときは、「信仰」「宗教体験」などの多くのものは漠然としていて明確に捉えることが難しかった。そのような中で心理学に出会い、データをもとに（しっかり根拠をもって）論じていく科学的心理学の姿勢をとても心地よく感じた。心理学をカウンセリングと思っている学部生が「心理学は実証的研究をベースにする」とわかると躓いてしまう話は心理学の世界では「あるある」だが、筆者はその反対で、はっきり数字で、データで示そうとの科学的心理学の姿勢に非常に強い共感を覚えた。そこから、いかにデータからキリスト教を捉えていくことができるのか、模索が始まったのである。

第2節　キリスト教と心理学をいかに結びつけていくのか

1．研究の開始

誰もがまずは自分のやりたいテーマについて先行研究を調べることから始める。筆者もさまざまな領域の先行研究を調べたのだが、日本人の宗教性を扱った実証的研究はほとんど見当たらず、実証的宗教心理学の領域が永きにわたって沈滞していた現実を目の当たりにした。

そのような状況の中で日本人の宗教性を扱った実証的研究の難しさや問題点が見えてきた。主たる要因として、①日本人（全般）の宗教性の捉えにくさ、②心理学における一般化・普遍化・平均化の問題があげられる。①については、日本の宗教的風土は複雑であり、信仰の表明の仕方も異なっているため、日本人（全般）の宗教を特定することは困難であり、かつ学校や家庭の調査協力を得られないことも多く、信仰の対象を特定できない場合もある。②については、これまでの心理学的な宗教研究では、教団、教派といった「対象」の問題がさほど大きく取り上げられることはなく、その理由の一つとして、一般化・普遍化を目指すという心理学的研究の方向性の問題があげられる（杉山 2004）。

筆者は、「日本人（全般）の宗教性が捉えにくいのであれば捉えやすいところから始めればよい」と考えた。

そこで、「日本人（全般）」の対極にある「特定の教団に関わる日本人」に着目して研究を進めることにした。すなわち、一つの教団に研究対象を特定することにより、その教団に関わる日本人の「宗教性」をさまざまな観点から詳細に検討することができると考えたのである。まず一つの教団に関わる日本人の「宗教性」発達を明らかにすることができれば、この研究成果を起点として、他の教団、教派と比較することも可能となり、日本人（全般）の宗教性を検討するための「礎（たたき台）」を作ることができると考えた。

2．「たたき台」を作る

その「たたき台」とは、ホーリネス系教会に関わる日本人を研究対象として、彼らの宗教性について縦断的、横断的の両面から検討し、その「発達」の特徴を明らかにするものであった（松島 2011）。内容は、(1)「キリスト教における宗教性」（以下、「宗教性」）の定義、(2)「宗教性」発達モデルの構成、(3)「宗教性」に関する尺度の作成、(4)「宗教性」発達モデルの検討の四つからなる。

ホーリネス系教会を対象にした理由は、①個人の信仰を自覚的に意識する傾向が強く、宗教意識を顕在的に捉えやすい、②キリスト教のオーソドックスな立場に布置している、③日本のキリスト教の中では中規模な教派であり、さらなる関連研究も可能である、④筆者はホーリネス系教会に属するキリスト教徒の家庭に育ち、ホーリネス系教会の神学校に通っていたことから、ホーリネス系教会に関わる人々の生育歴や宗教体験、考え方などを理解しやすく、彼らとの信頼関係を築きやすいからであった。

（1）「宗教性」の定義

まず対象とする「宗教性」を定義することにより、これから行う研究において何を測定するのかを明確にすることができた。

「宗教性」とは、「個人がどの程度キリスト教に関与しているのか」を測定する指標であり、個人がキリス

表１　「宗教性」の構造

宗教意識	認知的成分	知識・信念	効果（報酬・責任）
	感情的成分	体験・共同体	
宗教行動	行動的成分	行動	

ト教についてどの程度、「信じるのか、感じるのか（宗教意識）」「振る舞うのか（宗教行動）」を表しており、宗教意識と宗教行動を包括する枠組みといえる。さらに、宗教意識、宗教行動を細分化し、「宗教性」の様相をより詳細にするため、グロック（Glock 1962）およびバービット（Verbit 1970）が示した「知識、信念、体験、共同体、行動、効果（報酬・責任）」の6次元を「宗教性」の内容に取り入れることにした。「知識」とは教義、教典に関する情報を有すること、「信念」とは宗教的な教えを信じること、「体験」とは宗教的経験や宗教的感情をもつこと、「共同体」とは信仰を介した対人的・情緒的な関わりを指し、「行動」とは礼拝、祈りなどといった特定の宗教的行動である。また、「効果」とは以上の五つの次元が信者の生活や行動、精神などに及ぼす社会的・世俗的な影響（キリスト教徒になったことによって生じる報酬・責任）を意味する。

以上を踏まえて、宗教性の構造を整理したのが表1である。宗教性とは、「宗教にまつわる事柄について、知り（知識）、信じ（信念）、感じ・体験し（体験・共同体）、行い（行動）、それらの影響を受ける（効果：報酬・責任）」ことと定義した。

（2）「宗教性」発達モデルの構成

面接によって7人の神学生の「自らの信仰に関わるエピソード」を聴取し、得られた口述資料と彼らの信仰体験談（文献資料）を活用して、「宗教性」の下位概念との関連から各エピソードを分類した。それをもとに7事例の個人史を作成し、個人史からそれぞれの「宗教性」発達プロセスを構成した。7事例の「宗教性」発達プロセスから局面ごとに共通項を集約し、最終的にホーリネス系教会に関わる日本人キリスト教徒における「宗教性」発達モデルを構成した（図1参照：図1の数値は以降の（4）で算出した数量的なデータを併

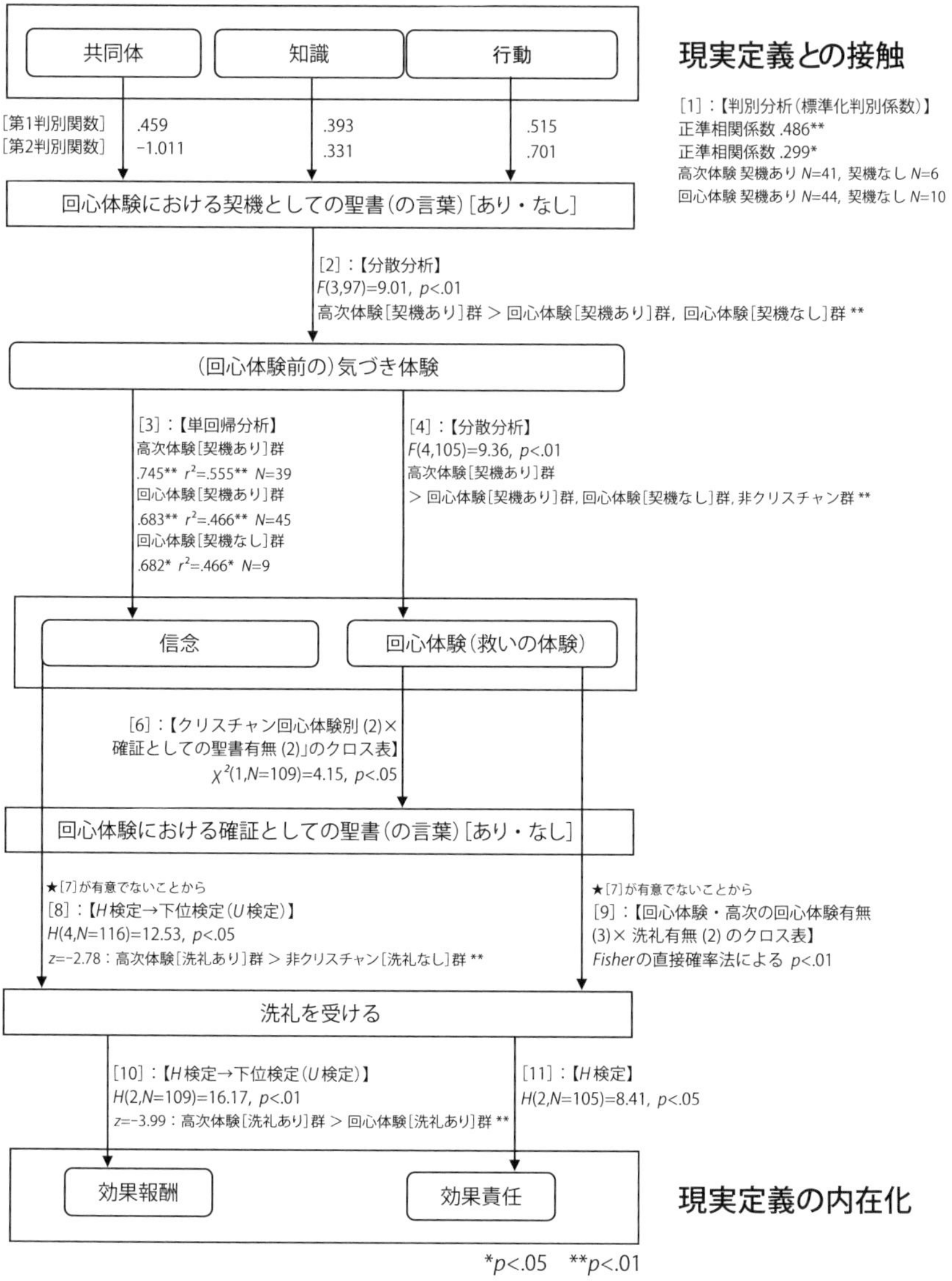
共同体
知識
行動
現実定義との接触
[1]：【判別分析（標準化判別係数）】
正準相関係数 .486**
正準相関係数 .299*
高次体験 契機あり N=41, 契機なし N=6
回心体験 契機あり N=44, 契機なし N=10
[第1判別関数]
[第2判別関数]
.459
−1.011
.393
.331
.515
.701
回心体験における契機としての聖書（の言葉）[あり・なし]
[2]：【分散分析】
F(3,97)=9.01, p<.01
高次体験[契機あり]群 > 回心体験[契機あり]群, 回心体験[契機なし]群 **
（回心体験前の）気づき体験
[3]：【単回帰分析】
高次体験[契機あり]群
.745** r²=.555** N=39
回心体験[契機あり]群
.683** r²=.466** N=45
回心体験[契機なし]群
.682* r²=.466* N=9
[4]：【分散分析】
F(4,105)=9.36, p<.01
高次体験[契機あり]群
> 回心体験[契機あり]群, 回心体験[契機なし]群, 非クリスチャン群 **
信念
回心体験（救いの体験）
[6]：【クリスチャン回心体験別 (2)×
確証としての聖書有無 (2)」のクロス表】
χ²(1,N=109)=4.15, p<.05
回心体験における確証としての聖書（の言葉）[あり・なし]
★[7]が有意でないことから
[8]：【H検定→下位検定（U検定）】
H(4,N=116)=12.53, p<.05
z=−2.78：高次体験[洗礼あり]群 > 非クリスチャン[洗礼なし]群 **
★[7]が有意でないことから
[9]：【回心体験・高次の回心体験有無
(3)× 洗礼有無 (2) のクロス表】
Fisherの直接確率法による p<.01
洗礼を受ける
[10]：【H検定→下位検定（U検定）】
H(2,N=109)=16.17, p<.01
z=−3.99：高次体験[洗礼あり]群 > 回心体験[洗礼あり]群 **
[11]：【H検定】
H(2,N=105)=8.41, p<.05
効果報酬
効果責任
現実定義の内在化
*p<.05 **p<.01

図1　成人期群における「宗教性」発達モデルの各局面の分析結果
（松島 2011, p.123 より一部抜粋）

記したものである)。

(3)「宗教性」に関する尺度の作成(尺度開発)

「宗教性」を「宗教意識:信念、体験、共同体、効果報酬、効果責任、知識」「宗教行動:行動」に分類し、その構造をより具体的に整理した。尺度化にあっては、宗教意識を「宗教意識尺度」「宗教知識テスト」に分類し、「宗教行動尺度」と合わせて三つの測定尺度(テスト)を作成した。このような分類を行うことによって、より詳細に下位概念間の関連や差異について検討することができ、「宗教性」の構造を把握するのに有効であると考えた。

(4)「宗教性」発達モデルの検討

「宗教性」発達モデルおよび「宗教性」に関する尺度を用いて、青年期から成人期(青年期前期群・中期群〈中学・高校生〉、後期群〈18歳:大学生以上~25歳〉・成人期群〈26~64歳〉)の「宗教性」発達の特徴について横断的に検討した。各局面に対応したデータおよび作成した尺度、テストを用いることによって、局面ごとの関連・差異を検討した結果、おおむね「宗教性」発達モデルは妥当であることが示された(図1参照)。

第3節 「たたき台」を作った〈キリスト教と心理学〈データ〉を結びつける〉ことにより見えてきたもの

ホーリネス系教会に関わる日本人の「宗教性」を詳細に検討する(「たたき台」を作った)ことにより見えてきたものが二つあった。

1．研究対象者の実態をデータから確認する

個々人の経験として語られていたもの（一般化・普遍化・平均化の対極にある個別性の強い個人の宗教性の様相）がデータに変換されたことにより、より多くの人に共有され、比較の対象として扱うことができるようになった。「研究対象者の実態（ホーリネス系教会に関わる日本人の日々の信仰生活、教会生活）」をデータから確認することも重要な作業である。

2．新たな発見

このときの調査において、高次の回心体験[*1]後の経過年数によって「宗教性」の高さに違いが見られなかった。筆者は、「高次の回心体験により『宗教性』は高まりを見せるが、その後の時間の経過については、さらに『宗教性』が高まっていくというよりは教会生活による積み重ねの中で高次の回心体験で高まった『宗教性』を維持し続けているのではないか」と考察した。

この考察に対して、調査対象となった教団のある牧師から「自分たちの教団において、高次の回心体験後の具体的な信仰実践の成長のあり方を示していないことも要因としてあげられるのではないか」との応答があった。

このように現場の人間にも見えていなかったことが調査結果（データ）から見えてくるときがある。調査を行い、データ分析を行った先に、自分たちの日々の信仰生活、教会生活では気づくことができなかった新たな様相が見えることがある。キリスト教徒にとっては「キリスト教の教え（教義）」や「生活の場」に対しての新たな気づきのときとなり、研究する私たちの側にとっても、さらに宗教性を探究する際の新たな気づきのときとなるように思われる。そして「気づく」ことにより、改善に向けた新たな一歩を踏み出すことができるようにもなるのである。

第4節　キリスト教と心理学（データ）が結びつくことの意味——新たな地平を拓く

キリスト教と心理学（データ）が結びつくことにより、「キリスト教徒の日々の信仰生活、教会生活の実態」が見えてくる。さらにデータから、自分たちが見えていなかった、気づいていなかった「キリスト教の教え（教義）に対する新たな理解」を含め、キリスト教徒の日々の営みの新たな様相が見えてくるときもある。心理学（データ）から宗教性の新たな側面を明らかにしていくことができる。これは、他の宗教でも然りであると筆者は考えている。宗教と心理学（データ）が結びつくことによって、宗教に関わる者にとっても、心理学に携わる者にとっても新たな気づきを生み出し、新たな発見に出会うことができる。加えて、宗教心理学の領域はほとんど掘り起こされていないため、宗教とデータが結びつけば多くの新たな気づき、新たな発見が生み出されるだろう。そしてその先に間違いなく新たな地平が見えてくるのである。

最後に、キリスト教と心理学が結びついた先の「筆者の後日談」を記して本章を閉じたいと思う。キリスト教と心理学が結びついたことにより、ホーリネス系教会を多角的に見ることができるようになった。また、それまでの自分は「ホーリネス系教会＝宗教のすべて／絶対」であったが、一連の研究を通じてホーリネス系教会に対する見方が相対化されていった。これらの経験から自分自身が非常に狭い中で生きてきたことに気づかされた。またそう気づかされたことにより、キリスト教への理解も広がり、深まっていった。

しかし、だからといって自分自身の信仰が広がるわけでも深まるわけでもないし、救われるわけでもない。「研究を行うことによりキリスト教への理解が広がり、深まること」と「キリスト教に対して信仰をもち、その信仰を広げ、深めること」とは別のことである。ゆえに理解が広がり、深まっても、キリスト教が筆者の人生に今なお影を落としている面も少なからずある。それでも宗教、キリスト教と心理学を結びつけることを追究していきたいと考えている。その理由は、研究を行ったことにより、自らの傷が癒された面も存在するからである。また、私と同じような境遇の人がいて、私が行った研究を通して少しでも前を向くきっかけになるのであれば、宗教、キリスト教と心理学を結びつける意義は大いにあると考えている。「心理学（データ）」で「宗教のすべて」を捉えることができるなどとはまったく思っていない。そうではなく、この方法でどこまで宗教を捉えることができるのかを追究していきたい。そこから新たな地平、新たな世界を拓いていきたいのである。本書そして本章はまさにその一歩なのである。

注記

＊1　「回心体験（救いの体験）」とは、キリスト教において、自らの罪を悔い改め、イエス・キリストを救い主として信じ、自分の罪が赦されることをいう。ホーリネス系教会では、「神より救いを受けた者でも、人間の中に深く食い込んでいる罪の性質（これを原罪という）までは、回心体験ではまだ処置されていない」と考える。神の恵みが、この原罪の性質にまで及び、故意に罪を犯すことがなくなり、自己中心的な生き方から神中心の生き方へと変化する体験を「高次の回心体験（きよめ〈聖化〉の体験）」という。このことによってキリスト教徒としての本格的な成長がなされるとの見解をホーリネス系教会はとっている。そのため、高次の回心体験は重視されており、その体験を得るための集会なども催されている。

文献

Glock, C. Y. (1962) On the Study of Religious Commitment. *Religious Education*, 57(Research Supplement), 98-110
松島公望（2011）『宗教性の発達心理学』ナカニシヤ出版
杉山幸子（2004）『新宗教とアイデンティティ――回心と癒しの宗教社会心理学』新曜社
Verbit, M. F. (1970) The Components and Dimensions of Religious Behavior: Toward a Reconceptualization of Religiosity. In P. E. Hammomd, B. Johnson (Eds.), *American Mosaic: Social Patterns of Religion in the United States* (pp.24-39). Random House.

第1章　叡智と宗教心理学

タカハシマサミ

第1節　お・こ・と・わ・り

自分は宗教心理学者と思ったことも、またそのように名乗ったことも一度もない。たまたま発達心理学の分野で研究を進めていくうちに、宗教やスピリチュアリティという心理的側面と向き合うことになっただけである。ここではその経緯について、自分の研究軌跡をたどりながら個人的な話を交えて伝えていきたいと思う。

自分の20代前半は多くの若者がそうしたように「若気の使命感」に燃え、世界平和への貢献を念頭に海外青年協力隊への入隊等も模索したが、最終的には老いていく両親や自分自身を省みて「高齢者のために何ができるか?」というような、世界平和よりは多少現実味のある目標に落ち着いた。この時期はヒューストン大学修士課程に在籍しており、目標の第一歩として博士課程進学を志望し、当時まだあまり知られていなかった老年学という分野に願書を出す予定でいた。ところが修士課程の指導教官から「高齢者の研究をしたいなら、より確立された発達心理学を最初に学んで、その分野で高齢者に焦点を当ててはどうか。逆に学際的な老年学から心理学に進む（仕事を見つける）のは難しい」とアドバイスを受け、テンプル大学大学院発達心理学研究科の博士課程に進んだ（ただ、この時点では「発達」心理学という言葉すら知らず、日本語の自己紹介で自分の専門は「発展心理学」と言っていた）。

大学院では伝統的なピアジェ（Piaget, J.）派と斬新的な文脈派の教授陣の間を揺れて、最終的にはより理論的な前者、とくに新ピアジェ派という、認知はもとより感情的発達も含む心理構造[*1]の生涯発達を専門とするに至った。ポスト形式操作における感情等の影響に関する研究を経て、博士論文のトピックを選択する段階でそのきっかけとなった出来事がある。それはある学部会で教授や院生が他愛もない会話をしていたときに、のちに全米心理学会の会長にも推薦されたほど著名な教授の一人が「年とるっていうのはバカになるってことよ」とボソッと言ったことである。さらに驚いたことに、彼女の発言に異論を唱える者もおらず、数秒後にはそのコメントは何事もなかったように会話の流れに消えていってしまった。自分も彼女が深い意味で言ったのではないだろうと思い、あえて真意を尋ねなかったが、部屋にいた三十数人の研究者がこのことにまったく違和感を覚えていない様子だったことが驚きであった。

第2節　「叡智」の実証研究

これがきっかけとなり、高齢期の「心理的発達」そして日本語では叡智や知恵と訳されるWisdomに興味をもったが、当時は欧米でも非常にマイナーなトピックであった（ちなみにこのテーマで博士号を取った自分の就職先を上記の著名な教授が非常に心配していたそうである）。それは20世紀に隆盛を誇った実証・行動主義の影響で、Wisdomのように形而上学・宗教的な色合いの概念は長らく排除されてきた歴史があったからである。また「加齢は衰えること」という機械的世界観が一般的に受け入れられていた当時、高齢者がWisdomという徳に結びつくことが研究者たちにとっても腑に落ちなかったのかもしれない。しかし実証・行動主義に固執するような風潮も薄れていき、さらにエイジズムに対する批判が顕著になってきたことが、その後Wisdom研究を後押ししていくこととなった。とくにそれまで児童心理学を基盤にしていた当時の発達心理学においても加齢に伴う心理構造の質的変容が認知され、概念構成の段階から高齢者に焦点を当てた研究がなされるようになった（例：ポスト形式操作、熟練知など）。この生涯発達という概念の台頭により、研究者たちは高齢期における心理機能の衰えのみでなく、心理構造の発達という研究にも目を向けていった。

1．叡智のイメージ

ちょうどWisdomの概論書（Steinberg 1990）が初めて出版されたのがこのころである。この概論書がハンドブックとして2005年と2019年に改訂される際に、まさか自分がその一章を担当することになるとは夢にも思わなかったが、最初の概論書についていえば各章担当の著者が多岐にわたる理論や手法を提示した非常に独創的な本であった。また、これはのちのスピリチュアリティ研究にもいえることだが、新しいトピックということでその理論・概念構築にも多くのページが割かれた。しかし、Wisdomとは山奥の滝の前で白髪の老人たちが集う水墨画のようなイメージがぼんやりとあった自分は、著者全員が欧米の研究者であった概論書の提示するWisdomの全体像になじめず、それがパルモア（Palmore 1975）が指摘した高齢者に対する文化的な考え方の違いではないかと推測した。とくに大々的な研究を行っていたバルテス（Baltes, P. B.）等がWisdomを「（人生に関する）専門知識」、つまりある種の結晶性知能のようなものとしたことに大きな違和感を覚えた。

2．叡智研究の三つのアプローチ

そこで、この未開拓の概念が実際にどういうものなのかを包括的に捉えるために三つのアプローチを模索した。まず、知的考古学という手法を用いて数々の歴史書や宗教文献をひもとき、先人たちがWisdomをどのように理解していたかを調べた。同じような研究はあったが、それらは主に西洋史に重点を置いていたため、自分はヴェーダ教典を発祥とする東洋の文化・歴史についても掘り下げた。その結果、ギリシャ文化から中世のユダヤ・キリスト教的パラダイム、そしてニュートン等の科学的思想へと続くロジカルな文化的背景をもつ西洋では、Wisdomは知識の豊富さや効率性などの高度な認知機能とみなされていることがわかった。一方、東洋では明言化することを避ける文化的土壌や認知・感情等を包括的に受け入れる傾向により、Wisdomは単なる高度な認知機能というよりは、高度に発達した自我や成熟した認知と感情の統合など曖昧ながら幅広い心理構造が根幹にあるものとして解釈されていたのである。

二つ目のアプローチは人々が現在どのようにこの概念を理解しているかを探るもので、クレイトン（Clayton, V.）とビレン（Birren, J. E.）がアメリカ人のみを実験協力者として行った「潜在的意味」を発見する研究を、アメリカ、オーストラリア、インド、日本からの実験協力者を相手に行った。結果はアメリカとオーストラリアにおいてWisdomは発達した認知機能として見る傾向があるが、インドと日本においては経験に基づく感情や直感も伴う判断力に近い概念として解釈されることがわかった。

その後、最終アプローチとして、これらの結果を考慮しつつ既存の理論（エリクソン〈Erikson, E. H.〉や新ピアジェ理論）を融合させたWisdomの包括的発達理論を提示した。これはそれまでの認知能力に偏った定義ではなく、認知能力を含む分析的な側面と、感情や自我の発達なども含意する総合的側面を前提に、Wisdomを一つの心理過程における二つの側面として捉える視点である。また、その理論の実証的な査定を日米の中年、高齢者群を対象として行った結果、日米ともに高齢者群が中年群より認知機能（分析的側面）だけでなく総合的側面についてもWisdomのレベルが高く、これらが人生満足度と相関していることがわかった（Takahashi & Overton 2005）。

図1　***Nu Bleu***（マティス, 1907）
Cone Collection. Baltimore Museum of Art

図2　***Nu bleu II***（マティス, 1952）Pompidou Center, France

第3節　高齢期における心理構造の発達研究

この時点でWisdomに関する研究には一区切りついたわけだが、気になっていたのは前述の高齢者の心理構造における総合的側面についてである。これはその後の研究においても重要なポイントとなるため少し説明が必要であるかと思う。まず高齢期に関する発達心理学の分野で知られているのがバルテスのSOCモデルであるが、これは加齢とともに低下する機能から自分にとって重要なものを選び（選択：Selection）、集中的に練習し（最適化：Optimization）、その結果、高齢者でも質の高い生活を続けていくこと（補償：Compensation）ができる、という足し算・引き算的な理論である。バルテスらによればWisdomに関しても心理の機能性（とくに認知機能）を重視し、加齢とともに下降する人生についての専門的知見を「選択→補償→最適化」した結果としている。しかし最終的にはその専門的知見の量や機能である「一般的叡智」は「一個人がもつには膨大かつ複雑すぎる」ため、結局Wisdomは書物やデータベースなどの文化的な集積物である、という結論に至るわけである（Baltes & Staudinger 2000）。

つまりこの理論では心理的機能（行動）に重点が置かれすぎ、各自のユニークな解釈を行う根底にある心理構造に関わる現象を説明するのが困難である。たとえば図1と図2はマティスの*Nu Bleu*という、それぞれ38歳と83歳のときの同名の作品である。彼は高齢と病気による身体機能の低下で後年は「補償」以前に筆を持つ機能さえ失ったが、「機能の補償と最適化という」単なる足し算に固執せず、自分の表現方法を変容し続け、切り絵／版画という手法に芸術家としての自己解放という象徴を見出したのである（Elderfield 1978）。つまり彼にとっての芸術活動は単に作品を作り上げるという「手段」ではなく、むしろ心理構造の一側面である創造性や芸術性を「表現する」行動であり、その行動形態が絵画から切り絵に変容しただけのことである。（Taylor 1995）。Wisdomに関していえば、何かを得るための「手段」ではなく（例：専門知に伴う人生の満足度）、人生経験とともに中高齢期に高度に発達した心理構造が「表現」された行動として見ることを意味する。これはボウルビー（Bowlby, J.）の愛着論における親子関係にも当てはまるが、行動を機能だけでなく、その底辺にある心理構造（「感情の絆」）の表現と理解することで、行動主義より飛躍した解釈ができることとなる。

つまり高齢者の総合的側面または心理構造に着目するということは、加齢に関わる行動を単なる機能低下とみなすのではなく、心理構造の発達に伴う行動の変容と見ることを可能にする。たとえば、祈りという「行動」（手を合わせてひざまずく動作）は「何か」（名声や健康）を得るためと捉えることもできるが、その一方で、個人の神や仏に対する畏敬の念を「表現」したものととることもできる。前者的解釈は行動主義に沿った「強化」や「偶発性」であり、後者は表現される心理構造の発達にも目を向ける必要がある。エリクソン的にいえば、乳児期に親らによって育まれた「希望」という心理構造が、死に直面する高齢期には「信仰」というものに発達・変容するということにも当てはまる。

第4節「スピリチュアリティ」の実証研究

このような考えがきっかけでWisdom以外の高齢者における心理構造の発達に興味をもち、宗教性やスピリチュアリティの研究をするに至った。そしてこのときもWisdomと同様に文化的な違いに気づくこととなる。そのきっかけとなったのがアメリカ同時多発テロである。このときはフィラデルフィアに住んでおり、マンハッタンを頻繁に行き来していただけでなく、大勢の友人が事件に巻き込まれた。その後アメリカ国内では事あるごとに宗教に絡んだ話題が取り上げられたが、これらの日常会話においては「自分たちのキリスト教」と敵であるイスラム教を包括した「宗教」という呼称が避けられていた感がある。たとえば学会等でもスピリチュアリティという言葉で議論が始まるわけだが、その意味するところはユダヤ・キリスト教であり、議論が終わるころには「スピリチュアリティ」ではなく「キリスト教」という言葉に置き換わっていることが多々あった。つまりそれが、人口の80％以上がユダヤ・キリスト教の信者である宗教大国アメリカにおけるスピリチュアリティの意味であると気づいたわけである。

1．日本におけるスピリチュアリティと日米比較研究

さらに当時アメリカの学会で、日本の研究者の方々に「アメリカの病院や飛行場には必ずスピリチュアルな安寧のために礼拝所があり、牧師や神父などが詰めていることもある」というようなことを話したら、「それは日本の病院や飛行場に仏壇を設置して袈裟を着た坊さんが闊歩しているようなものだ」と冗談交じりに言われたことである。つまり日米間にも宗教やスピリチュアリティに対する「感覚」に大きな隔たりがあることを実感した経験だった。その後、2000年初頭に日本において宗教とスピリチュアリティについての解釈を研究するに至ったが、Wisdom同様ほとんど研究の前例がなかったため、手始めに「潜在的意味」の研究にとりかかった。ところが、質問紙を用いた先行テストを10名ほどに行ったところ、当時カタカナの「スピリチュアリティ」という言葉を知っている人がほとんどおらず、英和辞典で一番多い訳の「精神性」

と医療現場などで訳語として使われていた「霊性」を並列して使用せざるをえなかった。

これら一連の研究目的は、①スピリチュアリティとそれに近い概念（宗教性、生きがい等）の関係について発達的な特色を見出すこと、②個人のスピリチュアリティと宗教性傾向を現在・過去・未来という時間軸で自己報告してもらうこと、③先行研究で選出された「スピリチュアルである・そうでない」著名な人々（例：マザー・テレサやヒトラー）について実際にどれくらいスピリチュアル・宗教的であるかを実験協力者たちに採点をしてもらうことであった。細かい方法やデータはここでは割愛するが、結果を要約すると、①これらの概念に関する解釈は3世代のパターンも含めて日米間で非常に異なっていたこと、②日本と比べてアメリカでは自分の現在・過去・未来像をより宗教性やスピリチュアリティが高いと思っていること、③有名な人々の宗教性やスピリチュアリティに関する解釈も、世代間および2ヶ国間で有意差があったことがわかった。

2．スピリチュアリティ研究の今後

スピリチュアリティ研究の今後の方向性であるが、まず概念整理が必要であると思われる。現在、多くの定義があり統一性がないため、これらを整理しながら、独創的かつ既存の発達理論や潜在的意味との整合性も携えた明示的理論の構築が望まれる。Wisdom の包括的発達理論の枠組みに沿ったスピリチュアリティの理論構築も一つの手段であろう。また質問紙の制作も早急の課題である。異文化において解釈が異なるスピリチュアリティを一つの質問紙で査定することに無理はあるものの、共通概念と各文化独特の概念を差別化するなどのアプローチも一考の価値がある。その際、いくつかのサブスケールを用意し状況に合ったものを使用するとか、箇所別点数の割合を文化に合わせてスライド式にするなど、柔軟な対応ができるような質問紙の開発が望まれる。

第5節　終わりに――ドライでウェットな実証研究

この章では自分の研究史をたどりながら、なぜスピリチュアリティ研究に至ったかということを述べてきた。これまで文学書や宗教・哲学関連の研究も行ってきたが、その過程で一貫していたのは、これらの概念を定義、操作化し、心理学という実証的研究に結びつける、ということであった。宗教やスピリチュアリティはこれまで神学や哲学の分野で扱われてきており、実証の土俵に取り上げられてからはまだ日が浅い。それゆえ概念構築や質問紙制作の困難さもあるが、新しい分野ということで独創的な考え方や手法での研究が可能である。もちろん科学研究は細かい部分を注意深く突き詰め、統計を有効利用していくという緻密さが大切である。それゆえ、そのプロセスにはドライで退屈というイメージがつきまとう。しかしその一方で、科学的実証研究は芸術活動のように創造的で自由な発想を開花させ、自分の方向性を開発していくという非常にウェットな事業でもある。とくに宗教やスピリチュアリティ研究は後者の色合いも強く、ドライとウェットの両側面をもったエキサイティングな分野といえるのではないだろうか。

注記

＊1　心理学の基本概念である「心」は脳やＤＮＡと違い有形ではないが、ヒトの認知・行動は心理の根底にある「構造」の表現であるという考え方に基づく。

文献

Baltes, P. B., Staudinger, U. M. (2000). Wisdom: A Metaheuristic (pragmatic) to Orchestrate Mind and Virtue toward Excellence. *American Psychologist*, 55, 122-136

Elderfield, J. (1978) *The Cut-outs of Henri Matisse*. George Brazillier.

Palmore, E. B. (1975) *The Honorable Elders: A Cross-cultural Analysis of Aging in Japan*. Duke University Press.

Steinberg, R. J. (1990) *Wisdom: Its Nature, Origins, and Development*. Cambridge University Press.

Takahashi, M., Overton, W. F. (2005) Cultural Foundations of Wisdom: An Integrated Developmental Approach. In R. J. Sternberg, J. Jordan (Eds.), *A Handbook of Wisdom: Psychological Perspectives* (pp.32-60). Cambridge University Press.

Taylor, C. (1995) *Philosophical Arguments*. Harvard University Press.

第2章　人生の意味と宗教心理学

浦田　悠

第1節　はじめに

本書のようなタイトルの本を手に取った読者は、おそらく子どものころに、今生きている理由や、いつか自分も死ぬことの実存的な意味について、一度は考えた経験をおもちではないだろうか。筆者も、小学校に入りたてのころに、「生きて死ぬことに何の意味があるのだろうか？」という問いを初めて抱いたときのことを、今でも鮮明に覚えている。筆者の場合は、兄と寝ていた二段ベッドの下段で眠りにつこうとしていたある夜のことだった。今思えば、子ども時代の突然の自我の覚醒体験である「自我体験」（渡辺・高石 2004）の一種だったと思うが、「自分がいつか必ず死んでしまうのだ」ということに突然思い至って慄然としたことを覚えている。その夜以来、しばらくは、「死によって自分にとってはすべてが無になってしまうとすれば、一体人生に何の意味や目的を見出すことができるだろうか？」「自分や大切な他者の無常さをどう受け容れることができるか？」ということを、よく考えるようになった。また、そのときに子どもなりに死への不安の解消法を三つほど考えたことも覚えている。すなわち、何とかして不死を手に入れること、死後の世界の存在を信じること、そして、いつか死ぬとしても死を超えた意味や目的があるという信念をもつこと、である。今思えば、とりわけ後の二つは、まさに宗教的な動機づけを含んでいたと思う。それ以降も、それは事あるごとに繰り返し浮かぶ問いとなり、大学では、人生の意味を喪失した状態である実存的空虚を卒業研究のテーマとし、大学院以降は、人生の意味についてのモデル構成を試みてきた。

みなさんは、「あなたの人生の意味は何ですか？」と問われたら、どのような答えをもっているだろうか？「そんなものはないと決まっているので問うこと自体が無意味だ」と一笑に付す人もいるかもしれないが、意味はあると信じる人は、「自分が成長すること」「生活を楽しむこと」という自己に関する答えや、「大切な人と生きること」「社会で役に立つこと」など他者や社会との関係に関する答え、さらには、「信仰に従って生きること」というような宗教的・超越的な答えをもっているかもしれない。このように、人生の意味には、さまざまな次元が含まれており、それぞれの次元の意味がその人にとって、明日も生きていくための生きがいや生きる目的・理由となるだろう。なかでも、最後の宗教的・超越的な答えは、日々の生活や人生全体に意味を与えるものとなる。

世界に存在するさまざまな宗教の共通点を見出すことは難しいが、私たち人間や世界がなぜ存在し、どのように生きていくべきか、という問いに対して、何らかのメタナラティヴ、すなわち統合的な人生観や世界観を提供することは、一般的な宗教に通底する機能といえるであろう。たとえば、筆者が以前神社で引いた大吉のおみくじには、「世のため　人の為」「世のため　人の為　心して務めれば　幸せな一生となる」とあった。このご託宣では、人は、「世のため　人の為」、すなわち社会的に価値があることを実践すべきであり、そうすることによって「幸せになる」という個人的な目的が成就すること、そしてその成就を神様が保証していること、という、個々の人生に首尾一貫した理解や目的を与える価値観が示されている。このような宗教的なナラティヴによって、私たちは、時に不条理で不確実と感じる世界にも、実は目に見えない意志の力が働いており、人間の存在には意味や価値があり、艱難辛苦もいつか報われて幸せになれる、という心の安寧を得ることができるのであろう。実際、これまでの研究でも、人生の意味が、宗教的行動と幸福を媒介すること（Steger & Frazier 2005）や、意味への欲求が宗教性を高めること（Abeyta & Routledge 2018）が数多く示されている。

では、そのような宗教、あるいはスピリチュアリティの次元を含めた人生の意味をいかに捉えることができるだろうか。これは、筆者が学生時代から潜在的に抱いてきた問いの一つであり、それが宗教心理学との接点であった。この問いを探究するために必要なことは、人生の意味を多層的なものとして捉えること（人生の意味の入れ子モデル）と、その層の中でのさまざまな意味の源のつながりから人生観を捉えること（意味システム）である。

第2節　宗教・スピリチュアリティと人生の意味

人生の意味についての研究では、たとえば「現時点のあなたにとって、最も大きな意味は何ですか？」（Ebersole & Quiring 1991）という問いに対する一般の人の答えを収集して分類するという、「意味の源（sources of meaning）」に関する研究が数多く行われてきた。

これらの研究では、さまざまな年代・国において、喜びや成長などの個人の経験から、社会への奉仕や人類への貢献などの普遍的な価値の実現、さらには、信仰や超越など、宗教やスピリチュアリティに関わるものまで、さまざまな次元の意味の源が見出されている。なかでも、「関係」「奉仕」「信条」「獲得」「成長」「健康」「ライフワーク」「喜び」などは、さまざまな年代や地域で共通して見られる源である（Ebersole & DePaola 1987）。このうち、「信条」は、宗教的・政治的・社会的な信念や信仰に基づいて生きることを示しているが、その内容は宗教的な性質を帯びたものが大半であり、宗教・スピリチュアリティは、重要な意味の源の一つであるといえる。

筆者は、これまでの意味の源についての研究を収集し、それらを、①健康や欲求充足、自己の成長や感情などに関する「個人的意味」、②身近な家族や友人との関係性に関する「関係的意味」、③普遍的な道徳や正

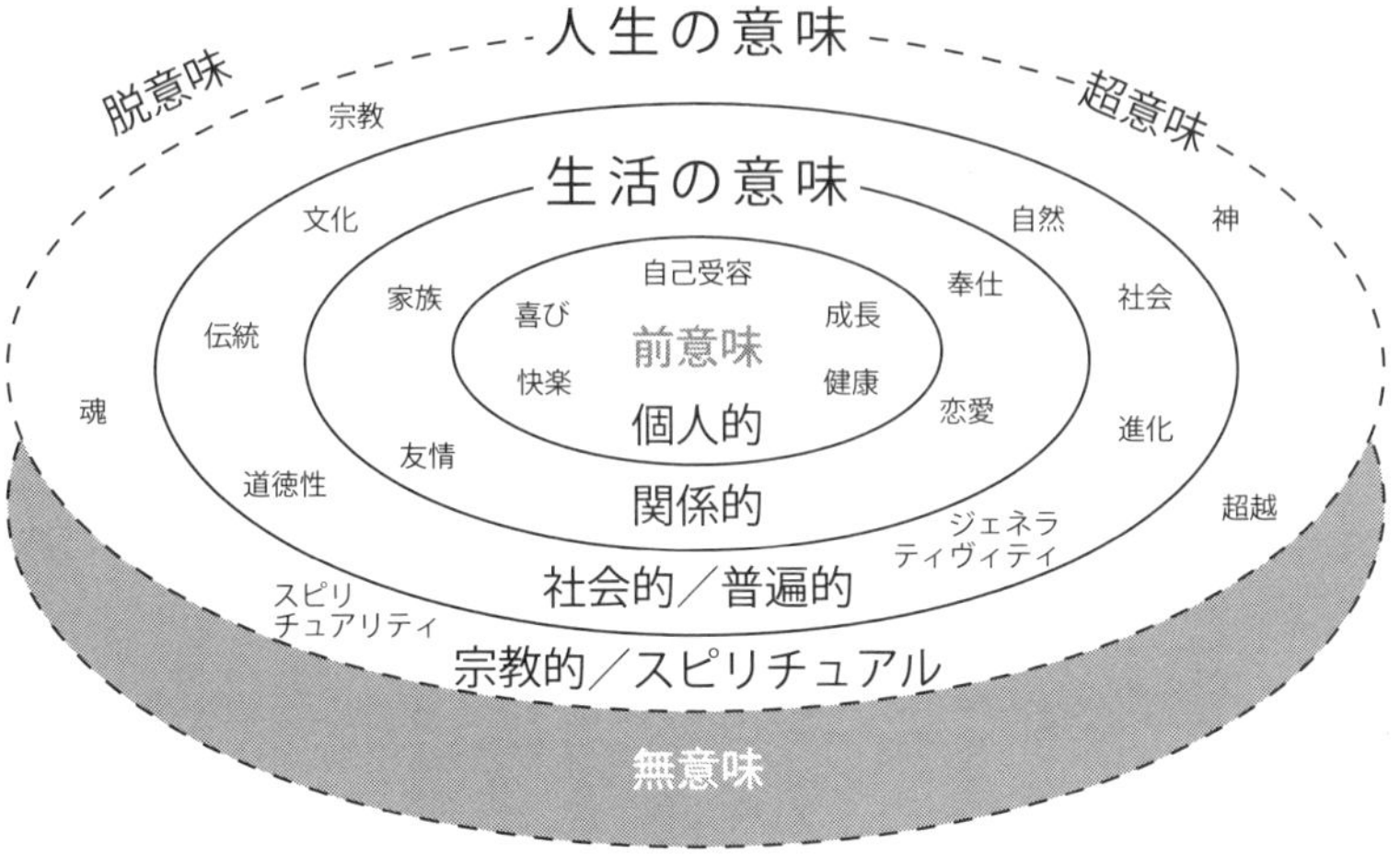

図１　人生の意味の入れ子モデル（浦田 2013, p. 218より一部改変）

義、あるいは社会的・政治的・文化的な信念やその継承に関する「社会的／普遍的意味」、④自分を超えた宗教やスピリチュアリティを重視する「宗教的／スピリチュアルな意味」の4層に分類した（浦田 2013）。

図1は、この多層的な意味の源を、哲学における人生の意味論から得た枠組みに統合した「人生の意味の入れ子モデル」である。

このモデルの構成プロセスや詳細については浦田（2013）で紹介しているが、この図のように人生の意味を多層的に捉えるとすれば、宗教的／スピリチュアルな人生の意味の次元は、最も大局的な視点からの人生の意味についての価値観であり、その次元での意味が保証されるならば、その内部の次元も有意味になりうるということになる。すなわち、「宗教的信仰はもっとも広く深く意味への欲求をみたす生きがいでありうる」（神谷 1980, p.90）といえよう。実際、これまでの研究でも、この図のより外側の領域の意味の源を有している場合は、その内部の意味の源も合わせて有していることが示されている（O'Connor & Chamberlain 1996）。

図2は、各宗教において、どのような意味の源が提供されてきたかということの大枠をまとめたものである。もち

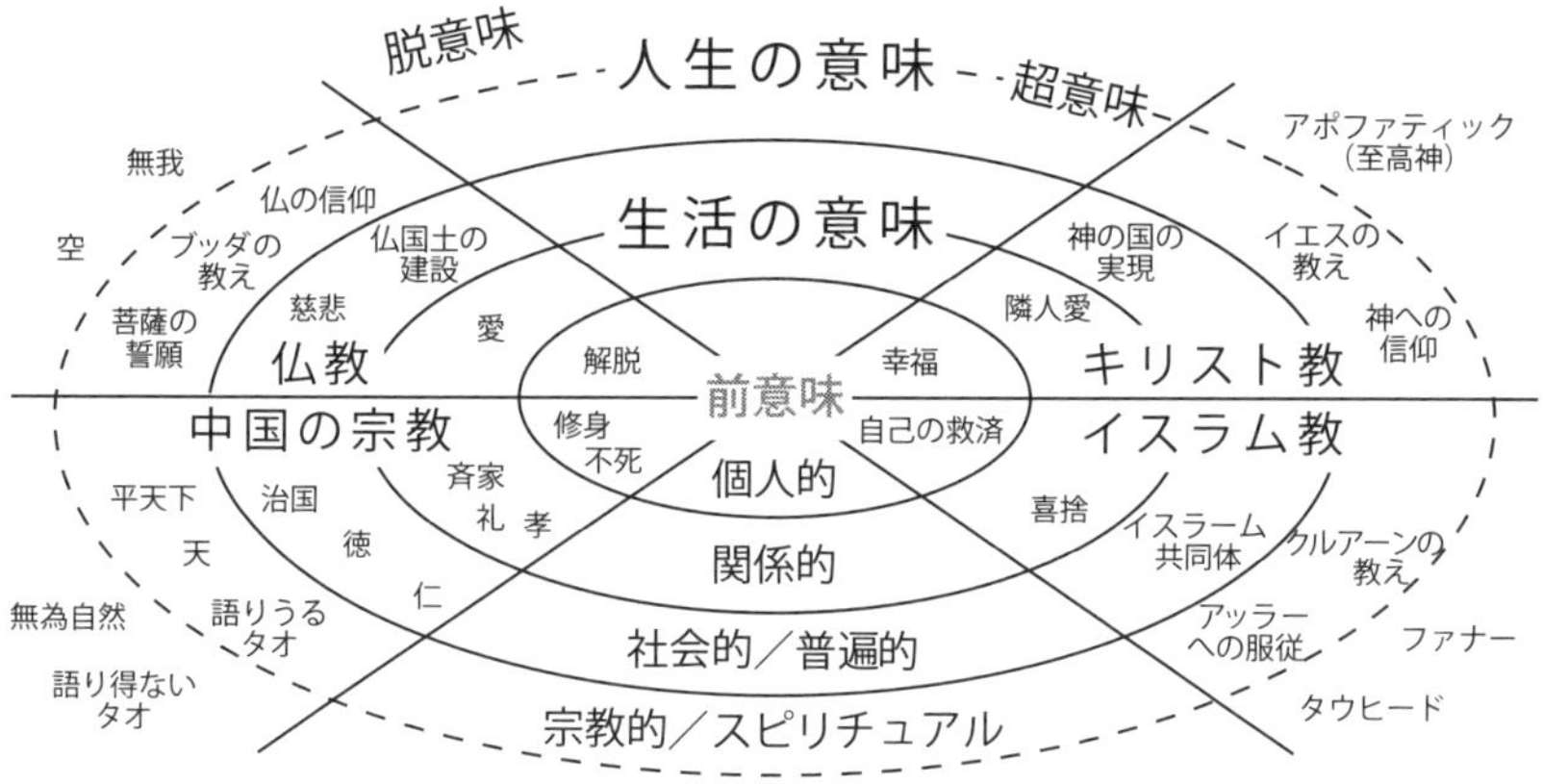

図２　諸宗教における人生の意味（浦田 2013, p.255より一部改変）

ろん、それぞれの宗教の宗派などによって用語の定義や考え方は異なるため、実際の構造や解釈ははるかに複雑で多様である。とはいえ、各宗教とも、敬虔な信仰をもつことはもちろん、社会的な奉仕をすること、道徳的な実践をすること、家族や隣人を愛すること、そしてそれらによって、個人の幸せも享受できることを説いているという共通性は認められるであろう。

ここで、宗教的な信仰がある場合に人生の意味がいかに語られるかについて、具体例を一つ示したい。

私には、肉体と魂があります。私は、あるときには身体的な命が奪われ、肉体が死ぬということを知っています。しかし、私の魂は、神によって創造されたものであり、死ぬことはないのです。神の恩寵の力と神秘によって、神の愛の精神はどんな人の魂の中にも生きています。私たちは神から愛されており、私たちは神を愛し、どんな人の中にも神の精神を見出し、他者を愛し、奉仕するために創造されているのです。（中略）私は自分の生――すべての人の生――は、聖なる尊いものであることを知っています。このことは、私

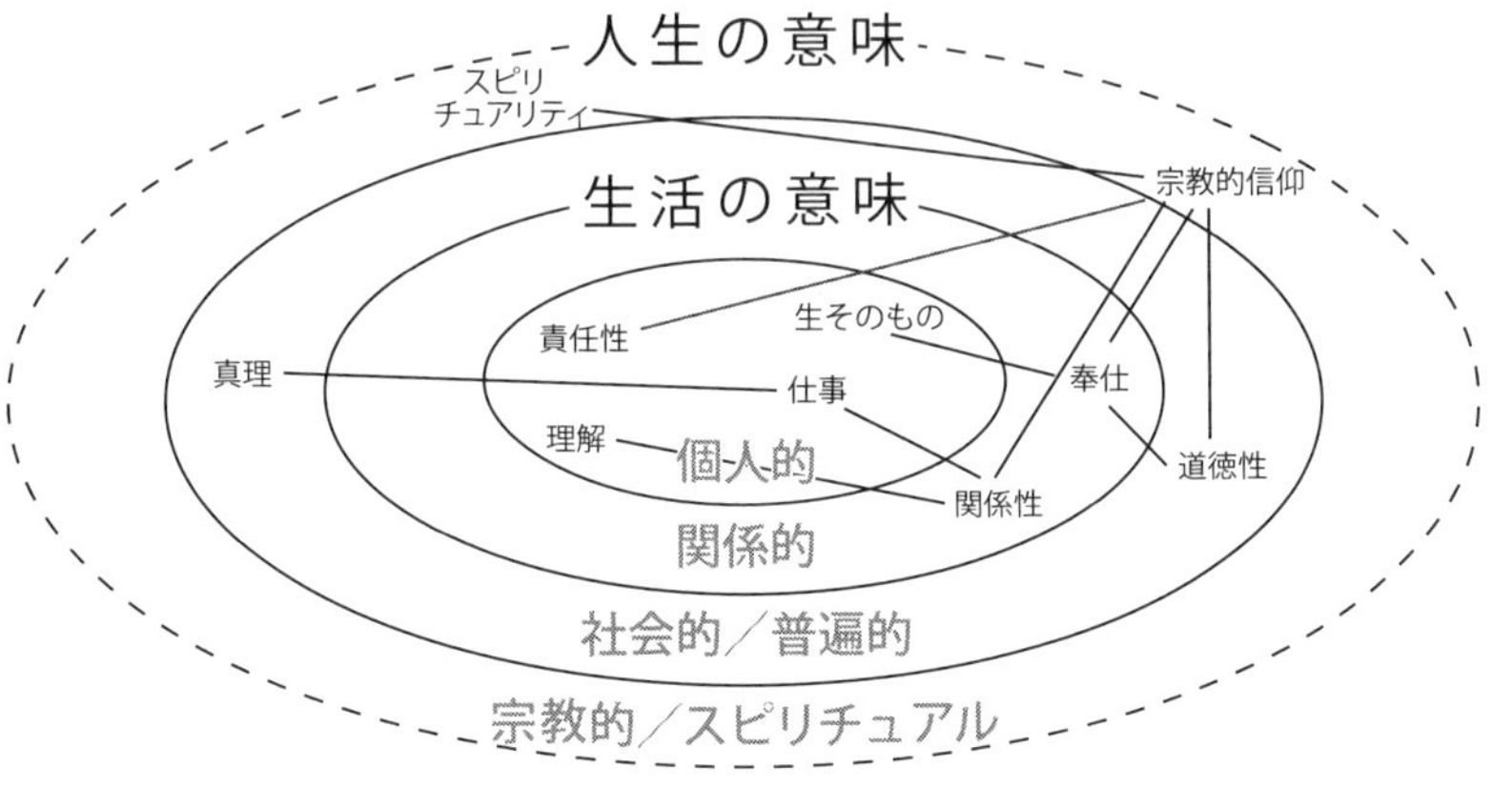

図３　マイレッド・マグワイアの人生の意味（浦田 2013, p.241 より一部改変）

は他の人を殺してはならず、個人的・社会的な暴力を許してはならない、ということを意味します。しかし殺すことを拒絶するだけでは十分ではありません。（中略）積極的な非暴力を通じて、私たちは公平さのため、とりわけ、苦しみや貧困のために働くことができます。真実や愛を通じて、私たちは自分自身や世界を変え、私たちは愛し愛されるために生まれてきたことを深く理解することができるのです。（Friend & Editors of *LIFE* 1991, p.177）

これは、グラフ雑誌『ＬＩＦＥ』の企画で、世界の各界の著名人に対して「人生の意味は何ですか？」という問いを投げかけ、その返答を集めたアンソロジーの中の、マイレッド・マグワイア（Maguire, M. C.：１９７６年にノーベル平和賞を受賞）による回答の抜粋である。ここでは、道徳性や他者への愛、奉仕や責任性など、前述のさまざまな次元の意味の源が、神への、または神からの愛の信仰のもとに結びつけられていることがわかる。図３は、この記述を、人生の意味の入れ子モデルに位置づけたものである。

ここでは、この記述をもとに、それぞれの意味の源がどのようにつながっているかを線で結んでネットワーク図のかたちで示している。これは、意味システム（Pöhlmann, Gruss, & Joraschky 2006）や意味の木（Leontiev 2007）などと呼ばれるアプローチを援用したものであり、意味の源の数やネットワーク内の源の数、つながりの数などをもとに、意味システムの複雑性や統合性を指標化することも可能である。さらに、現在、筆者が担当する大学の授業などでは、人生の意味を考えるワークのためのツールとしての活用も試みている（浦田 2017）。

第3節　宗教や人生の意味を超えて

最近の心理学では、人生の意味という概念は、「理解（または一貫性）」「目的」「実存的な重要性（または意義）」という三つの要素によって包括的にまとめられるようになってきている（例：King & Hicks 2021）。[*1]「理解（または一貫性）」とは、日常に経験する物事がどのようにつながっているかを理解し、自分の人生の物語（ライフストーリー）に首尾一貫性があると認識している状態である。「目的」とは、個人的に価値のある目標をもっており、それを意図的に追求し、達成したいという願望を含んでいる。「実存的な重要性（または意義）」とは、自分の存在が、究極的には時空を超えて他の人に影響を与え続けるような重要性をもっているという信念に関する要素である。キングとヒックス（King & Hicks 2021）も述べているように、宗教はこれらすべてを提供しているといえる。宗教は、意味を生成するシステムとして機能し、生きる中での痛みや苦しみや死への理解を提供する。また、個人の考えや行動をより大きな文脈に結びつけ、有限な人間存在に対して無限の意味や目的、すなわち実存的な重要性も保証する。さらには宗教集団のメンバーとの交流や結束によって、確固たる首尾一貫性の感覚も促進するだろう。これは、先ほど見た意味システムの枠組みにおいて、個人的意味から宗教的／スピリチュアルな意味までのさまざまな意味の源が、自身のライフストーリーに沿って、一貫したかたちで緊密に結びつけられており、かつそれらの意味の源の探究や保有に適度に動機づけられた状態といえるだろう。今後、それらの諸相を明らかにする研究が進むことが望まれる。

しかし、もしかすると、これだけでは宗教と人生の意味の関係を十全に捉えているとはいえないかもしれない。各宗教は、図1で示したように、入れ子の外縁をはみ出した余白、すなわち、人生の意味・無意味を超越・脱落する地平（超意味・脱意味）も指し示してきた。これは、人生の意味をもはや問わない、すなわち理解や目的、実存的な重要性を追求したり保有したりすることにもはや拘泥しないという境地である。たとえば、中世キリスト教神秘主義のマイスター・エックハルト（Eckhart, M.）やユダヤ教のハシディスム、禅などに、意味と無意味の二つのあり方から脱落し、分別を離れた境地を見ることができる（山田 1999）。インド生まれの宗教的哲人・思想家とされるクリシュナムルティ（Krishnamurti, J.）も次のようにいう。

> 私たちは人生の意味と意義は何かと、そこにはそもそも意味があるのかどうかということを問うています。もしもあなたがあると言えば、あなたはすでに何かに与したことになり、だからあなたは吟味できなくなるのです。あなたはもう歪曲から事を始めたことになるのです。同様に、もしもあなたが人生に意味などないと言えば、それもまた別種の歪曲です。ですから、人は積極的な主張からも、どちらからも完全に自由でいなければならないのです。（Krishnamurti 1991/2006, p. 264）

連綿と続いてきた宗教的実践が目指す究極的な境地は（そして筆者自身の究極的な関心も）ここにあるといってもよいだろう。これは、かねてから「永遠の哲学（perennial philosophy）」（Huxley 1944/1988）などとも呼ばれてきたものであるが、このような人生観・世界観は、おそらく、心理学の実証的な研究の方法論で直截的に捉えることは難しく、むしろそれは、顕在的に捉えうる人生の意味、あるいは宗教性やスピリチュアリティ践、そして、私たち自身のものの見方の変容も必要になるだろう。

注記

＊1　3要素のうち、とりわけ「実存的な重要性（または意義）」については、現在までその内容についての議論が続けられている。マルテラとスティーガー（Martela & Steger 2022）は、この要素には、個人を超えた立場からの重要性（mattering）と、個人が人生に対してもつポジティブな愛着や価値観としての意義（significance）の二つが含まれており、両者には重なりと差異があることを指摘している。

文献

Abeyta, A. A., Routledge, C. (2018) The Need for Meaning and Religiosity: An Individual Differences Approach to Assessing Existential Needs and the Relation with Religious Commitment, Beliefs, and Experiences. *Personality and Individual Differences*, 123, 6-13

Ebersole, P., DePaola, S. (1987) Meaning in Life Categories of Later Life Couples. *Journal of Psychology*, 121, 185-191

Ebersole, P., Quiring, G. (1991) Meaning in Life Depth: The MILD. *Journal of Humanistic Psychology*, 31, 113-124

Friend, D., Editors of *LIFE* (1991) *The Meaning of Life: Reflections in Words and Pictures on Why We are Here*. Little, Brown.

Huxley, A. (1944) *The Perennial Philosophy*. Harper & Row.〔中村保男（訳）（1988）『永遠の哲学――究極のリアリティ』平河出版社〕

神谷美恵子（1980）『生きがいについて』（神谷美恵子著作集1）みすず書房

King, L. A., Hicks, J. A. (2021) The Science of Meaning in Life. *Annual Review of Psychology*, 72, 561-584

Krishnamurti, J. (1991) *Meeting Life: Writings and Talks on Finding Your Path without Retreating from Society*. Krishnamurti Foundation Trust.〔大野龍一（訳）（2006）『生と出会う――社会から退却せずに、あなたの道を見つけるための教え』

コスモス・ライブラリー〕

Leontiev, D. A. (2007) Approaching Worldview Structure with Ultimate Meanings Technique. *Journal of Humanistic Psychology*, 47, 243-266

Martela, F., Steger, M. F. (2022) The Role of Significance Relative to the Other Dimensions of Meaning in Life: An Examination Utilizing the Three Dimensional Meaning in Life Scale (3DM). *The Journal of Positive Psychology*, Latest Article. https://www.tandfonline.com/doi/full/10.1080/17439760.2022.2070528

O'Connor, K., Chamberlain, K. (1996) Dimensions of Life Meaning: A Qualitative Investigation at Mid-life. *British Journal of Psychology*, 87, 461-477

Pöhlmann, K., Gruss, B., Joraschky, P. (2006) Structural Properties of Personal Meaning Systems: A New Approach to Measuring Meaning of Life. *The Journal of Positive Psychology*, 1, 109-117

Steger, M. F., Frazier, P. (2005) Meaning in Life: One Link in the Chain from Religiousness to Well-being. *Journal of Counseling Psychology*, 52, 574-582

浦田悠（2013）『人生の意味の心理学――実存的な問いを生むこころ』京都大学学術出版会

浦田悠（2017）「人生の意味の心理学から生きがい研究への架橋にむけて」『生きがい研究』23, 4-27

渡辺恒夫・高石恭子（編著）（2004）『〈私〉という謎――自我体験の心理学』新曜社

山田邦男（1999）『生きる意味への問い――V・E・フランクルをめぐって』佼成出版社

第3章　神学と宗教心理学[*1]

森本真由美

第1節　神学は多岐にわたる分野からなる総合的な学問

神学はキリスト教信仰を教会内外に向かってする知的営みであるとされている。増田（2009）によると、その神学的営為は三つの点を含む。第一に、イエス・キリストへの信仰が絶対前提となっている。宗教学と異なり、拠って立つ信仰が前提として存在する。第二に、イエスがどのような意味でキリストなのかという説明は、時代や文化によって知的枠組みや哲学が異なるので、あらゆる時代や文化に画一的に規範となる神学は存在しない。近現代では、啓蒙思想や科学技術との対話においてキリスト教信仰の説明がなされる。第三に、神学には通時的次元と共時的次元がある。聖書や伝統を無視した解釈や説明は神学として受け入れられないが（通時的）、同時代の人々に理解可能な説明をする使命を担っており（共時的）、神学は教会共同体の中での同意のもとで営まれる、としている。

ギリシャ哲学を基底として成立したキリスト教神学は、西洋哲学史と密接に関わってきており、カトリック神学はキリスト教的哲学をもととして成立している。神学の基礎としての哲学諸分野（形而上学、認識論、人間論、自然神学）があり、教父の思想史[*2]・教会史・キリスト教史、聖書学（釈義学・思想）がある。教義学では神学的人間論、教会論、秘跡論を扱う。また、実践神学の分野では典礼学、倫理神学、教会法、霊性神学でキリスト教信仰を実際にどのように生きるかを考察する。たとえば、祈りは実践神学における霊性神学の分野の研究テーマとなる。信仰についての語りや啓示[*3]、信仰を証し伝えていく宣教学も実践神学に含まれる。神学の周辺領域として、キリスト教からインスピレーションを受けた文学、音楽、美術や建築といった文化的側面も含めると、神学は多岐にわたる分野からなる総合的な学問でもある。

キリスト教の司牧の現場では、心理学の協働が望まれることは多々あるが、アカデミックな協働ができるかという点においては、海外での研究に比べると日本ではまだその環境が整っているとはいいがたい。神学は、拠って立つ信仰が前提として存在しているという点にあるからであるといえよう。では、神学は限られた人々だけのものなのだろうか。神学は常に時代の状況の中で営為されていくものとして、現代社会の問題を課題に研究していくことが求められ、『教会の社会教説綱要』（Pontifical Council for Justice and Peace 2004/2009）が取り上げるテーマからも、心理学や他の学問領域との協働が示唆されている。

たとえば、キリスト教系大学・短大は私学の1割強を占め、ミッションスクールの人格教育の果たしてきた役割は決して小さくはない。ミッションスクールの一つの役割として、私たちが日常を生きる中で生まれるさまざまな問いを人生の意味と目的の追求に関わる問いにつないでいく教育をすることがあげられる。信者への司牧の現場にも教育現場においても、神学と心理学の協働は私たちの多様で豊かな生を支えるものとなるのではないだろうか。

第2節　宗教性発達を意味システムの形成と捉える、発達モデルの生成と検証

キリストの福音[*4]は教会を通して世界に伝えられる。信仰告白というかたちでその生き方を公にしたい人たちが洗礼を受け、キリスト者という小さな群れである教会に属する。カトリック教会での洗礼は、信者の家庭に生まれた幼児洗礼と、入門講座で一定の学習を終え、イエス・キリストから召されていると感じるよう

になって受ける成人洗礼とがある。筆者はカトリック病院での手術を機に受洗した。上智大学カウンセリング研究所での学びやアルバート・エリス（Ellis, A.）のニューヨークでのセッションから、信仰生活とは論理療法の構造（Activating event, Belief, Consequence）のように、出来事は変わらないが信念で結果が変わるという気づきがあった。このことを黙想指導司祭に話したことから、「イエス様のＡＢＣ理論」[*5]という小さな文を日々の祈りを紹介するホームページに書かせていただいた。それが私にとっての宗教と心理学の始まりである。その後、社会人大学院生として社会学、キャリアデザイン学などを修めたが、仕事に近いテーマでの研究を勧められ、宗教をテーマに論文を書いてもよいとなったのが、現代心理学専攻のときであった。大学の方針で成人信者へのインタビュー調査は論文にできたが、心理学で宗教は思想調査にあたるということで、ミッションスクールの生徒を対象とした質問紙調査は大学内の倫理審査で通らない。そこで博士後期課程からはカトリック大学の発達心理学専攻に移り、心理学から見た宗教性発達についての実証的研究を行い、その発達的意義を検討した（森本 2018）。

宗教性発達については、ピアジェ（Piaget, J.）の認知的発達やコールバーグ（Kohlberg, L.）の道徳的発達理論、エリクソン（Erikson, E. H.）のライフサイクル論などの発達心理学の知見の影響を受けたとされるファウラー（Fowler 1981）が、信仰を人生の意味形成活動と捉えた宗教性発達段階論を唱えている。また、心理学では、ある宗教に対して信仰をもつという宗教性がどのように意識され、表出されるかという過程を宗教的意味システムとして捉えることができる（Paloutzian & Park 2013）。祈りのような行為を通して、宗教性と信念との関係も明らかになっている。そこで宗教的意味システムが形成されていくプロセスを促進する媒体として、カトリック教会の伝統的な祈りの一つ、『霊操』に注目した。『霊操』はイエズス会の初代総長イグナチオ・デ・ロヨラが、自身の宗教体験を体系化した祈りのプログラムで、祈りによって生活を整え、生路の選定を行うものである。どのようにして宗教性を帯びた人格が形成されるのかを見ていくことは、生涯発達という視点からも意義あるものと考えられる。

同研究は第一に、宗教的意味システムのプロセスを検討し、第二に意味システム形成における媒体としての『霊操』の構造と機能を明らかにし、第三に『霊操』の一般化としての学校教育におけるイグナチオ的教授法について検討した。意味は文化心理学の中核的概念であり、文化は記号の総体とされ、意味形成はその記号の読み解きと捉えることができる。記号の読み解きである宗教的意味システム形成には祈りが媒体として重要であることが示唆された。『霊操』の祈りのプログラムの構造と機能の心理学的分析では、過去・現在・未来と時空を行き来するメンタルタイムトラベルが生じ、社会的視点調整能力の発達を促すものであることが明らかになった。

また、『霊操』を一般化した経験、内省、実践、評価というサイクルを繰り返しながら知るというプロセスを歩む「イグナチオ的教授法（Ignatian Pedagogy）」を実践している中高一貫校での自我体験[*6]の想起と語りによる意味形成の検討では、天谷（2011）の先行研究の自我体験想起率（高校生46・6％、大学生47・4％）を超えて、同校では71・8％であった。自我体験は基本的には認知的な体験で、個人差のある知的活動の一つとしての側面がうかがえる。自由記述の分析では過去・現在・未来における自分の存在への問い、自分が世界の中にどのように位置づけられたかの認識的体験（社会的調整能力）が語られており、浦田（2013）の先行研究と同様に、私が〈私〉に出会うという自我体験が「私はなぜ、何のために生きているのか」という人生の意味への問いにつながることが示唆された。

第3節　心理学的アプローチ基づく、混合研究法による諸領域の知見との統合を目指す

この研究はテーマとしては神学的であるが、研究法が心理学でのアプローチということになる。宗教性発

達は宗教的意味システムの形成過程であるとし、その構造と機能を明らかにしていくための心理学的アプローチには多様な方法論がある。本研究で宗教性発達過程を示唆するものとして自我心理学、文化心理学の諸知見を統合した成果を示せたのは、宗教性発達の過程を仮説化する際に採用した、質的研究主導型混合研究法にあると思われる（質的研究については第25章も参照）。データを組み合わせて包括的な理解を得ること、背景状況を考慮し探究するために、質的結果から量的結果までの探索的順次デザインを用いた（図1）。宗教体験をした個人への面接資料に対しては複線径路等至性アプローチ（図2）と解釈学的現象学的分析、文献資料に対しては伝記分析、プログラム評価法、仮説検証にあたって採用した質問紙法はテキストマイニング分析によって量と質の混合研究法で分析を行った。心理学の強みは実証的研究の方法論が多様であることから、多角的にその現象を分析できることであると思われる。

神学の領域で心理学はアカデミックな協働ができるかという点が筆者の今後の課題であった。神学と心理学は拠って立つ理論と研究法が異なる。神学の研究は哲学的アプローチを基本に、仮説を論証するため、信頼性のある証拠資料で提示していく文献研究が中心となる。したがってデータでの実証的研究は、ほぼ目にすることがない。たとえば、筆者は神学の論文としてプロテスタンティズムとカトリシズムの経済思想を神学的に整理し、仕事と人間の神学的考察として市場経済におけるキリスト教倫理を確認し、キリスト教倫理が意味づける職業観という、キリスト教的キャリアデザイン教育のあり方を検討した（森本 2020）。

労働と宗教について研究されているのは経営学や経済学の領域である。主に社会学者マックス・ヴェーバー（Weber 1904/2010）に依拠した研究が多い。同論文の重要な主題となる《召命》[*7]は神学でも同様に重要な主題であり、現代経済社会においてそれは《スチュワードシップ》（人が神と、さらに人とともに生きるという社会や環境問題につながる概念）や《ディーセントワーク》（働きがいのある人間らしい仕事）の提言につながる。

一方、キャリア教育においては、《召命》や天職、コーリング意識の研究はレビュー論文にとどまる。日々

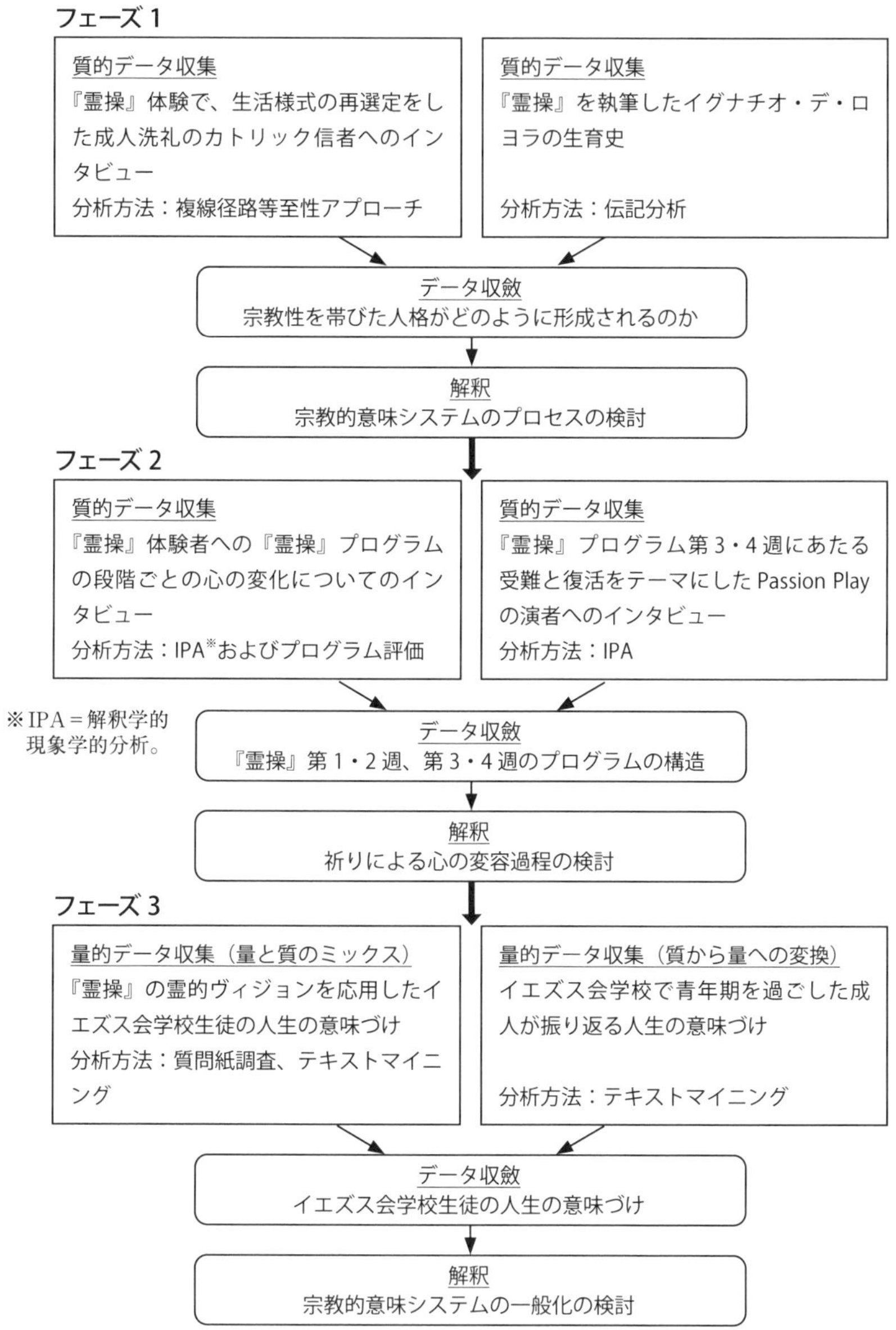
フェーズ1
質的データ収集
『霊操』体験で、生活様式の再選定をした成人洗礼のカトリック信者へのインタビュー
分析方法：複線径路等至性アプローチ
質的データ収集
『霊操』を執筆したイグナチオ・デ・ロヨラの生育史
分析方法：伝記分析
データ収斂
宗教性を帯びた人格がどのように形成されるのか
解釈
宗教的意味システムのプロセスの検討
フェーズ2
質的データ収集
『霊操』体験者への『霊操』プログラムの段階ごとの心の変化についてのインタビュー
分析方法：IPA※およびプログラム評価
質的データ収集
『霊操』プログラム第3・4週にあたる受難と復活をテーマにしたPassion Playの演者へのインタビュー
分析方法：IPA
※IPA＝解釈学的現象学的分析。
データ収斂
『霊操』第1・2週、第3・4週のプログラムの構造
解釈
祈りによる心の変容過程の検討
フェーズ3
量的データ収集（量と質のミックス）
『霊操』の霊的ヴィジョンを応用したイエズス会学校生徒の人生の意味づけ
分析方法：質問紙調査、テキストマイニング
量的データ収集（質から量への変換）
イエズス会学校で青年期を過ごした成人が振り返る人生の意味づけ
分析方法：テキストマイニング
データ収斂
イエズス会学校生徒の人生の意味づけ
解釈
宗教的意味システムの一般化の検討

図1　3フェーズで構成した探索的順次デザインによるデータ収集

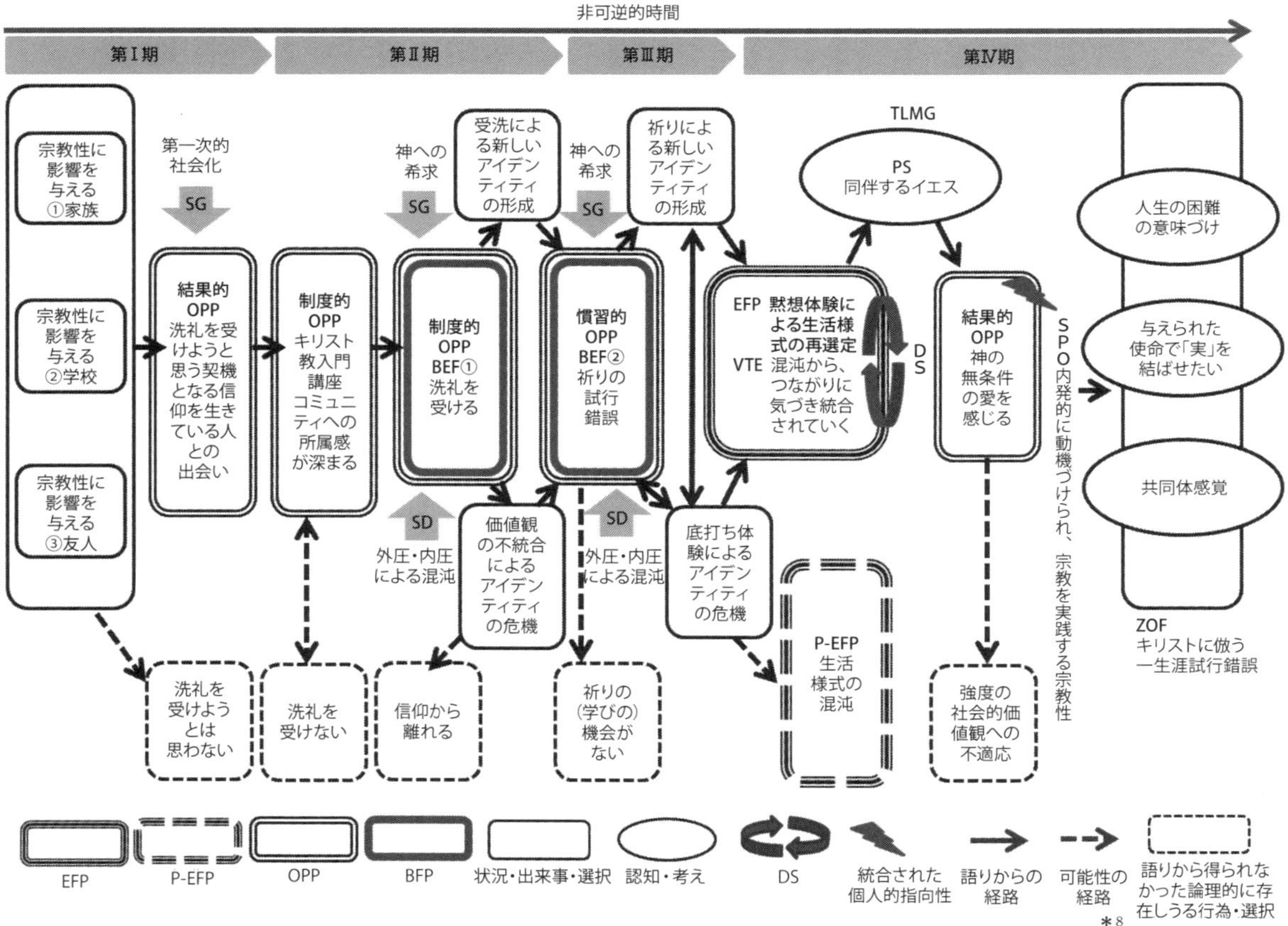

図2　カトリック信者の宗教性発達過程（複線径路等至性アプローチによるTEM図[*8]）

図中の頭字語の日本語訳と解説については注8を参照

の糧を稼いで生きている私たちは、賃金労働の仕事に従事している期間が長いため、職業人にとって《生きる意味》と《労働の意味》は明確に区別されるものではない。しかし、一般の問いかけの一つのかたちである「生きる意味の問いかけ」というキャリア教育の考察がなされていないことが確認できた。

同研究を通して、人間の創造と原初状態をめぐるカトリシズムとプロテスタンティズムの理解の違いによって、異なる労働観、職業観が導き出されてきたことが示唆された。労働は聖書の「創世記」の原罪[*9]に対する罰として神より与えられた生存のための労苦であると見る経済学において、宗教改革から生まれた新しい職業観は資本主義の形成・確立に影響を与えたとされる。今日、キリスト教倫理は共同体における信仰にとどまらず、《共通善》に向けての一致から経済体制を考察していくことが可能であると考えられている。一方、市場経済と相互関係にあるキャリア教育はマッチングに注力しており、《共通善》の選択と決断の育成は欠如している。職業観の上位概念となる人生観「生きる意味の問いかけ」として、何を基準に選択と決断をするのかというキャリアデザイン教育の提言までが神学の研究となる。そこから見えてきた問いを仮説検証型実証研究へと展開していくと、神学と（宗教）心理学の研究となるであろう。

「神はご自分にかたどって人を創造された」（創世記1・27）。神の似姿である被造物としての人間観をはっきり示しているのがキリスト教である。カトリック教会では教会の公文書を公布し、神と、人と、社会と、そして自分自身との関係を示してきた。それらをまとめた『教会の社会教説綱要』では連帯的な全人的ヒューマニズムが述べられ、家庭、労働、経済生活、政治共同体、国際共同体、環境保護、そして教会の活動について提言されている。カトリック教会の諸説では人間像と社会論が密接に結びついており、「神の似姿として創造された人間」という思想を土台に、時代ごとにカトリック社会思想を展開してきている。カトリック教会は「信仰から生まれる原理を社会、文化、政治および経済に適用することがその使命の不可欠な一部であるという理解」（Pontifical Council for Justice and Peace 2004/2009, p.iii）を常にもってきた。キリスト教の教えに社会問題を解決するための具体的な政策が備わっているわけではないが、19世紀の労働運動では具体的な対策も提示してきた。誰にとって意義のある研究となるのか、社会問題や司牧、教育といった具体的な現場の課題に取り組んでいくこと、それが神学と心理学の学際的な一つの立ち位置であると思われる。

注記

*1 神学用語は上智学院新カトリック大事典編纂委員会編『新カトリック大事典』（研究社）から引用。

*2 教師に対して「父」の尊称が与えられた伝統を受け継ぐもので、古代教会の特定の思想家・著作家たちに与えられた尊称。

*3 秘密や神秘に関係する何か隠れていたものが現れ、認知可能になるといったことを意味する。

*4 神の「救い」を「良き知らせ」として述べるとの意味。

*5 広い意味での祈りの一つのかたちで、神の意志の探究として基本的に神との対話の形式をとる、神との一致によって信仰生活を深めていくための内省的祈り。

*6 「存在への問い」「起源・場所への問い」「存在の感覚的違和感」などの現象を伴う、私に気づく体験、自己意識の質的・構造的変容の体験。

*7 人生における一定の職業・身分、任務・使命を指し、各職業は神から人間に与えられる尊いものである。その職業または天職の義務を果たすことによって、この世の幸福と永遠の幸福を得なければならないという人間の認識。

*8 ＴＥＭ（Trajectory Equifinality Model：複線径路等至性モデル）図は、人間の行為や判断を二次元的に表現して、その促進要因や妨害要因を図示したもの。図２に頭字語で示された専門用語について、以下に英語のフル表記、日本語訳を示した（アルファベット順）。なお、ＴＥＭの詳細については、複線径路等至性アプローチ（ＴＥＡ）の理論と実践を説いた安田他（2015a; 2015b）を参照。

・ＢＦＰ（Bifurcation Point）＝「分岐点」：何らかの局面において立ち上がる転換点

・ＤＳ（Dialogical Self）＝「対話的自己」
・ＥＦＰ（Equifinality Point）＝「等至点」：一つのゴール・目標となるイベント
・ＯＰＰ（Obligatory Passage Point）＝「必須通過点」：ある経験をするにあたり，必ず行き当たる出来事や突きつけられる行動選択（制度的ＯＰＰ：制度的存在、慣習的ＯＰＰ：多数が経験、結果的ＯＰＰ：制度でも慣習でもないが多数が経験）
・Ｐ-ＥＦＰ（Polarzed Equifinality Point）＝「両極化した等至点」：理論上想定できる等至点と対極の意味をもつイベント
・ＰＳ（Promoter Sign）＝「促進的記号」
・ＳＤ（Social Direction）＝「社会的方向づけ」：等至点に向かうのを阻害する力
・ＳＧ（Social Guidance）＝「社会的助勢」：等至点への歩みを後押しする力
・ＳＰＯ（Synthesized Personal Orientation）＝「統合された個人的指向性」
・ＴＬＭＧ（Three Layers Model of Genesis）＝「発生の3層モデル」：個人の内的変容を個別活動レベル、記号レベル、信念・価値観レベルの三つの層で促進的記号の発生と価値変容を記述・理解するための自己モデル
・ＶＴＥ（Value Transformation Experience）＝「価値変容経験」
・ＺＯＦ（Zone of Finality）＝「目標の領域」

＊9　人間性そのものが神から離れ、神のいのちをもたない、神と不和の状態。人祖（アダムとエバ）の不従順の重い罪を犯した始原罪によって、全人類が全体としても個人としても神の救いを必要としていることを意味する。

文献

天谷祐子（2011）『私はなぜ私なのか――自我体験の発達心理学』ナカニシヤ出版
Fowler, J. W. (1981) *Stage of Faith: The Psychology of Human Development and the Quest for Meaning*. HarperOne.
増田祐志（2009）「はじめに」増田祐志編『カトリック神学への招き』上智大学出版
森本真由美（2018）「祈りによる心の変容過程が宗教性発達に及ぼす影響の検討――ロヨラのイグナチオの『霊操』によ

る宗教的意味システムの形成」白百合女子大学学術機関リポジトリ
森本真由美（2020）「キリスト教倫理が意味づける職業観の検討」上智大学（未公刊）
Paloutzian, R. F., Park, C. L. (2013) Recent Progress and Core Issues in the Science of the Psychology of Religion and Spirituality. In R. F. Paloutzaian, C. L. Park (Eds.), *Handbook of the Psychology of Religion and Spirituality* (pp.3-23). Guilford.
Pontifical Council for Justice and Peace（2004）*Compendium of the Social Doctrine of the Church*〔教皇庁正義と平和評議会（著）、マイケル・シーゲル（訳）（2009）『教会の社会教説綱要』カトリック中央協議会〕
浦田悠（2013）『人生の意味の心理学――実存的な問いを生むこころ』京都大学学術出版会
Weber, M. (1904) *Die Protestantische Ethik und der 'Geist' des Kapitalismus*〔中山元（訳）（2010）『プロテスタンティズムの倫理と資本主義の精神』日経ＢＰ〕
安田裕子・滑田明暢・福田茉莉・サトウタツヤ（編）（2015a）『ワードマップ　ＴＥＡ　理論編――複線径路等至性アプローチの基礎を学ぶ』新曜社
安田裕子・滑田明暢・福田茉莉・サトウタツヤ（編）（2015b）『ワードマップ　ＴＥＡ　実践編――複線径路等至性アプローチを活用する』新曜社

第4章　宗教認知科学と宗教心理学

藤井修平

私の専門は宗教学なので、以下では「宗教」との出会いというより、宗教研究の側から心理学と認知科学との出会いについて語ったうえで、宗教学、宗教心理学、宗教認知科学の出会いがいかに新たな地平を切り拓くかについての展望を述べたい。

第1節　宗教認知科学・宗教心理学との出会い

私は「宗教」の研究をするために東京大学大学院の宗教学宗教史学専門分野に進学した。しかし宗教というのは非常に多面的で曖昧なカテゴリーなので、同じ宗教研究でも人によって大きく関心に差が生じる。特定の思想家や宗教団体を研究したい人、現代の社会や政治と宗教との関わりを研究したい人など、関心の方向はさまざまであった。

その中でも私が取り組みたかったのは、「人はなぜ神などの超自然的存在を信じるのか」「人はなぜおまじないなどの呪術的行為を行うのか」「人はなぜお祭りなどの儀礼に参加するのか」といったより一般的な観点からの問いだった。こうした問いに答えられるのは、宗教についての理論である。そのため修士課程では宗教学者ミルチャ・エリアーデ（Eliade, M.）を扱い、彼の宗教理論の構造とその社会的・個人的要因との関わりを分析した。エリアーデは世界の神話や宗教の資料を幅広く集め、そこに見られる共通点を抽出し、神話とは何か、宗教とは何かという問いへの回答を行った人物として無二の存在である。

その後もこうした宗教理論から上記の問いへの知見を深めたいと考えていたのだが、宗教学の研究動向はその意図を阻むものであった。エリアーデに対する批判を皮切りに、宗教理論一般に対する批判的な姿勢が広がっていたのだ。その批判の眼目は、「宗教」などのカテゴリーに対する一般化の可能性を疑問視することにある。すなわち、宗教という概念は決して普遍的なものではなく、特定の歴史と西洋中心主義的な性格を有するものであり、地域または時代によってその中身は大きく変化しているために、単一の対象として一般化することはできないという批判である。ゆえに、行うべきことは各時代・地域の宗教とされるものの背後に存在する社会的・政治的文脈の分析だとされた（McCutcheon 2001）。こうした姿勢は宗教のこれまで等閑視されてきた側面に光を当てており有意義ではあるが、他方で宗教理論への不信をもたらした。実際に大学院においてもこのような姿勢は根強く、周囲の研究者は表立って批判は行わないものの宗教理論からは遠ざかり、エリアーデもまた否定された理論家として忘れ去られる過程にあった。

しかし21世紀に入ると、宗教学の主流が宗教理論の否定を行っている状況に逆らい、別の分野から知見を得た宗教理論が登場した。それが宗教認知科学（cognitive science of religion）である。そのため私は、現代における新たな宗教理論として宗教認知科学に着目したのだが、それがどのようなものかを把握するのにいくぶん時間が必要だった。その理由は、この分野が既存の宗教研究とは異なる視点や手法を用いていた点もあるのだが、もう一つの理由としてこれまで日本国内に紹介されていた文献が、ドーキンス（Dawkins, C. R.）の『神は妄想である』やデネット（Dennett, D. C.）の『解明される宗教』など、学術的な内容よりも新たな無神論運動の推進が中心のものであったことが大きい。多くの研究者はこれらを科学の名を借りた反宗教運動と考えて敬遠したものと思われるが、本来の宗教認知科学にそのような意図はないといえる。

宗教認知科学の把握を進めていって明らかになったのは、それが心理学的な手法を中心としているという点だった。つまり宗教認知科学は宗教心理学の一種とも呼べる。しかしここにもまた別の断絶が存在していた。宗教心理学の分野は宗教学においても認識されていたが、それは心理学者が理解するものと大いに異なっていたのである。具体的にいえば、宗教学における宗教心理学には核ともいえる心理学的手法が欠けていた。宗教学においては、主に１９７０～８０年代のニューエイジの流行に関連した深層心理学、人間性心理学、超心理学、トランスパーソナル心理学がその宗教性も含めて着目されてきたが、それは実証的調査研究というよりは、思想としての心理学の分析であった（藤井 2021）。ここに来て、宗教認知科学の革新的な点は心理学的な手法の導入であり、現在の宗教学に欠けているのもこの点だと認識することができた。

宗教学にとって心理学的手法が重要なのは、この分野の性質のゆえでもある。宗教学には多くの分野のような固有の方法はなく、宗教という対象によってのみ規定されている。それゆえ宗教を研究するいかなる方法も排除されるべきではなく、新たな手法の導入はそれだけ新しい知見をもたらすことができる。こうした点から私の指導教授は、宗教学者は「一芸」を身につけるべきと言っていたが、心理学的手法はその一芸となりうるものである。

しかしこのように革新的な側面をもつ宗教認知科学の登場は、主流の宗教学からは手放しで歓迎されてはいない。例として北米において主導的な宗教学者であるストレンスキ（Stremski, I.）は、宗教認知科学が「失敗」であったと断じ、大きな論争を巻き起こしている（Strenski 2018）。一方で日本国内においては、国外の状況と比較すると同分野へはほとんど無関心に近い。宗教学の最も重要な学会である国際宗教学宗教史学会（ＩＡＨＲ）の２０１０年トロント大会では基調講演の多くを宗教認知科学的な内容が占めていたが、それに反応した日本の研究者はわずか１、２名であった。その手法の多くを共有する宗教心理学に対しても同様の反応が予想できるため、この状況は看過できないものである。私の現在の課題は、既存の宗教学と宗教認知科学・宗教心理学との間に存在する断絶を取り除くことだといえる。

第2節　宗教認知科学の視点と研究

宗教認知科学の斬新な点は、ただ心理学的手法を導入したことだけではない。宗教心理学の分野がすでに存在していたにもかかわらず宗教認知科学がそう名乗らないのは、両者の手法は共通していても視点がある程度異なっているためである。そのため以下に宗教認知科学に特有の視点について述べていこう。

とりわけ中心的なものは、「宗教」を一つの全体として扱うのではなく個々の要素に分解し、宗教は人間の日常的な認知プロセスないし心的傾向によって生み出されるとみなす視点である。そのような認知プロセスとしてあげられているものが、心の理論、ＨＡＤＤ（過敏な行為者探知装置）、擬人観、アニミズム等である。いくつか主要な研究をあげると、反直観的な要素を含んだ文章はそうでないものより想起されやすいとする実験（Boyer & Ramble 2001）、子どもは生物の死後も心理的機能や認知的機能は継続していると考えていることを示す実験（Bering & Bjorklund 2004）、人は外界に行為者の存在を実際以上に感じ取りやすいこと（ＨＡＤＤ）を指摘する研究（Barrett 2000）などがある。

こうした心的傾向により、宗教的観念が信じられやすくなるとみなされている。たとえば前述のボイヤー（Boyer, P.）らの研究では、「壁の向こう側を見ることができる人間」など反直観的な要素を含む文章は記憶・伝達されやすいが、神や幽霊などの観念はまさにこの反直観的要素を含んでいる。それゆえ宗教的観念は記憶され、伝達されると説明されている。またガスリー（Guthrie, S. E.：ガスリー 2016）によれば、周囲の環境に人間的特徴を見出す性向である擬人観により、外界に対して人間のような人格存在がいると考えやすくなる。そして実際にそのような存在がいない場合にも擬人観が働いた結果として、超自然的存在が生み出されるということである。

これに加え、近年では進化的な視点からの研究も増加している。そこではまず、宗教において行われる儀礼や祈りなどの活動はさまざまな面でコストがかかるものであり、そこに何らかの適応的利点がなければ存続しえないとみなされる。そのような適応的利点として推定されているのが、向社会性や道徳性の向上および、集団内協力の促進である。モーリシャスで行われた研究では、過激な儀礼は向社会性を増すという仮説の検証のために2種類の儀礼の参加者・観衆の向社会性を測定し、過激な儀礼への参加者は寄付の額が多く、集団内のアイデンティティ意識も高いという結果が得られている（Xygalatas et al. 2013）。またバヌアツやフィジーなど8ヶ国で行われた研究では、神が道徳的な罪を罰すると信じている人ほど、ランダム配分ゲームでの集団外の人に対する配分が増加し、利他的であることが示された（Purzycki et al. 2016）。

こうした研究では、幅広い国と文化の人々が対象とされていることに気づくだろう。社会心理学者ノレンザヤン（Norenzayan, A.）は、これまで心理学的研究の対象はもっぱら「WEIRD（西洋の、教育を受けた、工業化された、豊かな、民主主義）」の人々のみであったと指摘する。こうした対象から導かれる心理は西洋的に偏ったものになるため、より幅広い文化の人々を対象にしなければならないと彼は主張している（Norenzayan 2013）。この指摘を受け、心理学的実験に人類学的なフィールドワークや経済ゲームを組み合わせた研究が広がっていることも、宗教認知科学のもたらした新たな視点だといえる。

宗教学者ピュシアイネン（Pyysiäinen, I.）は「宗教認知科学は実験心理学者、進化理論家、人類学者、宗教学者が出会い、意見を交換し、多分野的なプロジェクトを創り出すことのできるフォーラムとして理解できるかもしれない」（Pyysiäinen 2014, p.30）と述べている。ここでは互いの分野を参照し合うだけではなく、新たな手法もまた模索されている。その例としては宗教に対する計量テキスト分析、コンピューターモデリング、データベース構築と量的分析などがあげられるが、とりわけ盛んに連携が行われているのが脳科学の分野である。宗教認知科学は心理学的研究に限らず、宗教に関する多様な学際的研究が試みられる場なのである。

第3節　宗教認知科学のもたらす新たな可能性

最後に、このような宗教認知科学的視点を踏まえて、新たな宗教心理学の可能性について論じてみたい。宗教認知科学では「宗教」の扱い方が従来とは異なっている。これまでの心理学的研究では宗教を一つの全体として、変数として扱っていた。むろん数々の尺度などで信仰や実践の詳細の把握は試みられているが、その対象となるのはキリスト教や仏教といった宗教の成員が中心であった。これに対して宗教認知科学では、宗教を諸要素に分解して考える。特定の宗教を信仰しているかどうかということは必ずしも重要でなく、誰もがもっているとされる心的傾向の有無が検証されるのである。この視点には長所と短所の双方が存在するが、少なくとも新たな知見をもたらしてくれるものだといえる。

この視点のもたらす最も重要な示唆は、これまで宗教とは思われていなかった現象が、宗教と関係があると判明する点である。日本国内において宗教認知科学の導入は十分に行われてはいないが、この分野に関連する研究は確かに存在していたといえる。それはすなわち、宗教を生み出す認知プロセスとみなされるものの研究である。発達心理学や認知心理学においては、魔術的思考（外山 2019）、擬人観（上出・高嶋・新井 2016）、アニミズム（池内 2010）等の研究が近年増加している。さらに、宗教の周辺領域ないし宗教と関わる現象の研究として、疑似科学（菊池 2017）、妖怪（高橋 2019）、お化け（富田・小澤 2020）、畏敬の念（Takano & Nomura 2022）などの主題もあげられる。宗教認知科学の視点はこうした研究が宗教といかに関わるかを示すことができるため、既存の研究と結びつくことで新たな発展をもたらすことが可能となるだろう。

これまでの宗教心理学は宗教を独立した事象として扱っていたために、どうしても「特別な人々の研究」と捉えられやすかったように思われる。特定宗教を信仰している人にはこれだけの違いが見られると述べても、そうでない人々には無関係な世界だと思われやすい。これに対して宗教認知科学のアプローチは、信仰者と非信仰者の間の壁を取り払い、誰もが少しずつ関わっているような宗教性を扱うことで、既存の研究との橋渡しになると考えられる。この視点は、自らを「無宗教」と答える人が多くを占めている日本人の宗教性を探究する際にも、大きな貢献をなしうるはずである。

とはいえ、この視点が決して既存のアプローチを無用にするわけではない。擬人観からいかにキリスト教信仰に至るのかを説明するのが困難なように、宗教認知科学の視点は個々の宗教や信仰者に対する説明力は弱い。そうした場面においては、社会心理学的アプローチが求められているのである。「特別な人々の研究」と「誰しもの研究」の両輪を備えることで、今後の宗教心理学はますます発展できるのではないだろうか。

文献

Barrett, J. L. (2000) Exploring the Natural Foundations of Religion. *Trends in Cognitive Science*, 4, 29-34

Bering, J. M., Bjorklund, D. F. (2004) The Natural Emergence of Reasoning about the Afterlife as a Developmental Regularity. *Developmental Psychology*, 40, 217-233

Boyer, P., Ramble, C. (2001) Cognitive Templates for Religious Concepts: Cross-cultural Evidence for Recall of Counter-intuitive Representations. *Cognitive Science*, 25, 535-564

藤井修平（2021）「ニューサイエンスの時代の宗教・心理学・宗教学」『中央学術研究所紀要』50, 59-79

ガスリー、S・E（著）、藤井修平（訳）（2016）「神仏はなぜ人のかたちをしているのか――擬人観の認知科学」國學院大學日本文化研究所（編）、井上順孝（責任編集）『〈日本文化〉はどこにあるか』（pp.65-104）春秋社

池内裕美（2010）「成人のアニミズム的思考――自発的喪失としてのモノ供養の心理」『社会心理学研究』25, 167-177

上出寛子・高嶋和毅・新井健生（2016）「日本語版擬人化尺度の作成」『パーソナリティ研究』25, 218-225

菊池聡（2017）「中学高校生の疑似科学信奉と科学への態度の関連性」『信州大学人文科学論集』4, 39-52

McCutcheon, R. T. (2001) *Critics Not Caretakers: Redescribing the Public Study of Religion*. State University of New York Press.

Norenzayan, A. (2013) *Big Gods: How Religion Transformed Cooperation and Conflict*. Princeton University Press.

Purzycki, B. G., Apicella, C., Atkinson, Q. D., Cohen, E., McNamara, R. A., Willard, A.K., ... Henrich, J. (2016) Moralistic Gods, Supernatural Punishment and the Expansion of Human Sociality. *Nature*, 530, 327-330

Pyysiäinen, I. (2014) The Cognitive Science of Religion. In F. Watts, L. Turner (Eds.), *Evolution, Religion, and Cognitive Science: Critical and Constructive Essays* (pp.21-37). Oxford University Press.

Strenski, I. (2018) What Can the Failure of Cog-sci of Religion Teach Us about the Future of Religious Studies? In J. N. Blum (Ed.), *The Question of Methodological Naturalism* (pp.206-221). Brill.

高橋綾子（2019）「妖怪に対する社会心理学的手法を用いた探索的研究」『東洋大学大学院紀要』55, 21-30

Takano, R., Nomura, M. (2022) Neural Representations of Awe: Distinguishing Common and Distinct Neural Mechanisms. *Emotion*. 22, 669-677

富田昌平・小澤瑞希（2020）「幼児はお化けをどのように認識しているのか？」『三重大学教育学部研究紀要　自然科学・人文科学・社会科学・教育科学・教育実践』71, 315-325

外山紀子（2019）「魔術的な心からみえる虚投射・異投射の世界」『認知科学』26, 98-107

Xygalatas, D., Mitkidis, P., Fischer, R., Reddish, P., Skewes, J., Geertz, A. W., ... Bulbulia, J. (2013) Extreme Rituals Promote Prosociality. *Psychological Science*, 24, 1602-1605

第5章　身体性（ソマティック心理学）と宗教心理学

久保隆司

第1節　はじめに

本書ではさまざまな宗教心理学が語られているが、ここでは専門の「身体性」（ソマティック心理学）の観点から、私なりの「宗教心理学」について考えてみたい。

最初に宗教心理学領域との私的な出会いから述べておく。奈良の旧市街に生まれ育ち、興福寺・東大寺・春日大社などを含む奈良公園一帯は物心がつく前から大きなお庭であった。記憶の範囲では最初に描いた絵はもちろん大仏である。そのせいか1300年前の精神・宗教的世界とつながっている意識（身体感覚？）は常にどこかにある。また土地柄、天理教なども身近な環境にあり、多感な年ごろに「神」や宗教組織についてのさまざまな思いももった。当時のユング心理学との出会いは、最初の宗教心理学的学習といえよう。

大学では文化人類学を専攻した。スピリチュアルな世界を排除しない心理領域の探求を願ったが、当時の大学では心理学とは実験心理学一択であった。よって心理学の道はあきらめ、学部から文化人類学を学べる大阪大学人間科学部を選んだ。呪術や通過儀礼などスピリチュアリティ関連領域を堂々と学問対象にできるからである。「フィールドワーク」手法を通じて、理論と実践の両輪の大切さを学んだ。卒業後は、実業界でのフィールドワークを夢見つつ、総合商社に入社。それまで避けてきた世界の物質的側面の探求を試みた。3年間の中国駐在を経て人生の価値観を問い直し、40歳前に退職。2002年の夏、サンフランシスコ・

ベイエリアの大学院に留学した。主専攻は「ソマティック心理学」であるが、当時の日本ではその概念ですらなじみがなかった。5年の留学から帰国後、欧米の精神—身体基盤に根差す心理療法のみでの対応に限界を感じ、國學院大學にて神道学・宗教学を専攻した。日本人・日本社会における心身関連の深層/基層を理解するために不可欠な探究領域であり、日本でしか学べないからである。

結果として、私の専門は、身体性を要として大きく心理学と宗教学の二つの領域にまたがるものになった。心理学の専門は、心理臨床の領域、とくに心と身体の関係性に焦点を当てるソマティック心理学/身体心理療法となる。関連する「実践」としては、臨床心理士の資格をもち、心理療法の仕事もする。また、心身相関を重視したボディワークの資格ももち、適時セッションやワークショップを提供する。一方、神道学/宗教学のほうは、日本思想史的な研究が中心であるが、七五三や初詣の時期は神社での助勤もある。宗教心理学ならびに関連領域も含めた学問探究と実践応用は、私の人生における大切な諸場面を形成しており、個人的にもとても大切な領域である。

第2節 「宗教心理学」と時代性

まず、「宗教心理学」の転換期の背景理解のために、黎明期と現在というおよそ100年を隔てた二つの時代を見ておこう。

1. 1900年の黎明期

今日の実証的宗教心理学につながる重要な祖を一人だけあげるとすれば、世界で最初に心理学実験室を開設したヴィルヘルム・ヴント（Wundt, W. M.）に先立つこと4年の1875年、ハーバード大学に世界最初期の心理学講座を開設したアメリカのウィリアム・ジェームズ（James, W., 1842-1910）であろう。なにしろ、心理学、宗教学、プラグマティズム、それぞれの「父」とされている人物である。

そのジェームズの代表的著作は、『宗教的経験の諸相』（1901-02）。手元にある岩波文庫（1997〈11刷〉）の表紙カバーには、「科学的な方法による宗教心理学の最初の労作として不朽の名を残す名著」と記されている。そして第一講のタイトルは、「宗教と神経学」であり、中心テーマは「医学的唯物論」に対する批判である。宗教性の即物的な「身体」への還元を戒めている。120年以上前の当時も、現在と同様に、「宗教」と「神経学」、「心理」と「身体」との関係性などの問題はホットトピックであったことが知れる。

さて、『宗教的経験の諸相』刊行前年の1900年、オーストリアで『夢判断』が出版されていた。いうまでもない精神分析学のシグムント・フロイト（Freud, S., 1856-1939）の存在を世に知らしめた画期的著作である（初版の600部が売り切れるまで8年を要したが）。そして、1909年、フロイトと「弟子」のカール・G・ユング（Jung, C. G., 1875-1961）はアメリカ講演旅行時に最晩年のジェームズと会うことになる。

元来、フロイトは当時の神経医学の最先端であったニューロンの研究を、ヤツメウナギやザリガニを実験動物にして行っていた。ユングのほうは、「コンプレックス（心的複合体）」の言語連想検査で反応速度を計測していた。フロイトもユングも、人間心理と宗教との関係性に関心をもったが、とくにその初期、形質的構造や身体的反応に根差した実証科学的手法によって鍛えられていたのである。超生物学的なヴィルヘルム・ライヒ（Reich, W., 1897-1957）など一部を除き、深層心理学が浸透するにつれ、「身体／身体性」（以下、「身体」）を伴う手法は衰退し、心理療法における身体への介入はタブー視されるようになっていった。しかし「宗教」に対しては、フロイト（『幻想の未来』など）もユング（『ヨブへの答え』など）も、終生、大いなる関心をもち続けた。

以上の経緯も鑑みると、黎明期の心理学とその関連領域は、実証科学的な知見を基盤としながらも、とどまることなく、「宗教」に象徴される超越的領域の探究に至るところにその真骨頂があったように思われる。

2．2000年の転換期

次に黎明期から100年後の世界—日本を見てみよう。1995年のオウム真理教による地下鉄サリン事件以後、「ヨーガ」は危険視され、「宗教的なもの」は敬遠された。代わって21世紀最初の10年に巷で注目を浴びたのは、「スピリチュアル」であった。組織とは距離をとりながら、個人の霊性を対象とする「スピリチュアル・カウンセラー」なる職種も人気となる。宗教的なものをカジュアルな消費財に還元する動きが見られた。

続く2010年代以降の世界は、とくに経済社会の文脈で、先行きが見えず不確実性の高いVUCA[*1]の時代と呼ばれる。このような時代を反映してか、「パワースポット」への巡礼、御朱印ブームなども女性を中心に定着していった。

2015年以降、SDGs（持続可能な開発目標）という言葉も広がる。社会の維持に対する世界的な危機感の増大を反映しているが、こちらは今後の行動変容／社会変容の運動への参加が視野に入っている。この間、「ヨーガ」はファッション・ヨガなどとして復活し、日本での人口は2020年前後で1000万人とも推定される。

心理学史の文脈では、主流の心理療法のメインストリームから、およそ100年にわたって「身体」は軽視や無視の傾向にあった。しかし、1990年代中盤を境に、「身体」が再び注目される機運が欧米で生まれる。その背景には、「抑圧の時代」から「解離の時代」へのシフトや、「脳の10年」を経て脳科学／神経生理学と心理臨床との結節点の拡大があった。

2020年以降の社会は「コロナ禍」も加わり、リアルに身体との濃厚接触も禁じられた身体性の欠乏世界である。地球的に、以前の常識は通用しないことだけが明確な時代だからこそ、「頭」偏重かつ「身体」軽視の風潮を前時代のものとし、「身体」の再発見と回復がより大切なものとなる。人が生き抜くためには何某《なにがし》かの信じる存在が必要であるが、身体の存在自体は確実である。日常からの「濃厚接触」の追放ではなく（一時的には必要であっても）、心身の「接触」を通して健全性が育まれ、現実感が豊かになるものである。このような課題を探究する学問が時代から要望されている。その有力候補の一つが、身体を基盤とした（SOMA-based）心理学と考える。この学問（または心身論）の媒介により、リベラルアーツ（成人必須の教養基盤）としての宗教心理学の輪郭も見えてくる。

第3節　ソマティック心理学と方法論

1．ソマティック心理学とは

ソマティック心理学は、「生き生きとした身体（SOMA）＋心理／魂（PSYCHE）＋学（LOGOS）」と分解できる。「身体と心理の統合学」との解釈も可能であり、ここ15年ほどの私自身の主たる活動領域である。東洋的には、宗教的な実践も含む「身心一如」や「神人合一」に関わり、西洋的には、近代のデカルト以来の「心身／心脳問題」に関わる学問領域となる。言語と非言語（身体感覚、感情、身体状態、身体動作）による統合的なコミュニケーションを目指す。心身双方に注目するので、言語能力に問題があっても全体的な対応力が高く、技法としての選択肢は多様である。

戦略としては、しばしば「情動／感情」とも結びついた「身体感覚／動作」を、「無意識」への窓口として利用する。元来、フロイトの精神分析学も「ヒステリー」による身体症状の解消を、リビドーという身体に固着する性的エネルギーの媒介を通して心理領域に求める点で同じであるが、両刃の剣でもある。事実、初期の精神分析家は、身体への働きかけを重視していたがゆえに、フェレンツィ・シャーンドル（Sándor, F., 1873-1933）の例がよく知られるが、「転移／逆転移」問題を起こした面がある。その対処法も含め心理家の標準化のうえで、「身体」は禁忌的存在となった。

「身体」の排除は、おおむね20世紀の心理療法の「伝統的価値観」であったが、今は２０２０年代。「身体」の復活・再評価の時代である。その先駆けは、ＰＴＳＤ（心的外傷後ストレス障害）への有効な心理アプローチの世界的基準が、ソマティック心理療法（ＥＭＤＲ、ソマティック・エクスペリエンシング、ブレインスポッティングなど）にあることや、20世紀後半の主流であった認知行動療法における「マインドフルネス」の導入で明らかになってきている。いうまでもなく、マインドフルネスは呼吸や身体感覚に関連するものであり、実質的にソマティックの先駆け的役割を世界中で果たした。

2．方法論

次に基本となる方法論／姿勢を概観しておきたい。ソマティック心理学は、実証性に基づいた心理学／心理療法である。少なくとも21世紀のソマティック心理学においては、その実証性は大きく二つの方法論で担保されると考える。「多人称的視点」の導入と、医学（脳科学や神経生理学など）との整合性の追究という二つの方法論＝基本姿勢である。

⑴ 多人称的視点

さまざまな心理療法があるが、「人称」の観点から見ると、どれかに偏っていたり欠損したりして、非常にバランスが悪い。ソマティック心理学では、三つの人称すべての視点に気を配る。

《三人称的・客観的視点》：心身に関わる生物学・医学・心理学的側面からの理解を重視する。

《二人称的・間主観的視点》：複数間の心身に関わる情動や共感などからの理解を重視する。

《一人称的・主観的視点》：個人内の心身に関わる意思や感情などからの理解を重視する。

(2) 脳・神経生理学的視点

従来、現場によっては一人称・主観的視点に偏っていたが、三人称的視点の導入で、統合的な理解を深めることに役立つ。「心理学とは、結局は生理学である」との主張もある。還元主義に陥るといけないが、これまでの多くの心理／精神療法に欠けていた面であり、現状はそれくらいの構えでちょうどよいのかもしれない。

ソマティック心理学は、心理臨床の中では最も医学と親和性のある領域ともいえる。基本姿勢として、脳中枢だけでなく抹消神経系も包摂した、神経生理学／脳科学／情動の科学などの知見を積極的に取り入れ(例：愛着理論、ジェームズ＝ランゲ説やその系統のソマティックマーカー仮説、ポリヴェーガル理論)、実践との整合性のある道を探る。

第4節　宗教と心理の「媒介」としての「身体」

1．「媒介」としての身体性

宗教心理学の探究を深める有力な方法が、「あいだ」や「媒介」の設定である。とくに2020年以降の、ソマティック心理学的理解が受け入れられてきた世界において、「宗教」と「心理」との「あいだ」に、「情動」と無意識／非言語レベルが結びついた「身体」を、媒介として設定することには意義がある。マインドフルネスや宗教的な体験は、認知／言語的な心理として記憶・理解されるより、根元的レベルで、情動とも紐ついた身体感覚および動作／習慣／トラウマとして、非言語レベルで記憶・理解される(例：身体記憶、筋肉の鎧)。身体を通して、三人称的な神経生理学などの観点からの分析的理解も可能となる。

以上のようなソマティック心理学的手法の導入から、多人称的な実証性に配慮した学問展開が期待できる。すなわち、三人称・二人称・一人称にそれぞれ対応する「実証的宗教心理学」「臨床的宗教心理学」「思想的宗教心理学」の3分野が生まれる。そして、これら三つを合わせた「統合的な宗教心理学」という包括領域の設定も現実化へと進む。

2. 「末梢神経系」を介しての宗教心理へのアプローチ

ここでは重要な身体的媒介機能の代表として末梢神経系について触れておく。末梢神経系は、大きく体性神経系と自律神経系の2系統で構成される。三人称的視点からは、中枢神経同様、ニューロンの発火（活動電位の発生）状態やシナプスでの神経伝達物質の分泌などの機能を実証的に調べることもできる。

《体性神経系》：感覚神経系と運動神経系によって構成される。随意性が高く、動物性機能を司る。中枢神経系への伝達を担う。

多くの宗教には、主に身体感覚を介しての「瞑想」や「神秘体験」などのトランス的な「変性意識状態（ASC）」や、身体運動を介しての「儀礼」「祈り」「踊り」などを含む「神」（超越的存在）への身体的表現／奉仕が含まれる。主に前者は情報のインプット面に、後者はアウトプット面に注目されるが、一連のプロセスである。言語を通しての一人称的な「神秘体験」の聞き取り調査に加え、心身医学・神経心理学的領域からは、脳波測定、fMRI（機能的磁気共鳴画像法）やPET（陽電子放出断層撮影）などの機器による脳内の活動とともに、受動的な身体知覚・感覚反応をモニターすることから得られるものは多い。また、外形的な行為／行動に対しての筋肉や骨格、姿勢の分析とも連動させることで、客観的な理解度はさらに増す。

《自律神経系》：交感神経系と二つの副交感神経系によって構成される。不随意性が高く植物性機能を司る。脳中枢から比較的独立して働く。主に臓器間の多元コミュニケーション（呼吸・循環・消化・分泌など生命・恒常性の維持機能）のネットワークが注目される。

なかでも迷走神経系は、多重迷走神経理論として近年、注目される。生存のための安全／安定に関する生物の神経システムは原始的なものから系統発生順に、①不動（仮死）状態段階（背側迷走神経の活性化）、②闘争逃走段階（交感神経の活性化）、③社会的関与段階（腹側迷走神経の活性化）となる。瞑想は無防備な状態であり、周りが安心できる環境③でないと成立は難しい。もちろん、怒りを表現する必要のある宗教的行為に適した環境は、②の神経状態となる。また死や孤独の追体験には、①的な神経状態が伴うと本格的な体験となる。

《呼吸》：とくに体性神経系と自律神経系双方の全体的なコミュニケーション／調和が要求され、随意的かつ不随意的である「呼吸」は重要である。呼吸関連のワークは、「宗教的体験」の根源であり、古代インドをはじめ、世界中の養生健康法、精神的修養の基盤となっている。語源的にも、呼吸（息）＝スピリット＝「霊の働き」であることはよく知られる。

3．心理と霊性の統合の場としての「メタ的身体」

「身体」的情報のインプットとアウトプットを媒介として、宗教と心理をつなげる事例で、個人的に最も関心があるのは「神人合一」関連である。心身問題もこの一部分とみなすことができる。「身心一如」や「感応体験」も同種であり、さまざまなバリエーションはあるが、古来、宗派・地域・時代を問わず、人類が一貫して探求してきた重要テーマである。

一例として、キリスト教、とくに東方教父の文脈における「神人合一」を見てみよう。イエスが処刑された後に、身体を伴って復活したところが肝である。決して身体をもたぬ純精神的存在としてキリストになったのではなく、肉体死をも超越して、心身、いわば「メタ的身体」を伴っての復活により、初めて神人イエス・キリストとなったと解釈される。この「神人合一」のリハーサルが心身統合とされる。肉体死後の心身統合（神化）はかなりハードルが高いが、自己実現の意識段階と重なる心身統合段階は、何とか到達が可能な目標でもある。

「神人合一」に類する問題は、決して過去の問題や特殊な問題ではない。程度の差はあれ、今日でも世界中で多くの人々が神や崇高なものとの共感を求めていて、宗教的修行や信仰的行為、または日常生活における所作の中にも見出すことができる。

「神人合一」に限らず、さまざまな宗教的／スピリチュアルな体験が、「身体」を媒介に、新たな人間心理の構造理解に寄与できると考える。これまでも人間には、多層な意味でのSOMA-basedな実践的体験から、さまざまな身体変容・意識変容が生じ、新たな儀式や宗教、哲学、精神的な著作や芸術、学問などが展開してきた。元来、ジェームズの例を見るまでもなく、心理学もそのような環境から生まれた学問である。このような領域の探究に関しては、個別性と普遍性、実践と理論、形而上学と実証研究など、対立的な手法の双方が不可欠となるが、ソマティック心理学はもとよりそれらを包摂している。さらに個別的体験の事例研究／フィールドワークや哲学的／神学的解釈学も、全体的な実証性の追求に組み込むことが大切であろう。

第5節　おわりに

宗教心理学は、単に「宗教」を対象とする心理学のマイナーな一分野ではない。歴史的に、哲学・宗教学・心理学はもともと一体で、19世紀の後半以降に分離したともいえる。本来的には宗教心理学こそ母体であり、新時代のリベラルアーツにもなりうるのである。

「宗教心理学とは何か」という大きな問いに対し、私自身、十分に答えられる見識はもっていない。ただ、

「統合的な宗教心理学」は必要だと思う。際しては、「SOMA-based」概念の根源性と実証性への理解が大切と考える。なぜなら、「身体」と「心理」という人間における根源的な対立と調和の難問において、それらを包摂・統合するのが「宗教／スピリチュアリティ」の役割と考えるからである。「身体」を欠く「宗教心理学」では部分的な学問でしかない。今後、心身統合に関わる体感・体認を伴った心理学や宗教学領域が、大きな意味をもってくることを期待する。

注記

＊1　Volatility（変動性）・Uncertainty（不確実性）・Complexity（複雑性）・Ambiguity（曖昧性）の頭文字を取った造語。

文献

ジェイムズ、W（著）、桝田啓三郎（訳）（1997）『宗教的経験の諸相　上下巻（11刷）』岩波書店（原著刊行1901-02）
久保隆司（2011）『ソマティック心理学』春秋社
久保隆司（2020）「ソマティック心理学と心理臨床――〝架け橋の心理学〟の紹介と展望」『臨床心理学』20(2), 161-166

第6章　ポジティブ心理学と宗教心理学

島井哲志・小笠原將之

第1節　はじめに

ポジティブ心理学と宗教心理学はかなり近い領域である。２０１７年に、*Psychology of Religion and Spirituality* にポジティブ心理学の特集があるが、特集タイトルは「美徳の心理学――ポジティブ心理学と宗教心理学の統合」で、ロバート・A・エモンズ（Emmons, R. A.）が編集している。そして、個別の美徳に焦点を当てた5編の論文と3編のコメントが掲載されている。

5編の論文で取り上げられている美徳は、「謙遜」「忍耐力」「自己超越的ポジティブ感情」「恵み」と「純潔」であり、宗教の側面から見た美徳に焦点が当てられている。導入で、まず強調されているのは、ポジティブ心理学における美徳の研究が進められてきたこと、その成果が宗教心理学にとっても非常に重要であることである（Schnitker & Emmons 2017）。そして、相互の交流が盛んではないという現状が指摘され、領域を超える試みが大切であると主張されている。

第2節　美徳の基盤となるポジティブ感情経験

ポジティブ心理学の美徳研究では、さまざまな伝統から多くの美徳の候補を収集し、一定の客観的基準を満たす24の強みの特徴が整理されている（Peterson & Seligman 2004）。強みは6種類の美徳に分類され、それは、①知恵（好奇心、向学心、判断力、独創性、見通し）、②精神力（勇気、勤勉、正直、熱意）、③人間性（愛情、親切心、社会的知能）、④超越性（審美心、感謝、希望、ユーモア、スピリチュアリティ）、⑤正義（忠誠心、公平性、リーダーシップ）、⑥節制（寛容性、謙虚、自己制御、思慮深さ）である。

これらを測定するためにＶＩＡ-ＩＳ尺度も開発されている（大竹他 2005）。特集で取り上げられている美徳では、「謙虚」や「忍耐力」はリストにあり、「純潔」は自己制御に近く、「恵み」は感謝の強みといえる。

これに対して、ヴァン・キャプレン（Van Cappellen 2017）が取り上げている「自己超越的ポジティブ感情（self-transcendent positive emotion: STPE）」は、宗教的伝統による感情経験である。それは、自己への意識が低くなり、神や超越的存在を身近に感じる経験であり、愛情（love）や慈悲（compassion）、恵み（grace）や感謝（gratitude）、畏敬（awe）といった感情経験を伴う強みと関連する。

これは、ハイト（Haidt 2003）の倫理的感情（moral emotion）と近似している。倫理的感情は、自分自身の利益には関係のない、誰かが別の人にしている親切な行動を目にして感動する経験である。ＳＴＰＥでは、経験の対象は拡大し、大自然や芸術に触れて感動・感嘆することや、愛すること・愛されること、このままでよいと安らぎを感じることも含まれ、人生の意味を介して、宗教的で精神的な行動につながっていく（Van Cappellen 2017）。

感謝という言葉は対人的な文脈で理解されがちであるが、互恵性のない感謝の体験もある。たとえば、親への感謝は、親から与えられたものを親に返すよりも、自分も子どもに同じように与えるという行動につながる。返すことができない感謝が、互恵性を超えた関係を形成する例と考えられる。

宗教では、これは恵み（grace）を感じる経験である（Emmons et al. 2017）。それは、取引や何かの報酬としてではなく、無条件に与えられた自分への贈り物への感謝であり、自然を超えた存在に自分が受け入れられているという意識へとつながる。このことが、義務としての行動ではなく、意図的で自発的な行動を可能にするのである（Emmons et al. 2017）。

第3節　ポジティブなボディイメージと感謝心

ポジティブ心理学では、この心理メカニズムは、人類が共有すると考えている。ティルカとウッド＝バーカロー（Tylka & Wood-Barcalow 2015）は、食行動の問題につながる、やせを美化する文化に対抗する認知として、自分の身体のポジティブなボディイメージが重要だと主張し、「自分の身体のことをよいと感じている」など10項目からなる測定尺度Body Appreciation Scale-2を開発した（生田目・宇野・沢宮 2017）。

ティルカのグループ（Homan & Tylka 2018）は、このポジティブなボディイメージを支える心理要因としての感謝心の役割を、女性を対象として検証している。その結果、感謝心からポジティブなボディイメージに中程度の直接的な影響（標準化偏回帰係数：.34）があり、それが健康的な食行動につながっていた。また、感謝心が低いことから、外見の自己評価や他者評価の低下が生じ、食の比較を経由して、不健康的な食行動傾向がもたらされるのである。

そこでは、「私の人生には、感謝すべきことがたくさんある」といった感謝心が、自分の身体へのポジティブな評価に影響するが、それは、誰かに借りがあるというような対人的な感謝心ではなく、自分の身体の現在のあり方を素晴らしい贈り物として感謝して受け取るという、「恵み」の経験に近いと考えられるのである。この結果は、ユダヤ・キリスト教が一定の社会的影響力をもつアメリカ合衆国の知見であり、このような感謝には、宗教的文化的背景の影響が考えられる。

そこで、筆者らは、日本人女性を対象として、ホーマンら（Homan & Tylka 2018）とほぼ同じ研究計画で、

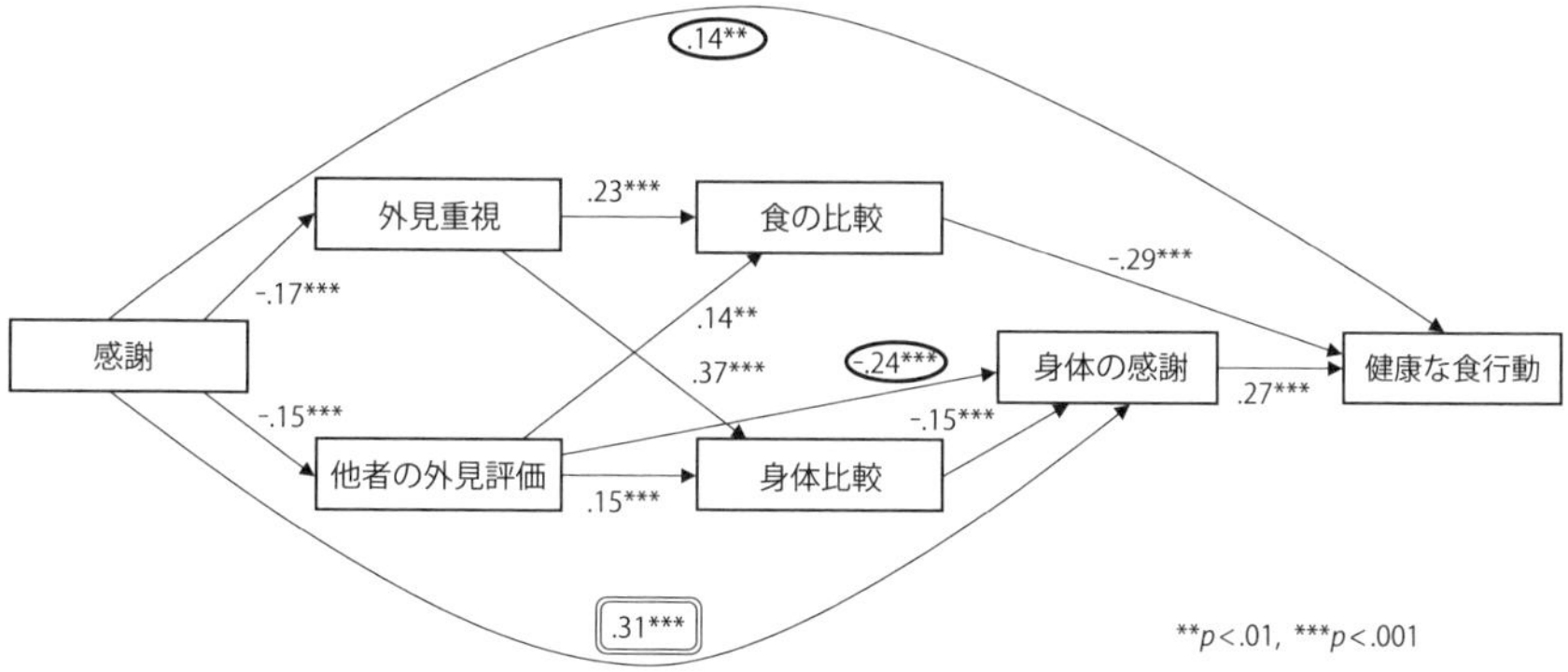

図１　日本人女性の感謝とポジティブなボディイメージ・身体感謝の関係
（Yamamiya, Shimai, & Homan 2021）

感謝心とポジティブなボディイメージの間の関係が、日本でも見出されるのかを検討した（Yamamiya, Shimai, & Homan 2021）。その結果、日本人女性でも、アメリカ人女性と同様に、感謝心がポジティブなボディイメージに対して中程度の影響（.31）を及ぼしていた（図1の二重線枠）。

アメリカ文化では、神という超越的存在が、恵みをもたらす役割をもっていると考えられ、恵み―感謝の経験もその枠組みから理解され経験されると考えられる。これに対して、日本人では、そのような影響力をもつ信仰があるわけではないが、親や祖先、また、汎神論的な自然観が、超越的な存在として「恵み」をもたらす経験の背景にあると考えられる。このことより、無条件に与えられる恵みへの感謝というＳＴＰＥは、人間が共有する可能性を示唆している。

図1のアメリカとの違いを示したパスに丸印をつけた。日本人では、感謝心が直接的に健康な食行動に影響力（.14）をもっており、日本では食べ物を大切にする信念から理解できるのではないかと考えている。また、他者評価がポジティブなボディイメージを低下する影響をもち、集団主義傾向から理解できる。

第4節　臨床事例からの検討

以上、マクロな観点から、対人的相互関係を超えた感謝や恵み、すなわち超越的存在に受け入れられたという体験が、人間の自由で自発的な行動を可能にするということを論じてきたが、次にミクロな観点からもこれまでの考察を検証してみたい。それに際して、筆者（小笠原）が精神科臨床場面で治療を担当した3人の事例の経過を紹介する（小笠原 2018a, 2018b; 小笠原他 2009）。

【事例A】 初診時40歳代の女性。発達障害の父親と過干渉な母親のもとで成育。高校卒業後は事務職として20年以上勤続したが、懇意にしていた上司の異動や業務負荷の増大によって抑うつ状態となり、ある日急に職場に辞表を提出して失踪した。放浪生活をしていたところを警察に保護されて実家に戻るも、母親との折り合いが悪く、抑うつ気分の改善を目的として入院となった。入院当初、Aの陳述は両親との関係性に関する内容が主であったが、面接が進むにつれてAは母親や上司などの他者に対する自身の激しい怒りに気づき、その怒りへの直面によって不安発作・抑うつ気分が増悪していった。治療者（筆者）は、一貫してAの認知の修正ではなく、認知の明確化を支援する姿勢で面接に臨み続けた。すると、入院から約3ヶ月後、Aには不意に「神様に赦された」という感覚に包まれるという体験が生じ、それを機に抑うつ気分や不安は消失し、また実家への外泊の際にも母に巻き込まれることなく安定的に過ごせたため、入院の約4ヶ月後に退院となった。退院の半年後の最終面接の際にも、経過が順調であることが確認できた。

【事例B】 初診時19歳の男性。二重拘束的な母親（「愛している」と言いつつ、包丁を向けるなど）のもとで育ち、幼少期から母親のペットのように振る舞うかたわら、小動物に対する残忍な行為を行っていた。小学5年生時にパニック発作を初発し、中学生ごろからは隠れて飲酒を始めた。高校生のころは部活に勤しみ、交友関係も充実していたが、心の奥底には空虚感があり、大学進学後は一切の友人関係を断って閉居するようになった。近医精神科にて薬物治療と心理面接を受けるも改善しなかったため、筆者のもとに紹介された。約2週間ごとの面接の中で、Bは「生きている意味がわからない」「何も信じられない」という深い虚無感・孤独感・絶望感を表明し、治療者（筆者）はそのようなBの虚無感や絶望感に波長を合わせる方向で対応した。治療関係の一応の安定までに数ヶ月を要した後も、延々と絶望の中をもちこたえる状況が続き、一時は被害妄想的な様相を呈するなど、精神病的破綻が懸念される局面も生じた。治療開始から2年半ほど経過したころ、Bがたまたまパン屋の店の中で母親に連れられた赤ちゃんと目が合い、微笑みを交わしたことを契機として、それまでの虚無感や絶望感がほぼ瞬時に解消し、Bの人生は職業専門学校に通う方向へ具体的に展開した。その後半年間の経過観察期間中も安定的に過ごせたことから、約3年で治療を終結した。

【事例C】 初診時20歳代の男性。中学生ごろから同級生とのズレを意識するようになった。大学に進学後、アルバイト先で態度の悪い客の姿を見て社会に絶望を感じ、そのころから対人恐怖や強迫症状（確認強迫や洗浄強迫など）が出現した。約2週間ごとの面接の中で、Cは当初から「居場所のなさ」や「生きることの意味」の欠落を訴えるなど、強迫症状の背後に自身の存立にまつわる実存的危機の存在がうかがわれたため、治療者（筆者）はその危機に焦点を当てた面接を継続した。治療開始後1年半ごろに症状が一時的に改善した際、Cはいったん就職を試みたものの、まもなく「外部からの脅威にさらされている」という内容の強迫観念が再燃して退職した。以後、そのまましばらく膠着状態が続いたが、初診から3年10ヶ月後、「人間って、神（世界）に受かっているんじゃないか」というインスピレーションが生じたことを契機として、自然と深い安心感に触れ、強迫行為が軽快した。以後約半年間の経過観察期間中も安定的に推移したことから、再就職と同時に4年3ヶ月間に及んだ治療は終結となった。

以上の3事例に共通することは、思いもよらない方向から不意に《何か》が到来したことによって、それまでの精神症状がほぼ瞬時に消失したことに加え、彼らがそれまでに経験できていなかった「生きる意味」

の実感が生じたことによって空虚感や絶望感も解消し、人生そのものが停滞から脱却したことである。その《何か》は、彼らがそれを異口同音に「神」などと表現したように、絶対性を帯びており、またそれは彼らの精神活動の外部から到来したという意味で、他者性をもつものであるにもかかわらず、それがもたらした確たる充実感が当人の安定的な内面の確立に寄与し、当人が能動的な主体として機能することを可能にした。そのような絶対性と他者性をもち、かつ主体性成立の基盤として機能するものを筆者（小笠原）は超越論的他者と呼んでいるが、それは先に述べた超越的存在、あるいは宗教でいう神や仏の本質に相当するものと考えられる。しかし、彼らは決して宗教イデオロギーに絡め取られたのではなく、あくまでも自由にされたのであり、その消息は新約聖書に「主は霊である。そして、主の霊のあるところには、自由がある」（Ⅱコリント3・17：日本聖書協会 1996, p.281）と記されたとおりである。すなわち、超越論的他者は観念ではなく、霊（Spirit）なのである。

第5節　人間の精神活動を支える外部

人間の精神機能は、その障害という様態の検討を通じて初めてその成立の過程や背景が明らかにされるという意味で、精神疾患と呼ばれる現象は真理開示性をもっているということができる。そして、上述の3事例が示していることは、人間の安定的な能動性・主体性は精神活動の外部からの超越論的他者による支持によって成り立っているということである。本章で論じている宗教心理学やポジティブ心理学は、人間の精神機能を考えるうえで非常に重要な観点を提供するものであるが、それらが真にメンタルヘルスに寄与するものとなるためには、精神活動の外部、すなわち超越論的他者を視野に入れる必要があるという点にはとくに注意を促しておきたい。

たとえば、宗教とは教義・教典・教団・信仰等を含む多義的な概念であるが、このうち精神活動の外部に関係し、自由や主体性をもたらすものは信仰であり、それは宗旨などの観念的な内容とは次元の異なるものである。もし、宗教が精神活動の外部に開かれず、代わりに教義や教団などの精神活動の内部の観念が絶対性を帯びるならば、それは容易に排他的・硬直的な宗教原理主義に堕してしまうであろう。一方、ポジティブという用語も、精神活動の内部のポジティブな情動を指すこともあれば、主体としての能動性・積極性を指すこともあるが、このうち精神活動の外部に関係するものは後者のほうであり、すなわち精神活動の内部の思考や情動が相対化され、その束縛を解かれて自由度が向上するからこそ、人間は安定的な主体として積極的（ポジティブ）に機能できるのである。もし、精神活動が外部に対して閉ざされ、内部のポジティブな情動が絶対性を帯びるならば、それは躁状態や自己愛体制、あるいはそれらの動揺や崩壊にまつわる不安や恐怖などの種々の精神病理現象として露呈するであろう。

人間が真に自由で健康に、また能動的・積極的（ポジティブ）に生きるために必要な精神活動の外部、すなわち超越論的他者こそが、宗教心理学とポジティブ心理学、さらには精神病理学を連接する要なのである。

第6節　ポジティブ心理学と宗教

感謝を数えることは、ポジティブ心理学で用いられる介入であり、感謝は心身の健康によい効果を与える（Watkins, Grimm & Kolts 2004）。また、三つのよいことという実践も、日常の出来事の中に、無条件に与えられる恵みがある実感に至ることがある。

ポジティブ心理学は、心理病理学の指導的研究者セリグマン（Seligman, M. E. P.）によって提案された。筆者（島井）がその研究室の一員に加えられたのは偶然といえるが、それをセレンディピティとして、関わらせていただいていることに感謝している。ポジティブ心理学と精神病理学は親和性が高く、共通の興味から研究が積み重ねられており、心理学と精神医学をつなぐ可能性がある。その中で、宗教への理解をさらに深められることを期待している。

文献

Emmons, R. A., Hill, P. C., Barrett, J. L., Kapic, K. M. (2017) Psychological and Theological Reflections on Grace and Its Relevance for Science and Practice. *Psychology of Religion and Spirituality*, 9, 276-284

Haidt, J. (2003) The Moral Emotions. In R. J. Davidson, K. R. Scherer, H. H. Goldsmith (Eds.), *Handbook of Affective Sciences* (pp.852-870). Oxford University Press.

Homan, K. J., Tylka, T. L. (2018) Development and Exploration of the Gratitude Model of Body Appreciation in Women. *Body Image*, 25, 14-22

生田目光・宇野カオリ・沢宮容子（2017）「ポジティブボディイメージを測定するBAS－2の日本語版作成」『心理学研究』88, 358-365

日本聖書協会（1996）『聖書　口語訳（1954年改訳）』日本聖書協会

小笠原將之（2018a）「《世界》からの歓待——『《世界》に受かる』ことを通して救われた症例からの考察」『祈りと救いの臨床』4(1), 197-207

小笠原將之（2018b）「人生の迷宮をさまよう青年期男子症例——『眼差し』を通じてもたらされた治癒」『青年期精神療法』14(1), 72-86

小笠原將之・田上真次・井上洋一・武田雅俊（2009）「超越的次元への立脚により治癒した鬱病の一例」『精神神経学雑誌』111(10), 1203-1211

大竹恵子・島井哲志・池見陽・宇津木成介・Peterson, C.・Seligman, M. E. P.（2005）「日本版生き方の原則調査票（VIA-IS:

Values in Action Inventory of Strengths）作成の試み」『心理学研究』76, 461-467
Peterson, C., Seligman, M. E. P. (2004) *Character Strengths and Virtues: A Handbook and Classification* (Vol. 1). Oxford University Press.
Schnitker, S. A., Emmons, R. A. (2017) The Psychology of Virtue: Integrating Positive Psychology and the Psychology of Religion. *Psychology of Religion and Spirituality*, 9, 239-241
Tylka, T. L., Wood-Barcalow, N. L. (2015) The Body Appreciation Scale-2: Item Refinement and Psychometric Evaluation. *Body Image*, 12, 53-67
Van Cappellen, P. (2017) Rethinking Self-transcendent Positive Emotions and Religion: Insights from Psychological and Biblical Research. *Psychology of Religion and Spirituality*, 9, 254-263
Watkins, P. C., Grimm, D. L., Kolts, R. (2004) Counting Your Blessings: Positive Memories among Grateful Persons. *Current Psychology: A Journal for Diverse Perspective on Diverse Psychological Issues*, 23, 52-67
Yamamiya, Y., Shimai, S., Homan, K. J. (2021) Exploring the Gratitude Model of Body Appreciation and Intuitive Eating among Japanese Women. *Body Image*, 36, 230-237

第7章　仏教現場と宗教心理学

武田正文

第1節　仏教における心理学の可能性

1．僧侶としてのアイデンティティの模索

私は浄土真宗本願寺派高善寺（島根県邑南町）の長男として生まれ、自然と僧侶になることを周囲から期待されながら育った。お寺に生まれた者は「お寺を継ぎたくない」という葛藤を抱くとよく耳にするが、私は不思議と自分が僧侶になることは受け入れることができていた。

しかし高校時代、進路を考えていたころ、お寺や僧侶に対して「葬式仏教」と揶揄するような世間の風潮が高まっていた。現代の僧侶は葬儀や法事でお経を読むことしかせず、人々の苦しみに寄り添っていないという批判だった。

これから僧侶になろうとしていた当時の私にとっては、自分が進む道を始まる前から否定されたようで悔しい気持ちになっていたことを覚えている。

仏教の目的は、仏になることである。仏というのは、自らの人生の苦しみから解放された人、解放された状態のことである。そして、苦しみから解放するための方法がさまざまに研究されて、現在のように多様な宗派が生まれることになった。

仏教の本質的な役割は、人の苦しみを解決していくことにある。これはまだ仏教を学ぶ前だった高校生の

私にとっても当然のことと理解していた。

その一方、時代の流れの中で、僧侶やお寺だけでは仏教の本質的な役割を果たしていくことが難しくなってしまっていた。この状況を打破するために何かないかと考え、心理学に興味をもつようになった。心理学は科学として、人の心の仕組みを解明し、悩みや苦しみを解決する方法を模索している。そのため「葬式仏教」と言われるようになってしまった仏教を心理学から研究することで、その本質的な役割を取り戻す可能性が見えてくることを期待していたのである。

2. カウンセラーとしてのブッダ

仏教は2500年前、ブッダ[*1]から始まった。王子として生まれたが、

人生の苦悩を解決するために出家し、35歳で悟りを開いた。その後は、各地で悩める人たちに教えを説いて歩いた。

ブッダの布教は対機説法といって、目の前の一人ひとりの状況や性格、能力に応じて、話し方や話す内容を合わせていた。今に残る経典は、ブッダがさまざまな人に語った言葉をのちの世の人が書き残したもので、教えの内容にいろいろなものがあるのは、その時々で目の前の人に合わせた教えを説いたからだといわれている。

このブッダが人々と対話する様子から、ブッダは偉大なカウンセラーだといわれることがある。

臨床心理学では、カウンセリングの要素を心理アセスメントと介入に分けて考えている。心理アセスメントでは、目の前のクライエントの性格や課題を理解していく段階で、何らかの心理学理論から理解を組み立

図1　筆者が生まれ育った寺院

ていく。そして、ここで組み立てた理解をもとに、介入の段階では、クライエントに質問したりコメントをしたりしながらカウンセリングを展開させていく。

ブッダは、クライエントの悩みを、四苦八苦《しくはっく》*2（生老病死《しょうろうびょうし》、愛別離苦《あいべつりく》、怨憎会苦《おんぞうえく》、求不得苦《ぐふとっく》、五蘊盛苦《ごうんじょうく》）であり、苦しみの原因は煩悩であると理解し、苦しみを解決して生きていくための方法として、四諦八正道《したいはっしょうどう》*3などの具体的な方向を示した。

私は臨床心理士になるために大学院に進んでカウンセリングのトレーニングを受け、「誰かの悩みを解決する」ことを目指すという点で仏教とは違和感なく共同できる手ごたえを感じていた。実践レベルでは仏教と臨床心理学の目的は非常に近いものであり、僧侶とカウンセラーの二つの道を目指すことは自分の中で自然と結びつくものだった。

3. 仏教の心理学研究の難しさ

私が修士論文で仏教の心理学研究をしたいということを話すと、たくさんの人が関心を示してくれた。私自身も仏教と心理学を組み合わせた研究により、これからの仏教界にとても大切な貢献ができるのではないかと期待していた。

しかし、仏教の心理学研究は甘くはないとすぐに気がついた。修士論文の調査をしているときだった。当時の目的意識は今と変わらず、仏教のメンタルヘルスとしての役割を検討することだった（武田・岡本 2010）。自分なりに文献を読み、質問項目を検討して、質問紙を作ったり、インタビュー調査を行ったりした。

自分なりに一生懸命に研究に取り組んでいたつもりだったが、残念ながら納得できるような結果は得られなかった。まだまだ僧侶としてもカウンセラーとしても未熟であったということもあるが、僧侶に質問しても門徒《もんと》*4に質問しても、自分の予想していたような回答を得られなかった。

門徒の方を対象にして、仏教や葬儀、法事のことをいろいろなかたちで質問しても「昔から当たり前のようにあった。大切なものだとは思っている」という回答はあるものの、それ以上に考えたことや感じたことを言語化してもらうことは難しかった。

また僧侶に対して同じような質問をすると、経典や宗祖[*5]の言葉を引用して教義的な考察がされるばかりで、自分自身の体験としての語りを引き出すことができなかった。自分自身の体験を語るように求めると、他力を説く浄土真宗の僧侶にとっては、「仏教がわかっていない質問だ」と取り合ってもらえないこともあった。

修士論文に取り組む中でわかったことは、仏教は長い歴史の中で無意識的な価値観になっており、質問紙やインタビューによって単純に言語化することが難しいということだった。

その後、僧侶として読経や法話をし、葬儀や法事を経験する中で、「言語化できないけれども大切だ」ということがだんだんとわかってくるようになった。そして、さらに経験を積む中では、仏教と心理学を学ぶ自分は、この言葉にできない仏教の何かを言葉にしていくことをライフワークにしていきたいと思うようになってきた。

第2節　仏教における体験の意味

1. 儀礼と死の受容

高校時代は「葬式仏教」と言われるのが批判されているようで嫌な気持ちを抱いたものの、自分が僧侶として葬儀にお参りするようになってから、実は「葬式仏教」がとても大切なことだということに気づくようになった。

私は18歳のときに僧侶になり、はじめのころは若い自分が、人生の先輩になる方々に法話をして人生を説いていくということに恥ずかしさを抱いていた。しかし、若い自分であっても、どなたも法話を聞いてくださり、葬儀や法事のときに涙を浮かべておられることもあった。「いい法話だったよ」と声をかけられることはとてもありがたく嬉しく思っていたが、あるとき、「いい法話」は自分が一人で作り出したものではないと思うようになった。

法話を話すのはもちろん僧侶である。しかし、それだけではなく、そこには先に亡くなった大切な家族の存在がある。実際、法話のエピソードを聞いているうちに、亡くなった方の面影が浮かんでくることもあるという。法話の内容だけではなく、その人がもっている故人との思い出も一緒に回想され、より感情がこもってくるようだ。

また、「仏教には興味がありません」という顔をして参列されていた方も、読経をし、法話をしている間には涙ぐみ、何かを感じ、考えておられるように見えた。お念仏を唱えるときには、きっと亡き方を思い、自分の人生とも向き合っていたのだろう。そして、日常が戻ったときには、葬儀の体験を少し遠くに置くことで、またいつものように活動を始めることができるのではないだろうか。

大切な人の死という大きな喪失体験に私たちが揺さぶられすぎないために「葬式仏教」はとても大事な役割を果たしている。そこでは、教義を深く理解していることも、日常的に手を合わせている必要もない。ただその場にいることで、お経の雰囲気、法話の内容に生きることと死ぬことを考えることになる。何より私たちにとって答えのない「死」という問題に対して、仏教では「お浄土でまた会える」[*6]「阿弥陀如来が救ってくださるから大丈夫」という一つのナラティヴを提供してくれる。

つまり当たり前として続いてきた儀礼の中に、参加者が自然と死を意味づけ、緩やかに受容していく機能があるのだ。間違いなくあるのだが、これを質的にも量的にもデータとして明らかにしていくことが難しい。

2．日常で手を合わせ自分の人生を振り返る

仏教の中でもとくに浄土真宗は、葬儀や法事は亡き人のための追善供養《ついぜんくよう》[*7]ではなく、先に亡くなり仏になった方々が、私たちに仏縁を届けてくださったという考え方をする。大切な方の死は私たちにとって大きな仏縁となる。それまで生きることも死ぬことも考えてこなかった私たちが、「生きる意味とは何か」「私は人生をどう生きたいのか」といったテーマについて考察するきっかけとなる。

実際、僧侶としてお参りをしていると，葬儀に参列したことがきっかけで、仏壇に日常的に手を合わせたり、お墓やお寺に参ることが習慣になったりする人とよく出会う。それまで「面倒だ」と思っていた仏教の習慣を「大切だ」と思えるようになってくる。そして、仏縁に触れているうちに、誰かに優しくしたり、自分の人生を丁寧に生きたいと思うようになってくる。

これを心理学的に考えると、葬儀の経験がその人のパーソナリティや行動に変容をもたらしたといえるかもしれない。しかしこの変容を心理学的に捉えにくいのは、それぞれの行動をその人が主体的に「自分が変化した」と自覚していないところにある。お墓参りや手を合わせることは、「なんとなくしなければならないもの」であり、そこでの体験も「なんとなくよかった」というとても曖昧な認識がなされる。

このように、「なんとなくよかった」といった曖昧なメリットしか感じられない場合、仏教以外のいろいろな事柄であればその習慣は続かないだろう。しかし、仏教はこの「なんとなくよかった」という手を合わせる習慣を、長い歴史の中で守り続けてきた。そこには、寺や仏壇といった場の存在、読経の雰囲気、年忌法要[*8]の風習など、さまざまな習慣を継続させる伝統があった。

実は仏教が形骸化して社会的な役割が低下するということはこれまでの歴史にも何度もあった。しかし、不安の大きい時代が来るたびに仏教は、その時代に合ったかたちで人々の苦しみと向き合うことになってき

た。令和の今、仏教の衰退のスピードも著しいが、コロナ禍をきっかけに世界全体が不安の時代に入ったようである。

現代を生きる人にとって仏教の表現はわかりにくいものになってしまった。どちらかというと、心理学という科学的な表現のほうが今の時代には受け入れられやすい。仏教の教えを心理学で解説していくことは、時代に合った仏教の表現を探していくことにもつながると考えられる。

3．僧侶にとっての仏教と心理学

仏教と心理学の共通点は多く、僧侶の中にもカウンセラーの中にもこの二つに関心をもっている人は少なくないと思われる。僧侶の中には、私と同じ問題意識から、心理学を勉強したいと考えている人がたくさんいるようだ。悩みを抱える人に対する言葉のかけ方、カウンセリングの考え方を僧侶が学ぶことの意義は大きい。

しかし、僧侶の中には「勉強したけどカウンセラーのように話せないから、悩みを聞くことはできない」という声が少なくない。僧侶とカウンセラーの役割は単純に同じというわけではなく、両者の違いを明らかにできると、カウンセリングの技法をどう取り入れるかがはっきりとしてくる。

カウンセラーはクライエントと向き合う中で、そこで交わされる言葉、微妙な表情の変化を汲み取り、それぞれの悩みを解消するための理論的枠組みを参照しながら、最適なタイミングと表現で言葉を使うことを目指している。

これは確かに難しい技術で、臨床心理士になるためには修士課程で学び、臨床心理学についての専門的な知識が問われる試験をクリアし、それでもなお、カウンセラーとしての学びに終わりはない。こうした技術を僧侶が、本を読んだり研修したりしてすぐに身につけることは難しい。

だからといって、僧侶が苦しみを抱える人の話を聞くことができないというわけではない。そもそも悩んでいる人が僧侶に相談するときには、カウンセラーのような高度に専門的な介入を求めているわけではない。自分の悩んでいることについて仏教からはっきりとした解答を欲しいと思っているかもしれないし、僧侶という立場の人にただただ聞いてほしいのかもしれない。僧侶に求められているのは、しっかりと仏教を学び、人生と向き合ってきたその経験や人格ではないだろうか。

とくに生死に関わる悩みをもっている人、「死にたい」という思いがどうしてもぬぐえないような人に対しては、カウンセリングが難しいというケースもある。いのちや人生についての答えを求めている人に対して、臨床心理学の知見を用いて答えを一緒に探していくというのは不可能ではないにしても困難な道である。それに対して、仏教は生きていくこと、死んでいくことに明確な教えをもっている。僧侶に求められているのは、傾聴や共感ではなく、仏教の教えについて自信をもってはっきりと伝えていくことだろう。

仏教と心理学はお互いの特徴を理解し、補い合うことで、日本人のメンタルヘルスに資するところは非常に大きいと考えられる。

第3節　仏教の心理学研究のこれから

1．無意識的な価値観を言葉にする

仏教の宗教心理学研究はその方法論によっていくつかに分類することができる。まずは仏教の教えと心理学の理論を哲学的に比較検討していく作業が必要である。仏教の中には精神分析や認知行動療法と似ている教えがあるものの、理論的な検討はこれからの課題である。この理論的な考察は非常に重要ではあるが、宗教心理学研究としては実際に生きる人の心のありさまを実証的に検討していくことが最重要の課題だと私個

人は考えている。

たとえば寺川（2005）は、宗祖親鸞聖人や江戸時代の妙好人《みょうこうにん》[*9]の記録をもとに浄土真宗の宗教心理学的な考察を行っている。妙好人の性格的な特徴や回心《かいしん》体験[*10]の分析は非常に興味深いものの、時代背景が異なり、限定的な資料からの検討では、今を生きる私たちの心理とはやや離れた印象になってしまう。一方で、現代の日本人は自覚的に仏教を信仰しているというよりは、無意識的な文化や価値観の領域に仏教の教えが入り込んでいるため、言語化することが困難である。

しかし、それでも「なんとなくよかった」と感じている体験をいかに言葉にしていくのかが仏教の宗教心理学研究の第一歩となるだろう。この作業を進めることで、現代社会における仏教の役割を再定義することができ、この変化の時代を乗り越える新たな道しるべとなることが期待できる。

2．仏教の多様性と事例研究

仏教の実証研究において壁となる要素の一つとして、僧侶と門徒との認識のギャップがある。仏教に対するイメージや仏教用語への理解、日常生活における仏教との関わりは、僧侶が考えている以上に門徒とのズレが大きく、そのため、僧侶の働きかけが伝わりにくくなっている。

また門徒の中でも仏教への関わり方は多様であり、観光としてお寺参りを楽しんでいる人、個人的に仏教を学んでいる人、地域のつきあいとしてお寺に参っている人など一様に理解することはできない。

こうした多様な仏教との関わり方を整理していくことが、宗教心理学研究の土台になると考えられる。そして、土台となる情報収集は、事例研究のように少数事例を丁寧に掘り下げるところから始める必要がある。

仏教側からの調査は各宗派からさまざまに行われているが、どうしても僧侶視点の考察になってしまい、体験を純粋に記述するという研究になりにくい。仏教に触れた人の体験を科学的な立場から偏ることなく丁寧に研究してくことが求められる。

3．アクションリサーチとしてのアプローチ

客観的な立場から仏教の研究をしたいという思いとともに、「僧侶として」宗教心理学研究を行いたいという思いも私自身は常にもっている。そして目の前の人の苦しみを解決したい、少しでも仏教を通して幸せに生きる方向に向かってほしいと思っている。

ブッダは自分の体験を通して仏教の教えを確立し、その後はたくさんの人との出会いの中で、その教えを柔軟に目の前の人に合わせて説いていった。ある意味では、自身の立てた仏教という仮説を人々との出会いの中で検証していったと考えていいかもしれない。

仏教の宗教心理学研究はアクションリサーチ（実践と研究を繰り返しながら、目の前の課題を解決することを目指す実践的研究）の方法を用いることが私自身には合っているように思う。僧侶として関わる方々とのやりとりの中で仏教とは何か、そこにある心の動きはどうなっているのか問い続けていきたい。そしてまた、アクションリサーチとして、ともに探求していく仲間がこれから増えていくことを願っている。

注記

＊1　釈迦牟尼世尊《しゃかむにせそん》、ゴータマ・シッダールタなどさまざまな呼び方がある。ブッダには「目覚めたもの」という意味があり、釈迦牟尼世尊を意味する。

＊2　仏教における苦しみの分類。四苦は生まれてきて、老いて、病いになり、死んでいく苦しみである。愛別離苦は愛するものと別れる苦しみ。怨憎会苦は憎むものと会わねばならぬ苦しみ。求不得苦は求めるものが得られない苦しみ。

五蘊盛苦は人間の心と体が思いどおりにならない苦しみ。

*3 四諦とは、苦諦《くたい》、集諦《じったい》、滅諦《めったい》、道諦《どうたい》のことであり、苦しみを分析し（苦諦）、その原因を理解し（集諦）、理想の状態（滅諦）に近づくための方法（道諦）が示されている。八正道は、正見《しょうけん》、正思惟《しょうしゆい》、正語《しょうご》、正業《しょうごう》、正命《しょうみょう》、正精進《しょうしょうじん》、正念《しょうねん》、正定《しょうじょう》である。正しくものを見て、正しく考えるといった具体的な方法のことである。

*4 一般的には寺院に所属するものを檀家と呼ぶが、浄土真宗では門徒とされる。

*5 浄土真宗の宗祖は親鸞聖人《しょうにん》であり、僧侶は宗祖の言葉を頼りに仏教を理解している。そのため、自身の考えと宗祖の意見を峻別するのは難しく、自身の体験を言語化しにくいという傾向が見られた。

*6 仏説阿弥陀経にある倶会一処《くえいっしょ》という言葉は亡くなった人と「お浄土でまた会える」という意味があり、法話のテーマとなることが多い。浄土真宗の門徒の家庭では子どものころからこの法話を繰り返し聞き、自然とこのナラティヴを受け止めていくこととなる。

*7 追善供養とは、先に亡くなった人が成仏できるように残された者が法要などを行うことである。浄土真宗では亡くなった人はそのまま浄土に救われ仏になるという教えであり、追善供養は必要ないとされる。

*8 葬儀の翌年から、一周忌、三回忌、七回忌、十三回忌などと数年おきに勤める法要。親族が集まり，家庭の仏壇で読経法話があり、お斎《とき》という会食が行われる。

*9 江戸時代における浄土真宗の篤信者。

*10 宗教心理学で入信に至る心理について回心と表現される。仏教では廻心《えしん》と表され、とくに浄土真宗では自力から他力へと転換することを指しており、回心とはニュアンスが異なる。この定義の差異は、仏教体験を言語化するうえでは重要なポイントになり、今後の検討が必要となる。

文献

武田正文・岡本祐子（2010）「浄土真宗僧侶の宗教活動が門徒のメンタルヘルスに果たす役割」『広島大学心理学研究』10, 289-299

寺川幽芳（2005）『親鸞の思想――宗教心理学の視点から』法藏館

第8章　宗勢調査と宗教心理学
——寺院を通して心を探る

相澤秀生

第1節　宗勢調査と自分史

宗教、とりわけ仏教に関心がある人でも、本章のタイトルにある「宗勢調査《しゅうせいちょうさ》」という用語は初見だという人が多数だろう。これは仏教教団が教化方針を策定するため、傘下の寺院を対象として定期的に実施する調査である。教団の基幹調査でありながら、各種統計でもきわめてマイナーな存在であるといってよい。その名称は教団によって異なり、宗勢総合調査、宗勢基本調査、教勢調査などと呼ばれている。これらの名称から察しがつくように、国勢調査の仏教教団版といえば、わかりやすいだろうか。筆者は呼称の異なる一連の調査を総称して宗勢調査と呼んでいる。以下では、これに準じて稿を進めることとする。

曹洞宗（約1万4000ヶ寺）、浄土真宗本願寺派（約1万ヶ寺）、真宗大谷派（約9000ヶ寺）、浄土宗（約7000ヶ寺）、日蓮宗（約5000ヶ寺）、臨済宗妙心寺派・真言宗智山派・真言宗豊山派（約3000ヶ寺）など、多くの寺院を包括する教団で実施された宗勢調査は、基本的に質問紙を用いて全寺院や全住職などを対象とする悉皆調査のかたちをとっている。

調査内容は多岐にわたるため、主だった調査項目を次に取り上げてみよう。

- 寺院の属性（所在地・運営形態など）。

- 寺院に所属する人々（住職や副住職、寺族や坊守ら）・寺院で生活する人々（住職や副住職の配偶者やその子どもなど）の属性（性別・学歴・就業先・寺院内での役割など）や意識。
- 後継者の有無、布教・教化の方法と内容、檀信徒の数や役割、寺院の経済、寺院行事の実施状況、葬祭（葬祭の営まれ方、布施額など）。

調査対象数や調査内容が多いことから知られるように、調査の準備・実施・分析・結果報告に至る宗勢調査の実施には、膨大な労力と時間、多額の費用が注ぎ込まれることとなる。それは、教団傘下の寺院が置かれている実態の把握が、教化方針の策定上きわめて優先度の高い指標となっていることを物語る（相澤 2019a）。

筆者がここに紹介した宗勢調査（曹洞宗）に関わるようになったのは、大学院に進学してからのことだった。もともとの関心は戦国時代の宗教と人々との関係であり、これを歴史資料によって分析を進めていた。にもかかわらず、宗勢調査の一員として声がかかったのは、筆者が過疎地域の曹洞宗寺院子弟として生まれ育ち、大学院に進学して、仏教学専攻に在籍しながら、宗教学の専門的なトレーニングを受けていたからだろう。以来、筆者は宗勢調査に10年以上、積極的に関わり、教団主体の課題に応えつつも、これを学術研究の評価にも耐えうるものにするべく研究者としての立場を模索してきた。

その間、国際宗教研究所宗教情報リサーチセンターにおいて、研究員として研究実務も経験し、現代宗教をめぐる関心も深まり、人口減少や少子・高齢化とともに地縁・血縁やイエ意識に支えられてきた共同体の崩壊、年中行事や人生儀礼（とくに葬祭）の衰微といった問題を寺院がどのように受け止め、これをいかに維持していこうとしているのかということを、目下の研究テーマに掲げている。寺院経済の格差拡大に代表される寺院運営上の問題が、生死の意味を考究し、衆生の救済を一義とする宗教集団にとって、いかなる意味をもつものかを明らかにすることが研究課題である。現在、数量的・質的調査に基づいて仏教寺院に関する実態研究を続けているが、だからといって戦国時代の宗教と人々との関係に対する関心が失われたわけではない。ここでは、一人でできることには限りがあるので今は仏教寺院の実態研究を優先的に行っている、としておこう。「二兎追う者」の誹りをかわそうとしているだけかもしれないが、そこには研究を急ぐそれなりの理由もある。それについては次節で論じることとしよう。

第2節　少子・超高齢時代と仏教寺院

すでに述べたとおり、筆者は曹洞宗寺院の出身である。このことが仏教寺院の実態研究に取り組む基底をなしている。

日本社会に存在する約8万ヶ寺の仏教寺院の大多数は、地域社会の中にあって、年中儀礼や人生儀礼に欠かすことができない菩提寺である。日本人の実に9割弱が仏式葬儀を行うとされるように（全日本冠婚葬祭互助協会儀式継創委員会 2016, p.5）、菩提寺は人生の一部として機能してきた。仏教寺院の中でも、国宝級の伽藍や仏像をそなえ、観光客や巡礼者が絶えない名刹は一握りにすぎない。菩提寺は一家（檀家）が葬祭を頼む寺院であり、その布施によって菩提寺の宗教活動が支えられる。こうした寺院と檀家の関係は、「寺檀関係」と呼ばれる。こうした関係に基づく仏教寺院は今、存続の分岐点にある。

日本は少子・超高齢時代にあって、これまで寺檀関係を支えてきた昭和一桁世代、団塊の世代の人々が多く死去する多死社会を迎えた。団塊の世代以下の人々の多くは、生家を離れ、菩提寺と疎遠・無縁な関係にあり、宗派を知らなかったり、菩提寺の宗派による供養の必要性を感じなかったりといったことが当たり前である。高齢世帯の増加に従って、暮らしのゆとりが失われ、人間関係が希薄化する中で、葬祭に関わる費用と人間関係を極力圧縮する流れが生まれる。この流れの中で、葬儀の司式者を必要とせず火葬のみとする「直葬」、宗教者を必要としない「無宗教葬」といった葬送サービスを選択する人々が確実に増加しており、コロナ禍がこれに拍車をかける。これらの複合的な要因によって、代々の寺檀関係が継承される見通しが立たない時代となったのだ。

寺院がなくなっても、自分には無関係と考える読者がいるに違いない。都市部を中心にそのように考える人が増えているのはまぎれもない事実だ。だが、ここで寺院が人生儀礼の一部として機能してきた役割に立ち返るとき、死者の永続的な供養、遺骨の埋葬といった行為や機能を代替しうる諸制度が社会に整っているのかという疑問が生じるだろう。そのような意味では、身寄りのない死者（自分がそうなるかもしれないのに）が増加する社会状況の中において、死後のことなど気にかけない、というのでは少々無責任で、死者への対応（遺体の処理・搬送、火葬・埋葬、供養など）を引き取る社会には迷惑な話だろう。読者が仏教寺院の今を注視することは、自分自身が将来迎える最期、死者への対応にあたる社会のあり方を見つめること——それはさらに広く社会生活における人間の「こころ」のあり方に注目する心理学の基本的な関心——につながる。その基礎資料となるのが宗勢調査である。

第3節　宗勢調査から見た仏教寺院の実態

では、宗勢調査から仏教寺院のいかなる実態が見えてくるのだろうか。宗勢調査の結果報告は一般的に単純集計とその解説で構成される。わずかだが、クロス集計による性別・地域別などの集計結果が加味される場合もある。それらに基づくと、宗派による仏教寺院の分布は、全国展開型と地方集約型の二つに大別できる。寺院数の多い教団に限ると、全国展開型が曹洞宗（東日本中心）、浄土真宗本願寺派（西日本中心）、地方集約型が真宗大谷派（北陸中心）、浄土宗（近畿中心）、日蓮宗（関東中心）といったかたちである。このうち、曹洞宗は２０１４年までに全国の市区町村の８割弱に寺院が展開している（相澤 2019b）。したがって、曹洞宗の宗勢調査は仏教寺院が置かれた全般的な傾向をつかむうえで、大いに参考となる。２０１５年調査の概略を紹介しよう。

曹洞宗では、住職が減少し、寺院（基数：１万３４６５ヶ寺）の約２割が兼務寺院である。兼務寺院とは、他寺院の住職に兼務された寺院を指し、住職の後継者が不在となっている。こうした後継者問題と相関関係にあると見られるのが、寺院の経済状況だ。同調査によると、寺院収入が低くなるにつれ、将来の寺院の護持に対して消極的・判断保留の住職の割合が高まる。つまり、寺院収入の低さは、寺院継承に対する不安定要素なのである（土屋 2019）。

では実際に寺院収入はどうなっているのか。曹洞宗では寺院の実に６割弱が年間法人収入５００万円以下である。厚生労働省による調査では、一般世帯の年収の中央値は４００万円強であるから（厚生労働省 2018）、５００万円と聞くと、一般世帯と同水準と思われる読者がいるかもしれない。しかしそうではない。寺院収入はそのまま住職や副住職、住職の配偶者といった寺院構成員の手元に渡るのではなく、教団への負担金、寺院施設の維持・修繕費、教化費、法要費など、宗教活動の諸経費が差し引かれて、手元収入となる。その諸経費は寺院収入の約４割を占める。しかも寺院には住職を含む３人程度の構成員がいるため、年収５００万円では、住職の専業で寺院構成員の生計を成り立たせることが困難なのである。このように収入が低い寺院は、とりわけ西日本に多く見られる（梶 2019）。

かつては親子が同居し、子が親の葬儀を営む順縁の社会であり、これによって檀家が引き継がれた。ところが近年は、子どもが親の葬儀をしても、居住地が遠方であることを理由に、菩提寺の檀家とならない場合が多い。葬儀をするたびに、檀家が減るという話は、筆者が寺院関係者との会話でよく耳にするところだ。

こうした「檀家じまい」は、どうやら西日本で事態が進行しているようである。檀家が減少すれば、おのずと寺院収入も減少する。これに伴って宗教活動が停滞し、最終的には廃寺に至る。曹洞宗で廃寺が多いのは、甲信越、東海、近畿、九州・沖縄で、檀家じまいと重なる地域が多い点が注目される（相澤 2017）。こうした地域は曹洞宗以外の寺院も含め、人口1人あたりに対する寺院数が多い。つまり地域的に寺院の過密状態にあるという特色が見出せる（相澤 2019c）。

もう一つ興味深いのは、これらの各地域では、寺院墓地（納骨堂を含む）をもたなかったり、寺院墓地をもっていても檀家の利用率が全国平均を下回ったりする傾向が見て取れる点である（問芝 2019）。檀家じまいは、墓地がない、あるいは定期的な墓参りが難しい寺院であることに起因していないか。一つの仮説として指摘しておきたい。

かくして寺院存続の問題を取り上げてきたが、もちろん仏教寺院は檀家の葬祭だけを淡々と行っているわけではない。仏祖や宗祖らに報恩を示す法要、参拝者の所願成就を願う祈禱といった寺院行事、高齢者の茶話会や子ども預かりの場など、さまざまな取り組みがある。仏教寺院は檀家を含む地域住民がつながりや信頼を深め、憩いや生きがいを感じる機会を提供してきた。住職らが寺院の外に出て行う月参りや棚経《たなぎょう》（お盆に各家庭で精霊棚を設け、僧侶を招いて供養の読経をあげてもらうもの）といった檀家回りは、各家庭の見守りにもなっている。寺院がなくなるということは、こうした地域社会におけるソーシャル・キャピタルの喪失につながるといえるのだ。

寺院存続の問題は、宗派を超えた喫緊の課題である。ここに紹介した曹洞宗の現状は、他の宗派とほぼ重なる。しかし各宗派の寺院分布には差異があり、宗勢調査の質問文や選択肢なども異なるため、宗勢調査を一様に比較することはできない。たとえば、寺院収入が東高西低という傾向を示す曹洞宗の特徴は、教団独自のものか、あるいは地域性によるものかといった問いには答えられない。さらなる分析を行うには、宗派を超えた寺院の実態調査を行う必要がある（相澤 2019d）。

では、存続の岐路にある寺院を支える住職や檀信徒は、現実をどのように受け止め、将来をどのように考えているのだろうか。曹洞宗では宗勢調査に加え、その補完として檀信徒調査を実施し、双方向的な視点から教団の実態を捉えようとしている（浄土真宗本願寺派の宗勢調査では、住職のほかに門信徒が答える調査項目がある）。それぞれの自由記述によると、檀信徒の高齢化で法要がいつまで続くか不安（檀信徒）、檀家ゼロ・収入ゼロで運営が厳しい（寺院）、後継者を要請する余裕がなく寺院の将来が見通せない（寺院）、寺院に未来はなく子弟に継がせるつもりはない（寺院）、統廃合を考えたい（寺院）といった声がある（相澤 2019e）。悲しみ、怒り、あきらめといった感情の機微に触れることができる語りやテキストといった質的データは、集計された数値の読み解きに不可欠な判断材料である。

第4節　宗勢調査の心理学的アプローチ

先に掲出した宗勢調査の調査項目からも知られるように、寺院が置かれている現状を、社会環境の観点から捉えるということが調査の主要な関心を占めていることがわかるだろう。一方で、心理統計の範疇に入る住職や住職配偶者らの意識も調査項目にある。結果報告は単純集計やクロス集計にとどまり、多変量解析（主成分分析、因子分析、クラスター分析、判別分析、重回帰分析など）による結果報告は、ほとんど見かけない。

ここではその例外的な調査結果を紹介しよう（小川・松島 2007）。２００５年の曹洞宗宗勢調査では、住職の教団・寺院・僧侶・生活に関する意識を明らかにするため、28の意見をあげて、それぞれの意見について5段階評価で住職の回答を求めた。この回答を因子分析によって解析すると、住職の意識は次の八つの側面（因子）を有しているという（カッコ内は質問項目）。

- 宗門改革因子（「宗門は現在より女性を登用すべき」「教義と実際の活動には隔たりがある」など）
- 先祖供養重視因子（「僧侶の務めは死者の鎮魂にある」「先祖供養が寺院の要です」など）
- 社会正義実現因子（「人権・差別解消の取り組みは大切である」「子どもの人権は尊重されるべきだ」など）
- 宗門人因子（「宗門には肉系相続が必要です」「宗門は宗教界で指導的な役割を果たしている」など）
- 現代僧侶因子（「僧侶は結婚すべきではない」「住職は兼職すべきではない」など）
- 慣行重視因子（「散骨はするべきではない」「宗教法人への課税はすべきではない」）
- 経済生活設定因子（「経済計画を立て、無駄なく生活すべき」「お金は大切と子どもに教えるべき」）
- 生活重視因子（「仕事よりも余暇を大事にするべき」「寺院活動にはまずお金が必要」など）

ここには、曹洞宗の宗門人として教団のあるべき理念に共鳴して誇りをもち、教団の現状改革を求めつつも、寺院経営者・生活者という現場のレベルにおいては、結婚や肉系相続（住職の血縁関係者に寺院を継承するあり方）といった慣行に身を置く住職の「本音と建て前」のあることが示唆されている。

この分析は住職一人ひとりの意識ではなく、いわば集合体としての抽象的な全体像であるから、葛藤の中で生きる住職たちの姿を遠目に見ているということになる。その像を近距離からより明瞭なかたちで捉えるためには、さらに年齢や居住地、寺院収入といった変数を投入した分析が必要となる。これにより、それぞれの因子もまた異なる像を示すに違いない。たとえば、存続の危うい寺院とそうではない寺院に着目し、寺院収入、後継者や宗教活動の有無などの変数から住職らの意識を多変量解析法で捉えてみると、意識の分断、あるいは一致といった興味深い結果が浮かび上がってくるはずである。このように宗勢調査には、心理学的な観点からも統計的分析を行うことが可能なデータが、膨大に――ほぼ手つかずのまま――集積されている。

文献

相澤秀生（2017）「はじめに」曹洞宗宗勢総合調査委員会（編）『曹洞宗宗勢総合調査報告書　２０１５年（平成27）』（pp.11-12）曹洞宗宗務庁
相澤秀生（2019a）「はじめに」相澤秀生・川又俊則（編）『岐路に立つ仏教寺院──曹洞宗宗勢総合調査２０１５年を中心に』（pp.5-6）法藏館
相澤秀生（2019b）「宗派間比較からみた過疎地寺院」相澤秀生・川又俊則（編）『岐路に立つ仏教寺院──曹洞宗宗勢総合調査２０１５年を中心に』（pp.27-30）法藏館
相澤秀生（2019c）「宗派間比較からみた過疎地寺院」相澤秀生・川又俊則（編）『岐路に立つ仏教寺院──曹洞宗宗勢総合調査　２０１５年を中心に』（p.26）法藏館
相澤秀生（2019d）「質問紙調査による実態把握や将来予測としての宗勢調査」『宗教研究』93(別冊), 109-110
相澤秀生（2019e）「過疎地域における曹洞宗寺院の現状」相澤秀生・川又俊則（編）『岐路に立つ仏教寺院──曹洞宗宗勢総合調査２０１５年を中心に』（pp.59-60）法藏館
梶龍輔（2019）「宗勢調査からみえてくる曹洞宗寺院の経済事情──地域別分析を中心に」相澤秀生・川又俊則（編）『岐路に立つ仏教寺院──曹洞宗宗勢総合調査２０１５年を中心に』（pp.205-207）法藏館
厚生労働省（編）（2018）『平成30年　国民生活基礎調査の概況』https://www.mhlw.go.jp/toukei/saikin/hw/k-tyosa/k-tyosa18/dl/03.pdf（2020.11.11 閲覧）。
小川順敬・松島公望（2007）「住職の意識」曹洞宗宗勢総合調査委員会（編）『曹洞宗宗勢総合調査報告書　２００５年（平成17）』（pp.131-143）曹洞宗宗務庁
問芝志保（2019）「寺院と墓地の現在──『墓じまい時代』の課題」相澤秀生・川又俊則（編）『岐路に立つ仏教寺院──曹洞宗宗勢総合調査２０１５年を中心に』（p.144）法藏館
土屋圭子（2019）「寺を受け継ぐ──出家者から出家者、親から子へ」相澤秀生・川又俊則（編）『岐路に立つ仏教寺院──

曹洞宗宗勢総合調査２０１５年を中心に』（pp.238-239）法藏館
全日本冠婚葬祭互助協会儀式継創委員会（編）、石井研士（監修）（2016）『平成二七年度全互協冠婚葬祭一万人アンケート』

第9章　ミッションスクールと宗教心理学

クリーグ波奈

第1節　日本における「ミッションスクール」の現状
――キリスト教的価値観との個人的な出会い

日本における現代の「ミッションスクール」は複雑な構造をもっている。ミッションスクールはキリスト教主義学校とも言い換えられ、その大半がいわゆる「無宗教家庭」出身で、学校で初めてキリスト教の思想や実践を学ぶ。また、教職員の約7割が非信者であるとの報告もある（北川 2000）。少数派である信者とともに、多くの非信者の教職員と生徒がキリスト教の理念や価値観をベースとした宗教的実践に日々従事している現状は、どのように理解できるだろうか。

筆者はミッションスクールの中学・高校で多感な時期を過ごした。祈りや聖句、賛美歌など、日々触れる宗教的なものに対し、時には反発を覚え、また時には安寧を見出しながら、しかしそれらが確実に信仰の種となってのちにキリスト教信仰をもつようになった。紆余曲折があった自らの信仰歴を振り返り、そもそも人はどのように信仰をもつようになるのか、より一般的な概念でいえば、人生の指針となるような価値観はどのように発達するのか、知りたいと思うようになった。欧米では多くの関連研究がなされているが、人格をもつ唯一神を前提とするキリスト教文化のアメリカと多神をベースとする多宗教文化の日本ではそもそも宗教意識の捉え方が異なる。日本人は「神」という存在にどのように出会い、思考を深め、価値観を形成していくのか。その答えのヒントが教育を通して宗教的な価値を広めているミッションスクールにあるのではないかと考えた。

ミッションスクールは「キリスト教系の教会・教派・修道会を母体として設立され、主として非キリスト教地域において、何らかの宗教的使命に基づいて一般信者および非信者を対象に教育活動を行う教育機関」（北川 2000 pp.86-87）と定義され、大きく分けて慈善活動を目的として根付いたカトリック、布教を目的として拡大したプロテスタントの2派がある。本章では、筆者の母校でもあり、積極的に宗教的な価値の伝達を試みていると考えられるプロテスタントのキリスト教主義中高一貫女子校A校における教育実践を、宗教を通した「価値教育」の事例として取り上げる。「価値教育」は、「行動の一般的な指針として、または意思決定をしたり信念や行為を評価する際の判断基準として使われる原則や基本的確信、理想、基準、生き方を教授したり学習すること」と定義される（江原 2003 p.5）。A校に同時期に在籍していた教員と元生徒各5名へインタビューを行い、当時伝達が意図されていた価値は何だったのか、発信する側と受け取る側でそこに齟齬はあったのか、価値の伝達はどのように行われ、また卒業後、その学びはその後の人生に影響したのかどうかについて調べた。

第2節　宗教的価値の社会化を実践する共同体としての「ミッションスクール」

1．宗教的価値の社会化とその舞台となる実践共同体

具体的な研究の結果の説明に入る前に、まず価値の伝達という現象を心理学的な視点から紹介したい。人生の羅針盤のような役割を果たす価値は、個人のもつ信念や態度、行動の意図などを予測すると考えられている（Manfredo, Teel, & Henry 2009）。人は誕生後すぐに家庭という社会に属し、そこで望ましいとされる価値

や成員たるにふさわしい行動儀式を「社会化」を通して学ぶ。発達とともに学習の場は家庭から学校へと広がり、とくに価値の萌芽期と呼ばれる青年期に受ける一定の価値への方向づけは、その後の個人のアイデンティティ形成に深く関わる（例：Allport & Schanck 1936）。ミッションスクールに在籍する生徒はまさにこの時期にあたり、学校で受けた価値教育がその後の人生のあり方に影響する可能性は非常に高い。成人期における社会化は重要なライフイベントや区切りごとに過去を振り返り、意味づけを通して自己の再規定を行う回顧的なもので、成人後はさまざまな社会的要求に応じた社会適応と、自分の価値の遵守という一種の自己実現の二つを天秤にかけながら社会化のプロセスをたどるとされている（安藤・児玉・宮脇 1983; 浜口・徳岡・今津 1976）。

こうした時間の経過を含む質的な学びの過程は、レイヴとウェンガー（Lave & Wenger 1991/1993）の提唱した正統的周辺参加理論（以下、ＬＰＰ）によって理解できる。ＬＰＰは「状況に埋め込まれた学習」とも呼ばれ、共同体を構成するメンバー（本章では調査対象者となった教員や元生徒）が、祈りや礼拝といった宗教的な実践への「参加」を通し、そこで共有されている宗教的価値の理解を深めていく過程を学習とみなす。加えて、ある特定の時期に特定の個人が特定の役割をもって参加し、有機的に構成するコミュニティであることから、「共同体」という言葉を使用する。ＬＰＰでは、学習の目標は構成員としての自覚とその役割への深い理解を伴う「熟練のアイデンティティ」を獲得することにあり、体系的な知識の獲得を目標とする従来の学習観とは一線を画す。宗教的実践への参加をカリキュラムに組み込んだA校はこうした「実践の共同体」を構成しているといえ、流動的かつ力動的な個人の価値の学びを「参加」という概念を軸に共同体全体の中で位置づけながら記述することができる。

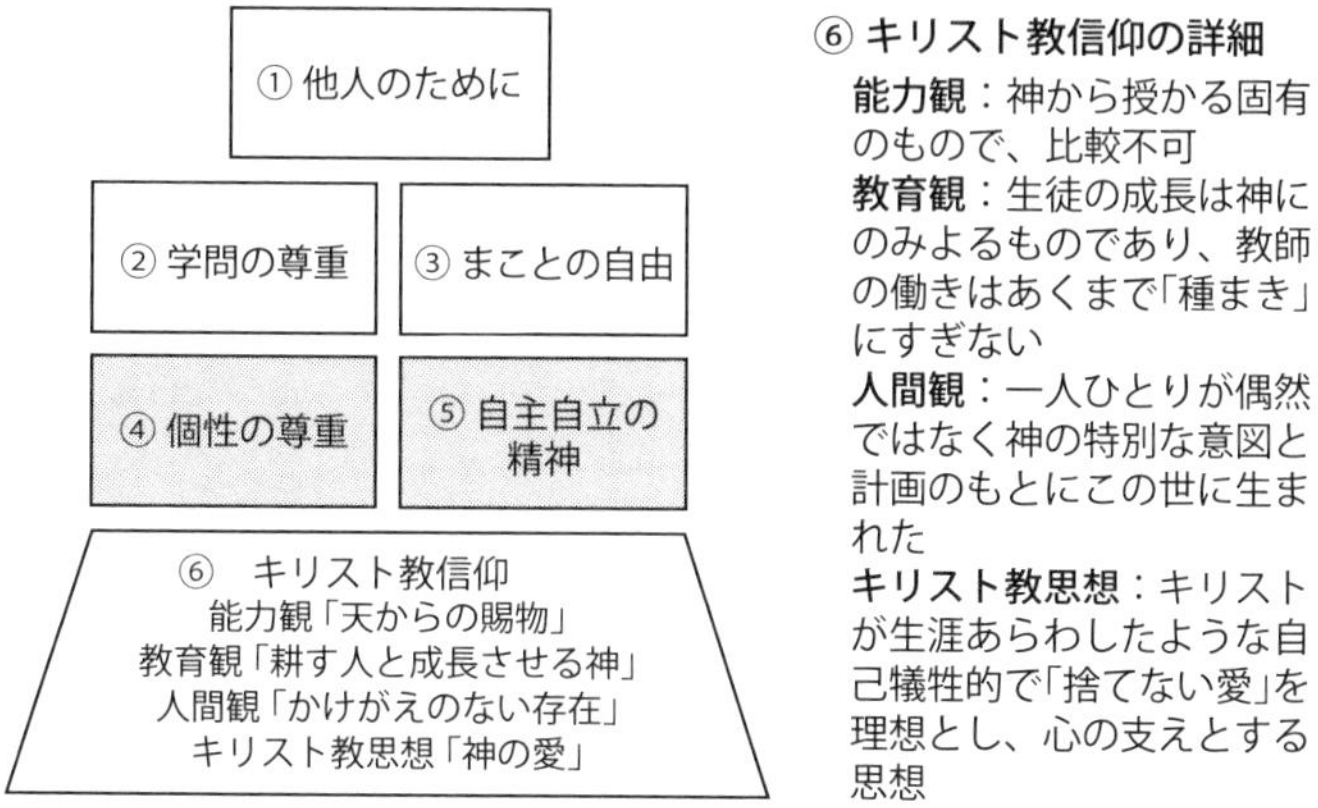

図１　Ａ校の教育実践を支える６つの価値

2．伝達が意図されていた価値と八つの実践

まず、Ａ校での価値の「熟達者」の立場から意図的な価値の伝達を行っていると考えられる信仰者かつ中堅以上の教員にインタビューを行い、伝達が意図されていた価値を教員の語りから抽出した。その結果、聖書に基づいた「キリスト教信仰」を礎として、Ａ校の教育実践を支える全部で六つの価値が語られた（図1）。卒業生の語りと照合すると、実際に学んだと認識されていた価値はおおむね一致したが、その理解や解釈には多少の違いがあった。たとえば、「まことの自由」について、生徒は規則にただ従うのではなく主体となって意思決定や行動できる自由が与えられているが、同時に決めたことについては自らを律し、その結果についても自分たちで責任を負う、という理解で共通していた一方で、「キリスト教信仰」については一般に浸透している多神教の思想と混在するかたちで理解がなされるなどの齟齬も見られた。

同様に、教員の語りから具体的な実践を抽出し、グループ分けをして各々特徴に沿ってラベルを付与した結果、八つの教育実践をもって価値の伝達が意図されていた（表1）。これらはいずれも生徒の主体性や積極性を重んじ、「教えない」教育実践である点で共通している。次に、元生徒の語りからそれぞれの教育実践に対応すると考えられる語りをポジティブ・ネガティブ・中立なもののいずれかに分類し、表1には総数に対するポジティブな語りの数を示した。

「伝えない実践」は、教員側から「暗黙の了解」「説明はしない」といった言葉で表現された。総数が最も多い「待つ実践」は宗教的実践を含む学校生活のルーティンや生徒の自律心を引き出すような環境を作ること等を含み、「そこまで口ではあまり教えたくない」「気づいてもらいたい」として教員全員が共同体への参加を通して生徒が主体的に学ぶことへ大きな期待を寄せていた。それに対し、卒業生は生徒の自主性を重んじる学校運営や、成績別にクラス分けをせず画一的な評価を避けようとする学校の意図が「空気」として伝わるなどポジティブな評価があった一方で、日常的に行われている宗教的実践を「強制的」に感じるといったネガティブな評価も見られた。

「伝える実践」は教員側から価値の「押し付け」になるとして敬遠されていたが、元生徒側は、得られた語りのうち半数以上が意外にもこの実践をポジティブに受け取っていた。明確に伝えても「押し付け」と受け取られなかった例として、ある特定の教員であれば祈ることも不思議と「反発を感じなかった」ケースがある。これは、教員がサポート源として認識されている場合、学習意欲の向上および価値の社会化がスムーズに行われる環境が整うことを示す先行研究群とも一致する（Wentzel 1994）。本調査の協力者でもあるこの教員は、自らの一挙手一投足が生徒に及ぼす影響について熟考するなど反省的な教育実践を日常的に取り入れており、ふだんから一種の「勘」を拠り所に適宜生徒たちに声かけをしていた。この実践について、実際に在校中悩んでいた際、この教員にかけられた言葉が今も心の支えとなっているというある卒業生の語りとも合致した（表1参照）。

このように、A校における教育実践を特徴ごとに見たとき、それに基づく学びと生徒の反応は決して一様ではない。これは、生徒が主体的な学習者であると同時に一定の価値観をもつ家庭に所属する子であり、加

語りの例（元生徒）
A校に入ったときって、あなた方がこの学校を選んだのではなくて、神様が選んだんですみたいな。で、なんかそれで、すごい素敵だなって思って。なんかちょっと知りたいなって思ったの。キリスト教の世界を。どんな感じなんだろうって。
あー、なんか洗脳されてるんだろうな、みたいな感覚はあった。何これ洗脳？みたいな。入って何ヶ月かしてからじゃない？　なんかいろんな話をいろんなところで聞くじゃん、先輩とかからさ。なんかそれで思った。なんだよーってそのとき思ったもん。（中略）その後ずっと批判的だったね、宗教に対して。だって聖書枕だったからね（笑）。私、相当ひどいほうだったと思う。（調査者：それは何に対して？）内容に対してかな、べつに信仰は、どうぞって感じだけど（笑）。（中略）でも（B先生のお話のときは）全然（反発を）覚えなかったの。反発（した）のはだいたいこう、講師の（宗教の）先生とかが来るときに先輩とかが、なんか盲点を突くじゃん。批判的な質問とかしてたじゃん。そういう先生が来るときに一番感じてたけど。自分のとこの先生が、お話することに関してはとくに、その宗教科じゃない先生が話すことに関しては、そうなんだ、みたいな。
（他の学校と比較すると）A校は一切押し付けがなくて、暗記して書かせたりとかなかったでしょ、だからほんとに先生のその、姿勢とか、ふだんの様子から、学校の目指してるものを受け取ってたでしょ。
たぶんほんとに、「あり方」っていうのを見せられたよね。とにかく祈ってる。先生たちが目の前で壇上で祈ってるっていう風景はすごい、なんか事あるごとに祈られてるし、祈ってるし。みたいな、感覚は、すごい、あったと思う。
いやもうほんとに（2年連続担任だった）N先生こそさ、「好きなようにやってください。あ、でもお弁当は食べないでください」そこだけは言うみたいな（笑）。だからさ、進路相談とかもN先生としてたのね。すごい楽しかった。（中略）（途中で文転したときに）もう（理系は）無理な気がしますって（言った）。何て返ってきたかな。忘れちゃったけど。たぶんね、「でもがんばれば大丈夫だよ」みたいなの言われたと思う。
結構閉鎖的っちゃ閉鎖的じゃない？　だからうまくやらないといけない部分も絶対あったと思うのね、6年間で。逃げ道ないみたいな感じで。そんなに学校の規模も大きくないからさ、シャッフルしてもあんまり変わんないみたいな感じもあるし（笑）。そういう中で思うわけ、つきあっていくためにはある種のあきらめみたいなのっているんだなって。そういう自由度がない中で人間関係をどういうふうに築くかみたいなのは勉強というか、身についた気が（する）。
（生徒だけで構成する生徒会や投書の仕組みについて）あ、なんか、結局。なんだろう。決定権は、あるように見せてないじゃん。で、なんか、逆にずるいなーって思って。まあそれは今思えば、当たり前だし。今思えば、中高生にしては、裁量権をすごい与えられてたとは思うけど。当時はすごい、何なんだろうなあみたいな。（中略）校則あるしね、一応。そういう自由度がないなかで人間関係をどういうふうに築くかみたいなのは勉強というか、身についた気が（する）。
だからA校は自由だけど、自由だけじゃなくて、そのぶん自分もしっかりしなさいよ、みたいなのがすごいあったと思うんだよね。で、それはすごい、ね。そのときに、空気として学んだ気がする。「自由」ってことは自分がしっかりしてることで、初めて勝ち取れる、じゃないけど。（中略）ある程度は自由を認めるけど、っていう学校の運営の仕方そのものに（その空気感が）あったのか、それとも、生徒同士の中で、か。促されたのか、どうなんだろうね。

表1　A校における8つの教育実践の実際と語りの例

	実践の特徴名（教員の語りの総数）と定義	該当する語りをした元生徒（ポジティブな語り/語りの総数）	語りの例（教員）
1	伝える実践(3)：目指してほしい目標・伝えたいメッセージを明示的に言葉で説明する	4名（8/13）	キリスト教のことをやっぱりきちんと子どもたちに伝えたいなって思いはすっごく強かったような気がします。それはね。うん。（学校のモットーよりもキリスト教のことを伝えるという）そっちのほうが強かったような気がするんだよね。で、最初のころっていうのは、それをできるだけわかりやすくね、伝えたいと。（中略）自然にたとえたりとかね。いろいろして説明しようとすっごい努力してたと思うんですよ。でもあるときに、あ、それじゃいけないんだな、って。それからちょっと考えが変わって、もうそういう説明は一切抜きで。イエス様は、神様なんですよ、っていうところから、話をするように、変わってったんですよ。いろいろ言葉をつくして説明するっていうよりかは、真実を真実として、こう、伝えていくっていうような感じでしょうかね。
2	伝えない実践(8)：目指してほしい目標・伝えたいメッセージはあるが、あえて言わない	4名（18/29）	For Othersになれよ、とかさ、そういうことってたぶんあんまり、そういう言い方はしてないと思うんだよね。（中略）私自身はあんまり言わないかなあ。わかんないねえ。「こうなってってください」みたいなね。それってなんか押し付けみたいな感じでさ。なんかやじゃない。
3	見守る実践(8)：生徒たちが自主的に学べるよう、教師はあえて動かずに見守る（受動）	4名（6/7）	教育も授業もそうだけれども、どういうかたちで生徒一人ひとりと関わり合うことでその生徒のほんとのよさ、弱いところも含めてその自分っていうものを発見してもらえるのか。で、その弱い自分も発見してそれを受け入れたうえで、自分自身どう生きていくか方向を定めて。その一歩を進学というかたちでどう示してほしいかっていう思いをおそらくみなもってるよね。（中略）（キリスト教信仰に基づいた人間観から）進路指導とか、まあ面接をしてたら必ずそういう口調で話をしますよね。
4	待つ実践(14)：学校での社会的な実践を通して、生徒が自主的に学ぶのを待つ（能動）	4名（8/9）	そのまあ、言葉だけではないと思うんですよね。その教育として生徒に、こう、伝えているもの、体現しているものっていうのは、何かやっぱり日常の生活の中で、なんかこう、うーん、広がっているものなのかなと。それを、まあ、生徒たちがわかるようになるためには、彼女たちがもっと大人にならないと無理なので、たぶん卒業してからなんでしょうね。
			だけど（外の世界を探索することは同時に自分を振り返ることでもあるので）それをやるときには、いつも自分をえぐられるように、こうね、省みさせられるっていうんですか。そういう部分が伴うわけだから、苦痛が伴うわけだから、うーん、そこに気づいてくれたらいいけれど、そこまで口ではあまり教えたくはないですね、自分で気づいてもらいたい。そういう気づける、こう、子どもたちを育んでいけたらいいなって、感性をね、思ってるんですけどね。

語りの例（元生徒）
なんか顔色とか見てくれてた。Bちゃんとか部活で悩んでるときに誰も気づかなかったけど、こっそり呼び出してお話してくれて、悩み聞いてくれて、それで部活変えようってことになって。（中略）あんまり話とかしなかったじゃん、関わる時間とか短かったじゃん。なのに、見てくれてるんだって思って。
具体的には思い出せないけど、結局あの（礼拝）説教の先生たちって何でもかんでも最後は結びつけるじゃない？ それちょっと無理なんじゃない？ みたいな（笑）。絶対話したいことが先にあって、それにくっつけるエピソード考えてるでしょって思ってたからね、当時。（中略）（受け入れやすいのは）実際こういうことがあってとか（の体験談）（中略）。ただ、教訓を述べられてるだけじゃ全然、ふーんって感じだから。こういうときにこういうふうに考えるとこうだよねみたいな話がたぶん一番、へーそんな考えもあるか、確かにねっていうのはあったと思う。
(中学卒業時に担任の先生が) なんかメモくれたじゃん、1人1枚。あれもずっとお財布に入れてた、大学のときに。(調査者:なんて書いてあったの？) あなたの感性は素晴らしいみたいなことだよ（笑）。もうすっごい好きだったもん。
でも、ほんとに私たちのことを考えて言ってくれてるんだな、というのをすごく感じた。（中略）何か注意はされるじゃん、いろいろ。そういうときに、ちゃんと理由があってこういうルールがあるんだよっていうのをちゃんと言ってくれるから、反発してたけど、ああ、なるほどね、ああって思ってたな。（中略）中高生の立場と大人の立場は違うじゃん、見え方が。（中略）そういう和解をしようとしてるんだな、この人はと。怒るけどさ、めっちゃ。
(修養会などの行事では)すごい考えさせようとしてるなって思ったかな。ふだんの礼拝は全然そう思ってなかった。（中略）1日の流れとか。やってることとか。あえてやってる感。

表１　Ａ校における８つの教育実践の実際と語りの例（つづき）

	実践の特徴名（教員の語りの総数）と定義	該当する語りをした元生徒（ポジティブな語り/語りの総数）	語りの例（教員）
5	反省的な実践(5)：教師自らに問いかけ、さまざまに意識して反省的に行う実践	2名（2/2）	廊下を歩いている姿とか何気ない、ふとした表情とかであれって思うんですよね。（中略）それでちょっと声をかけてみたりとかすると、やっぱりおかしかったりとかありますよね。教師の大きな仕事の一つでもあるじゃないですか、生徒の変化とか、そういうのにも気づく。それを察知するっていうことも大切なことだから。あとは、そのアプローチがね、またいろいろですよ。手を出さないほうがいいときもありますからね、それも自分で考えるわけですよ。
6	寄り添う実践(1)：生徒の視点から考え、教師側がそれに沿うかたちで行動する	2名（4/5）	（礼拝の話は）全部オチがみんな神様だ、って。で、そう言われてみると、そうだね、って思うじゃない。だからその神オチ？にならないようには、気をつけてますね。（中略）で、そういう（無宗教で育ってきた）人たちにいくらその神オチを語ったところで、そうだよね、って思わないっていうこともよくわかるんです。なんかね、まあ入り方で、同じことを語るんだけども、ま、そういうふうに「なーんだ神オチか」ってならないように工夫する、っていうことはしてますね（笑）。
7	個の尊重の実践(3)：積極的に一人ひとりの違いを認め、尊重する（能動）	1名（1/1）	なんかこう、一人ひとり大事にしていくってのはすごい幸せなことだから。クラス授業だとそこまでちょっとね、なかなかいかないんだけど。選択授業はそういう意味では楽しいですよ。だってそれぞれの賜物磨けるので。
8	考えさせる実践(13)：言葉でメッセージを伝え、生徒自身の思考のプロセスを促す	4名（13/19）	ま、しつこくかくかくしかじかでこうでこうでって説明して、どうせわかんないと思いつつもね。でも耳に残ってて、いつかその子があんなことあったな、って思い出してくれればいいと思って。こちらはすごい労力もエネルギーもいるんだけど、一応、伝えておくよっていうことで。うーん。しつこいかもしれないけど、伝える。

えて多宗教文化である日本の社会の一員であることからも当然といえよう。このように、緊張や葛藤をはらむ双方向的なダイナミズムがA校での宗教的価値の社会化の現象を特徴づけているといえる。

3．学びの軸としての「信頼」

なかでも興味深かったのは、教員、元生徒が互いに向ける「信頼」についての語りである。管理職の教員は、A校の教職員はみな「生徒のことを信用してくれている」はずだと語り、また他の教員は学問の面白さを伝えることが生徒との信頼関係の構築に直結すること、そして厳しい指導も生徒を「信頼しているからこそ」であり、ぶつかったとしても「きっと長い間にはわかってくれるだろう」という信頼感があるからだとの語りもあった一方で、悪びれもせず規則違反を続ける最近の生徒たちは「ある意味、学校とか先生たちを信頼してくれてないのかな」との語りも見られた。

生徒から見た場合はどうであろうか。複数の元生徒が、「関われば関わるほど面白い」「個性豊か」な同級生と切磋琢磨することが在学中の「個性の尊重」と「自主自律の精神」の価値の学びに役立ったとし、互いへの尊敬と信頼をもとに多様性を認める生徒文化が出来上がっていたこと、またその信頼関係があるからこそ今も卒業生としての誇りや帰属の意識があることなどが語られた。教員に対しても、「ほんとに私たちのことを考えて言ってくれてるんだな、というのをすごく感じた」（表1）との語りのとおり、教師からの信頼を受け止めながら指導を受けていたことをうかがわせる発言が見られた。このように、A校では生徒や教員を縦横無尽につなぐ「信頼」が学びの軸に据えられ、そのことがA校を学びの共同体たらしめていることがうかがえる。

第3節　それぞれのライフヒストリーと共同体との「生きた関係」

ではA校での学びは、卒業後どのように人生に影響したのだろうか。ダラード（Dollard 1949）は他者との関わり合いの中で生まれる葛藤や自己受容と拒否、変容への方向転換が立ち現れてくる現象を「結節点」と表現したが、元生徒のそれぞれのライフヒストリーを追うとその多くがこの「結節点」を卒業後に経験しており、学校経験の理解と自己実現のプロセスはA校という学習文脈を離れてからも継続していた。たとえば、ある元生徒は信頼のおける担任や教科への情熱を授業で伝える教員らに対しては敬愛の念をもっていたが、宗教的な実践に関しては学校が「洗脳しようとしている」と在学中は批判的に捉え、聖書の学びや祈りの時間にあえて寝たり、話を聞かなかったりしていた。「習慣として」行いを「ごく自然に」受け止めていたという他の元生徒の語りとは対照的である。また、信仰について真剣に向き合っていたからこそ、祈るなどの宗教的な行為を「強制」されることに大きな疑問を感じていた元生徒もいた。しかし卒業後、つらい局面で神という存在について考えたり、「神は越えられる試練しか与えない」という聖書の言葉を思い出し、キリスト教的な考えが現在の自分にも通じていることに気がついたりするなど、5名全員が卒業後ポジティブな評価に転じている。これは、卒業して共同体を去った後も、A校での学びを職場や地域など日々の生活の場において比較・修正していくことで、現在の自分と結びつけていたことを示す。レイヴら（Lave & Wenger 1991/1993）はこのことを、共同体との長期的な「生きた関係」と表現した。

このA校との「生きた関係」は、在校中に体験された、あるいは単に目撃されただけの「価値の熟達者」としての教員の言動や振る舞いも大きな影響をもつことが、表1の「伝えない実践」における元生徒の「先生のその、姿勢とか、ふだんの様子から、学校の目指しているものを受け取ってたでしょ」という回答からもうかがえる。レイヴら（Lave & Wenger 1991/1993）は「学習それ自体が即興で生み出される実践」であると論じたが、教員がA校の価値の熟達者として自覚をもって生徒と接し、キリスト教信仰に裏打ちされた価値の体現を目指すとき、「勘」や「直感」と表現されるような即興で生み出される熟練の「わざ」がその真価を発揮するのかもしれない。

第4節　価値と教育と宗教心理学――さらなる探究と現場への問いかけ

「自分の『ルーツ』はA校にある」。卒業生の多くが口にした言葉であるが、これをA校の教育の評価としてそのまま受け取ってもよいのだろうか。ある元生徒は「A校での学びは先生よりも同輩からが多い」と語った。A校の実践共同体のあり方が陰に陽に参加者である生徒たちに影響していたことは確かではあれ、そこで学ばれたのが本調査で仮定されていたような「宗教的価値」なのかどうか、疑う余地は十分にある。たとえば、信仰をもつことなくA校で過ごすことは、意図されている学びが不透明なまま試行錯誤して自分なりの意義を見つけるという学習過程を生み、むしろ能動的かつ主体的に学びを進める「備え」や「柔軟性」などといったスキルの醸成が主だった可能性もある。

また、北川（2000）は、ミッションスクールのもつ「特有の精神的支配―被支配の関係」と「独善的な押し付け」について警鐘を鳴らしている。「信じたいけど信じられない」という在校時からの「キリスト教コンプレックス」や、一つの宗教に帰属することが社会生活を送る中で「足かせ」にもなりうるとして、キリスト教的な価値に共鳴しつつも信仰しない選択を続けている卒業生の語りは大きな重みをもつ。教員の立場や価値への理解もまたさまざまだ。教師はロールモデルとして価値や規範の内面化を促進する役割を果たすと同時に、生徒たちによって社会化される立場にある（例：Kuczynski, Marshall, & Schell 1997）。多くの生徒と出会う中で「自分の中の価値観をかき回される」経験をし、生徒から「新しい気づき」をもらいながら「私のほうが育てられてきた」との教員の語りのとおりである。

宗教と教育は、両者ともに価値に関わるものとして密接な関係をもつ。価値教育という文脈であれば、ミッションスクールも他の宗教校も、そして公立校も同じ土俵で研究を行うことが可能になり、今後はより多様なサンプルを対象に「教えない」教育実践モデルやLPP理論に基づくさらなる探究が考えられるだろう。しかしそれ以上に、今この瞬間にこうした宗教を用いた価値教育の最中にいる生徒たちのことを考えたい。さまざまな葛藤を抱え、新しい価値との出会いに思考を深めている生徒たち一人ひとりに日々いかに寄り添うか。この問題は、とくに現場の教員や当事者たちにとって、私たちが考えている以上に差し迫った課題ではないだろうか。

文献

Allport, G. W., Schanck, R. L. (1936) Are Attitudes Biological or Cultural in Origin? *Character & Personality; A Quarterly for Psychodiagnostic & Allied Studies*, 4, 195-205

安藤喜久雄・児玉幹夫・宮脇源次（編著）（1983）『生活の社会学（改訂版）』学文社

Dollard, J. (1949) *Criteria for the Life History: With Analyses of Six Notable Documents*. Yale University Press.

江原武一（編著）（2003）『世界の公教育と宗教』東信堂

浜口恵俊・徳岡秀雄・今津孝次郎（1976）「日本人における成人社会化の基本特性」『教育社会学研究』31, 40–53

北川直利（2000）『ミッション・スクールとは何か――教会と学校の間』岩田書院

Kuczynski, L., Marshall, S., Schell, K. (1997) Value Socialization in a Bidirectional Context. In J. E. Grusec, L. Kuczynski (Eds.), *Parenting and the Internalization of Values: A Handbook of Contemporary Theory* (pp.23–50). John Wiley and Sons.

Lave, J., Wenger, E. (1991). *Situated Learning: Legitimate Peripheral Participation*. Cambridge University Press.〔佐伯胖（訳）（1993）『状況に埋め込まれた学習――正統的周辺参加』産業図書〕

Manfredo, M. J., Teel, T. L., Henry, K. L. (2009) Linking Society and Environment: A Multilevel Model of Shifting Wildlife Value Orientations in the Western United States. *Social Science Quarterly*, 90, 407-427

Wentzel, K. R. (1994) Relations of Social Goal Pursuit to Social Acceptance, Classroom Behavior, and Perceived Social Support. *Journal of Educational Psychology*, 86, 173-182

第10章　職場・会社組織（成人期／産業組織心理学）と宗教心理学

今城志保

第1節　宗教心理学との出会い

宗教心理学に興味をもつようになったきっかけは、北米の経営や産業組織関連の学会で、宗教をテーマにしたセッションを目にすることが多くなったことであった。北米の場合、宗教が生活に入り込んでいるため、働く個人について考える際にも重要なのだろうと思っていた。一方、日本では、特定の宗教を信仰している人は多くないものの、生活習慣には宗教的な意味合いをもつものがある。たとえば、お盆には多くの人が帰省をして、墓参りに出かける。ビジネス場面でも新年には役員がそろって初詣に出かけたりするし、社員が創業者の墓参りをすることもある。そこから、日本で働く人にとって、宗教的な要素はどのような意味合いがあるのか、そして企業組織にとってどのような影響があるのかに、興味をもつようになった。

私の研究分野は産業組織心理学という、組織で働く人の心理を対象とする学問である。働く個人の幸福や健康も重要だが、どちらかといえば組織が高い業績を上げることを目的とする研究が、主流である。したがって、心理学の中でも、おそらく宗教とは最も距離があるのではないかと思える。しかしこの分野でも、スピリチュアルリーダーシップなど宗教との関連性をもつ概念を用いた研究が、近年数多く行われるようになっている。研究関心の一部は、働く個人の心の健康に関係するものであるが、こちらは臨床心理学的な視点と重複する部分も多い。そこで本章では、組織にとって望ましい効果を得ることに主眼を置いた研究を中心に、宗教的な概念を産業組織心理学分野で用いることの可能性を考えてみたい。

第2節　宗教的要素が職場で注目される理由

産業組織心理学や経営学における職場のスピリチュアリティに対する関心の高まりの背景として、社会やビジネス環境の急激な変化に対応する必要性、グローバルなレベルでの社会的意識や精神性の復興などの価値観の変化、東洋への興味の高まり、などがあげられている。働く個人が直面する変化を想像すると、テクノロジーの発展によって仕事の仕方は変化するし、ＡＩ（人工知能）に代替されていく仕事もある。自動運転の車が開発されると、商用車のドライバーの仕事はどうなってしまうのだろう。雇用の安定を望むことが難しくなる中で、自律的なキャリア構築が求められると、個人は自分の選択や判断の拠り所を求めて、仕事の意味を問い直す機会が増えるだろう。宗教は、人生の意味づけに、何らかの回答を与えることが期待されており、その延長線上には個人にとっての仕事の意味づけがある。

これまでの研究は北米を中心に海外で実施されたものが多いが、上記のような働く個人を取り巻く変化は、多くの経済的に進んだ国々で似た様相を示している。一方で、働く人にとっての宗教の意味合いは、少なくとも日米では大きく異なるため、先行研究の知見には日本での適用が難しいものが混在すると考えられる。本章では、とくに産業組織場面における研究が多く行われている「職場スピリチュアティ」と「マインドフルネス」に絞って、先行研究でわかっていることを紹介しつつ、宗教的文化や働き方の異なる日本において、研究知見がどのように適用可能であるかについて考察する。

第3節　職場のスピリチュアリティ

ここ十数年の間に、職場スピリチュアリティへの興味が高まっている。このあたりの経緯については、堀江（2017）に詳しい。「職場スピリチュアリティ」の学術的な定義で、現時点で統一されたものはないようだ。しかし、多くの定義には、「自己超越の感覚」「仕事が天職であるとの感覚」「他者との連帯感やメンバーシップ」の三つの要素が含まれる（Benefiel, Fry, & Geigle 2014）。たとえばデュショーンとプロウマン（Duchon & Plowman 2005）は、職場のスピリチュアリティには以下の要素が含まれるとした。(a) 従業員には内面の生（inner life）があると認めること、(b) 従業員は仕事に意義を求めていること、(c) 精神的な成長に寄与する環境あるいは共同体にコミットすること。また、最もよく使われている職場スピリチュアリティの尺度では、「内面の生」「仕事の意義」「連帯感とコミュニティ」の三つの要素を測定している（Ashmos & Duchon 2000）。これらの定義からは、従業員が、働くことに意義を感じて精神的に満たされ、その思いを職場の他者と共有し、職場全体の目的に向けて連帯感をもっている状態が、職場スピリチュアリティの高い状況であると考えられる。

職場スピリチュアリティのもう一つの特徴は、対象となるレベルが複数あることである。職場スピリチュアリティは、個人に加えて、職場あるいはチームと、組織全体のレベルが考えられる（図1）。個人が集団に入ることで、集団から影響を受けるし、集団は個人の総和ではない創発的な特徴を有する。ここまで述べた職場スピリチュアリティの定義や特徴は、日本の職場でもおおむね当てはまると考えられる。ただし、「自己超越」については、特定の神との結びつきを信仰の核に据える人が多い国と、そうではない日本とでは異なるかもしれない。

職場スピリチュアリティが、個人や組織のパフォーマンス向上に寄与することを示す研究も、いくつか存在する。なぜ職場スピリチュアリティはパフォーマンスを高めるのだろうか。職場のスピリチュアリティ

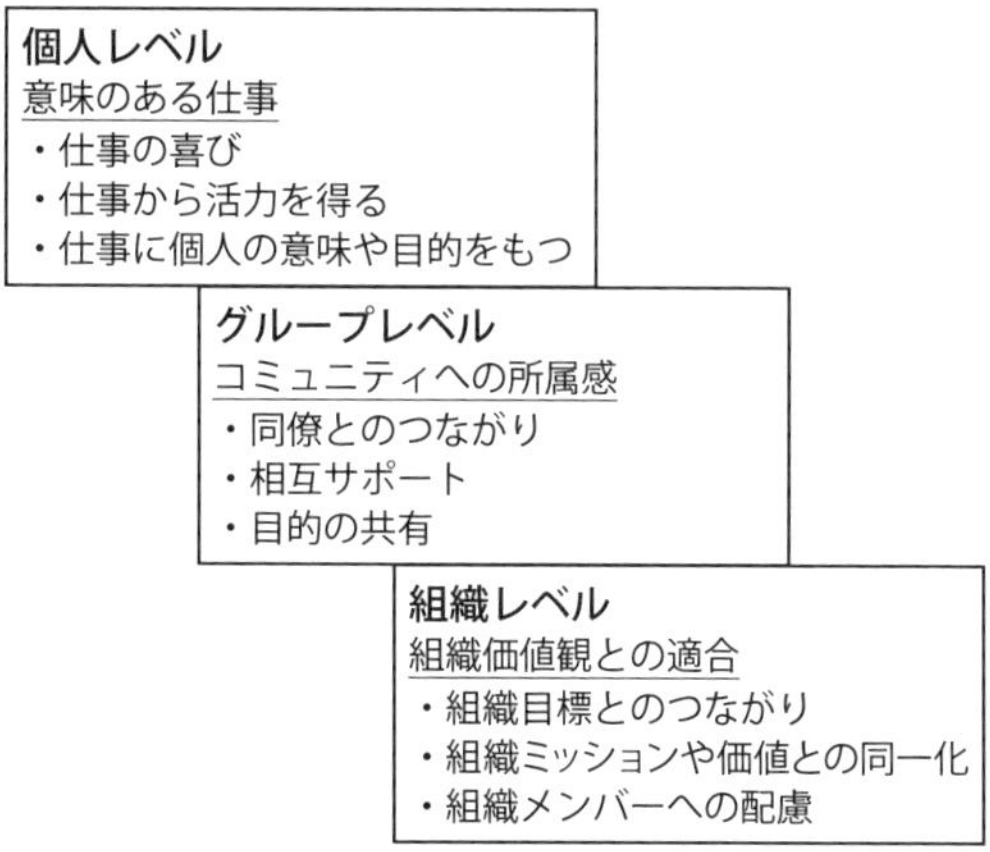

図1　レベルを意識した職場スピリチュアリティの概念化
（Milliman, Czaplewski, & Ferguson 2003, p.428より筆者訳出）

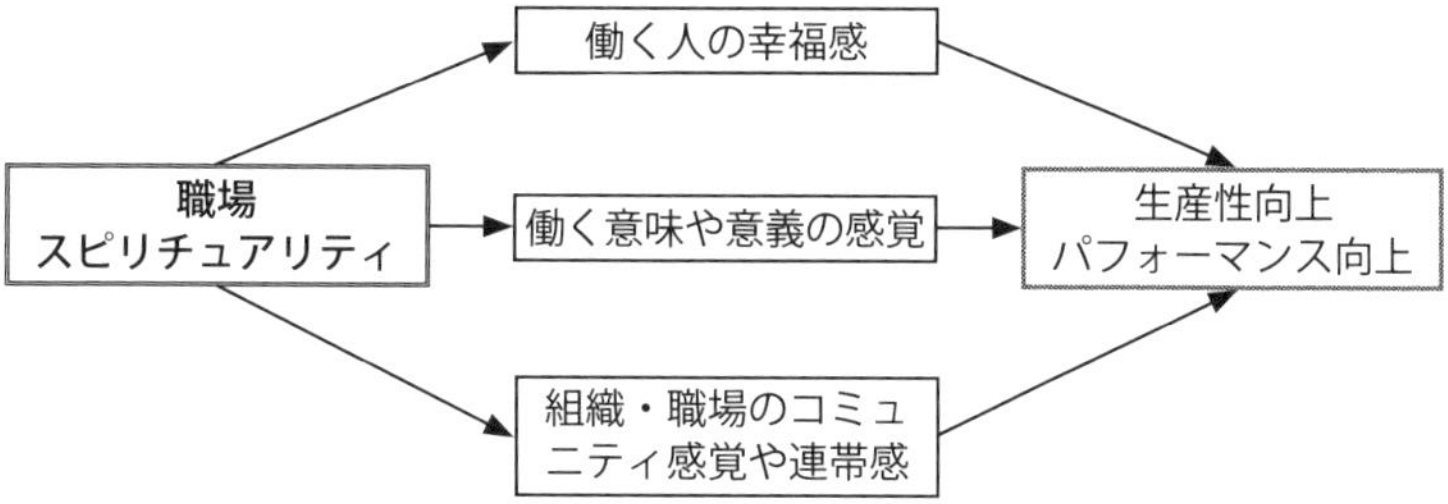

図2　職場スピリチュアリティとパフォーマンスの3つの視点
（Karakas 2010, p.92より筆者作成）

が仕事のパフォーマンス向上につながるルートには、「働く人の幸福感」「働く意味や意義の感覚」「組織・職場のコミュニティ感覚や連帯感」の三つがあるとされている（図2）。「働く人の幸福感」の向上により、よけいなストレスやプレッシャーを感じることなく、満足して働くため、生産性が上がると考える。職場スピリチュアリティは、働く人の仕事満足度や組織へのコミットメントとポジティブな関連があり、離職意図などとネガティブな関連がある（Milliman, Czaplewski, & Ferguson 2003; Pawar 2009）。

「働く意味や意義の感覚」の獲得により、個人の存在価値に関連するような、働くことの深い意味を感じて、天職としての仕事に邁進することで、パフォーマンスが高まる。ここで個人が感じる仕事の意義は、個人の利害を超越した、より大きな組織や社会への貢献につながるものが想定される。「組織・職場のコミュニティ感覚や連帯感」は、職場集団としてのスピリチュアリティの効用を示唆するものである。より高次の仕事の意義を感じつつ、それを実現するために仲間と働くことは、彼らのために、また彼らと働くことの意義を感じさせるものである。

残念ながら、日本における職場スピリチュアリティの研究はほとんど進んでいない。参考までに、筆者が日本でさまざまな仕事に従事する人を対象に行った調査結果を紹介する。次ページの図3は、一般的なスピリチュアリティの経験と、職場のスピリチュアリティの職種別の違いを表したものである。一般のスピリチュアリティについては、職種間で違いはなく、6件法の評定平均値は、中点3・5よりも低い結果であった。職場スピリチュアリティについては、職種による違いがあり、管理職や営業職など自律性が高い仕事に従事する人のほうが、警備員や一般事務などのルーティンが多い業務に携わる人に比べて、職場スピリチュアリティは高かった。このデータを用いて、一般的なスピリチュアリティと職場のスピリチュアリティが、自己実現や生きがいを得ることを通して実現されるユウダイモニアの幸福感を高めるかについてモデルを設定して検証した。これら二つの尺度の間の相関は、0・35と有意ではあるがさほど強くなく、いずれも幸福感を高めたが、職場スピリチュアリティのほうが直接の影響は強かった。パフォーマンスへの効果を確認するには至っていないが、少なくともそのベースになる働く人の幸福感を向上させる効果は、職場スピリチュアリティに期待できそうである。

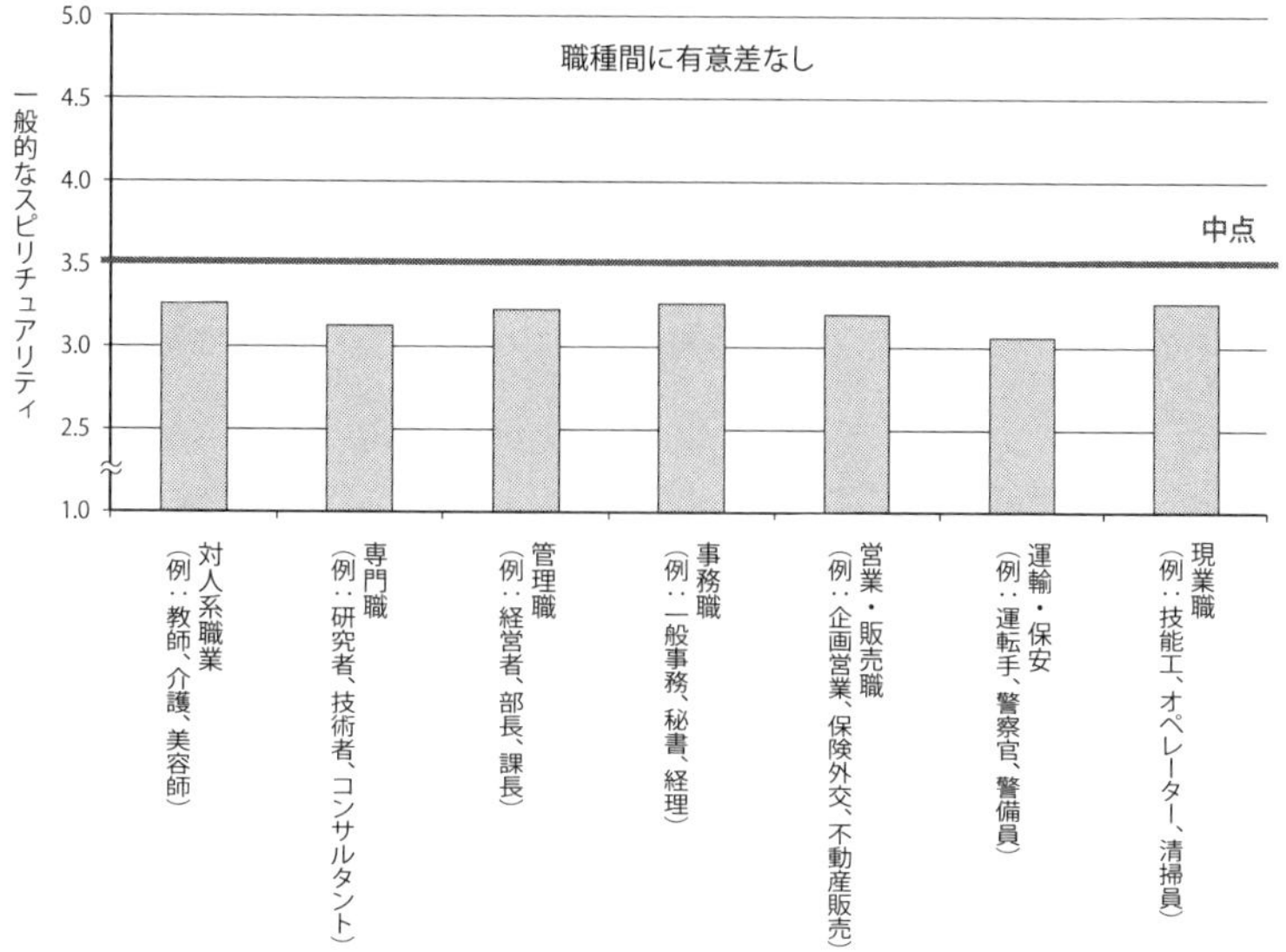

図3-1　職種別一般的なスピリチュアリティ（今城 2018）

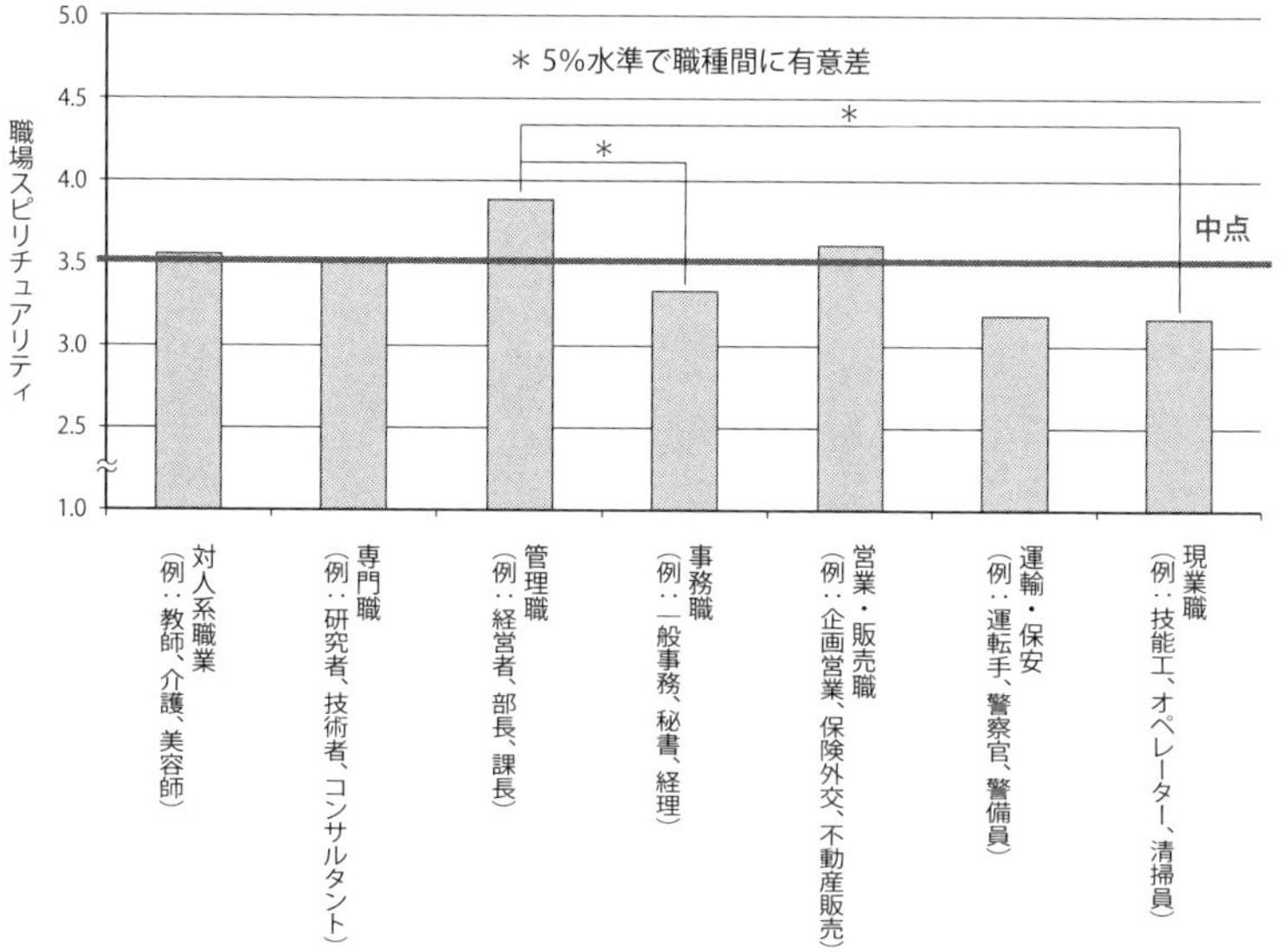

図3-2　職種別職場スピリチュアリティ（今城 2018）

第4節　仕事におけるマインドフルネスの活用

スピリチュアリティ以上に、職場での活用が進んでいるのが、マインドフルネスである。瞑想など、マインドフルネス向上のための方法が、企業研修や能力開発施策において導入されている。マインドフルネスが仕事のパフォーマンスを向上させることは、先行研究で示されている。たとえば、医者の場合の患者の満足度（Beach et al. 2013）、原子力発電所のオペレーターの安全行動（Zhang et al. 2013）、リーダーの場合の部下のパフォーマンス（Reb, Narayanan, & Chaturvedi 2014）などである。

マインドフルネスには、現時点で自分が経験していることに注意を向けること、評価判断をせず、そのままの状態を意識することといった要素が含まれる（Brown & Ryan 2003）。これらの要素は、どのように仕事のパフォーマンス向上につながるのだろうか。この疑問に対する一つの回答が、リディとグッド（Lyddy & Good 2017）によって提案された実行モード（doing）と存在モード（being）の両立だろう。実行モードは、目標に向けて高く動機づけられている状態であり、先を見通した判断を行い、自分自身を客観的に見る。一方で存在モードでは、目標を意識したり、そこに動機づけられたりすることなく、現状を受け入れており、自己は観察対象ではなく、経験の主体である。仕事中にマインドフルであると、実行モードでは、自分の考えにとらわれず、広く仕事に関する情報を取り入れるようになるし、存在モードでは、余計な心配をせず、目の前の仕事に集中している。いずれも、パフォーマンスを高める方向に作用することが期待できる。

性質の異なる二つのモードが両立するためには、二つは独立して、ともに存在する必要があると考えられている。目の前の仕事に集中しながら、距離をとってそれを見ている自分が、同時に存在するイメージである。両立が本当に可能なのか、あるいは、実行モードと存在モードは、自由に行き来できればよいのかなど、まだ明らかにすべきことは多いが、ほとんどの仕事において、パフォーマンスを上げるためには両方の要素

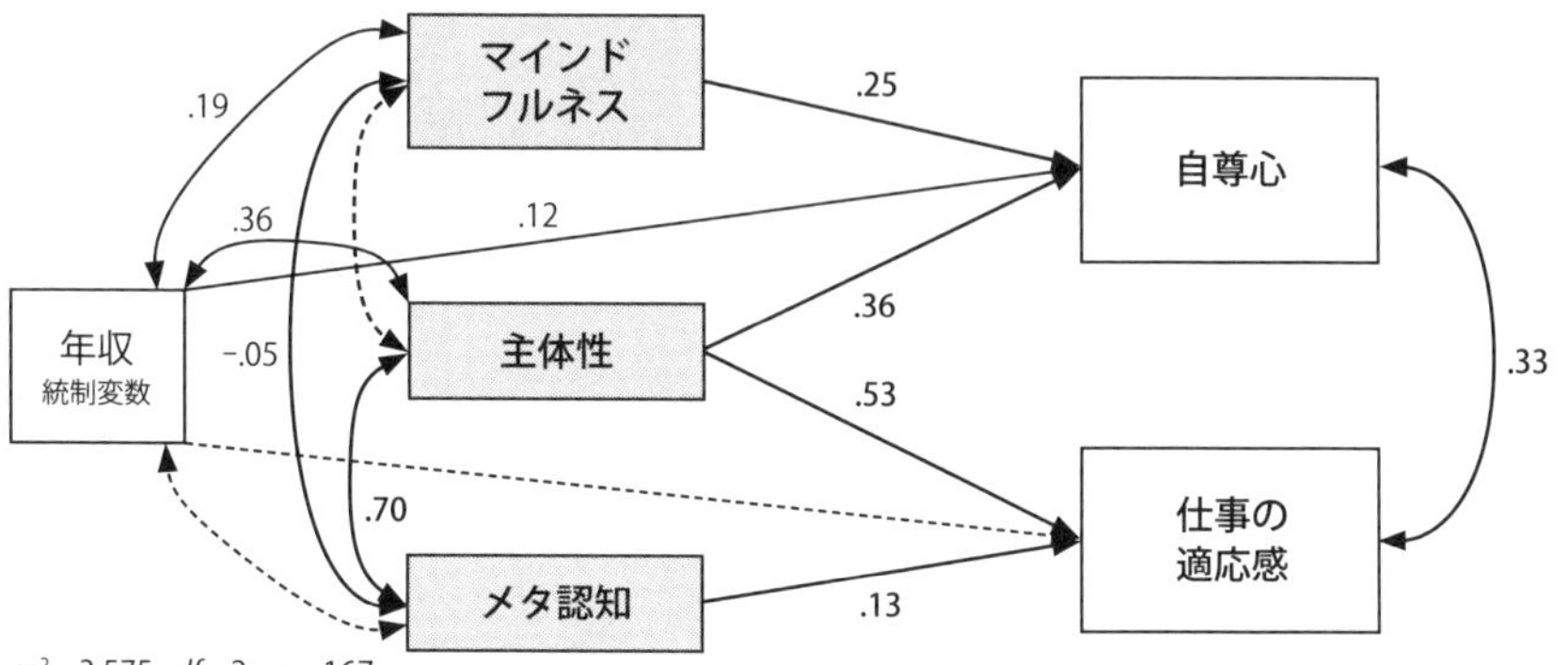

$\chi^2=3.575,\ df=2,\ p=.167$
AGFI=.988, TLI=.991,
RMSEA=.028, AIC=41.575

※破線は5%水準で有意にならなかったもの。

図４　マインドフルネスが仕事の適応感と自尊心に及ぼす効果（今城 2020）

が有用だといえるだろう。

図４は日本のホワイトカラーを対象に、パフォーマンスではないが、本人の自己申告による仕事の適応感と自尊心とマインドフルネスの関連性を見たものである（今城 2020）。実行モードに関連するものとして「主体性」を、存在モードに関連するものとして「メタ認知」を同時にモデルに入れて分析を行った。マインドフルネスは自尊心を向上させたが、仕事の適応感は高めなかった。一方、主体性とメタ認知はいずれも、仕事の適応感を高めていたことから、対応するマインドフルネスの要素は、仕事の適応感を高める効果が期待できる。マインドフルネスは、「主体性」「メタ認知」のいずれとも有意な相関が見られなかったが、測定に用いた項目がマインドレスネス（マインドフルネスの内容を反転させた内容）であったことが影響した可能性があり、引き続き検討すべき課題である。

第５節　今後に向けて

ここまで、「職場スピリチュアリティ」と「マインドフルネス」を用いて、パフォーマンス向上に宗教的概念がどのように関連づけられるかについて見てきた。しかし、組織が宗教的概念に着目すべき理由は、短期的な業績にとどまらない。経済の成熟によって、個人の側の職業選択の余地は広がって、生活の糧を得ること以上のものを仕事に求める人が増えてくるだろう。加えて今後は、少子化や人口減少により、人材の獲得競争になることが予想される。組織は、自らの生き残りをかけて、個人が選択して所属する場所になることが求められている。そのキーとなる個人の幸福感、人生の意味づけ、自己を超越した集団目的の共有化などは、いずれも宗教そのものや宗教的概念によって、私たちが恩恵を受けてきたものである。今後の組織と個人の関係性を考えるうえで、私たちは宗教から多くのことを学ぶことができる。そして、個人のスピリチュアリティが満たされる組織が増えることは、結果的に個人の幸福感を高めることにつながるだろう。

文献

Ashmos, D. P., Duchon, D. (2000) Spirituality at Work: A Conceptualization and Measure. *Journal of Management Inquiry*, 9, 134-145

Beach, M. C., Roter, D., Korthuis, P. T., Epstein, R. M., Sharp, V., Ratanawongsa, N., ... Saha, S. (2013) A Multicenter Study of Physician Mindfulness and Health Care Quality. *The Annals of Family Medicine*, 11, 421-428

Benefiel, M., Fry, L. W., Geigle, D. (2014) Spirituality and Religion in the Workplace: History, Theory, and Research. *Psychology of Religion and Spirituality*, 6, 175-187

Brown, K. W., Ryan, R. M. (2003) The Benefits of Being Present: Mindfulness and Its Role in Psychological Well-being. *Journal of Personality and Social Psychology*, 84, 822-848

Duchon, D., Plowman, D. A. (2005) Nurturing the Spirit at Work: Impact on Work Unit Performance. *The Leadership Quarterly*, 16, 807-833

堀江宗正（2017）「職場スピリチュアリティとは何か――その理論的展開と歴史的意義」『宗教研究』 91, 229-254
今城志保（2018）「職場におけるスピリチュアリティ」日本心理学会第82回大会シンポジウム、宗教心理学的研究の展開(15)
今城志保（2020）「仕事におけるマインドフルネス」日本心理学会第84回大会シンポジウム、宗教心理学的研究の展開(17)
Karakas, F. (2010) Spirituality and Performance in Organizations: A Literature Review. *Journal of Business Ethics*, 94, 89-106
Lyddy, C. J., Good, D. J. (2017) Being While Doing: An Inductive Model of Mindfulness at Work. *Frontiers in Psychology*, 7, 2060
Milliman, J., Czaplewski, A. J., Ferguson, J. (2003) Workplace Spirituality and Employee Work Attitudes: An Exploratory Empirical Assessment. *Journal of Organizational Change Management*, 16, 426-447
Pawar, B. S. (2009) Individual Spirituality, Workplace Spirituality and Work Attitudes: An Empirical Test of Direct and Interaction Effects. *Leadership & Organization Development Journal*, 30, 759-777
Reb, J., Narayanan, J., Chaturvedi, S. (2014) Leading Mindfully: Two Studies on the Influence of Supervisor Trait Mindfulness on Employee Well-being and Performance. *Mindfulness*, 5, 36-45
Zhang, J., Ding, W., Li, Y., Wu, C. (2013) Task Complexity Matters: The Influence of Trait Mindfulness on Task and Safety Performance of Nuclear Power Plant Operators. *Personality and Individual Differences*, 55, 433-439

第11章　家族（家族心理学）と宗教心理学
——国際結婚家族研究から見えてくる家庭内文化実践の枠組みとしての宗教

矢吹理恵

家族心理学領域の夫婦関係の研究は少なく（例：宇都宮・神谷 2016）、その中でも日本人が関わる国際結婚夫婦を対象としたものはさらに少ない（例：一條 2018; 矢吹 2011）。筆者は多様な組み合わせの国際結婚夫婦のうち、夫アメリカ人・妻日本人夫婦（以下、日米夫婦）を中心としたインタビュー調査を１９９０年代から継続している。この組み合わせの夫婦を対象とする理由の一つは、アメリカは戦後一貫して日本人女性の国際結婚の相手の国籍において、第1位の韓国・朝鮮に続いて第2位であること（厚生労働省 2018）、もう一つは、アメリカと日本は同じ先進工業国でありながら歴史的・文化的に著しい対比があり、子育てをはじめとする文化実践に違いがあることを発達心理学研究（例：東・柏木・ヘス 1981; 恒吉・ブーコック 1997）が明らかにしていることから、夫婦の文化の擦り合わせのありようを見るのに適しているからである。日米間の文化的対比を研究の文脈としながらも、筆者は最初から「宗教」に注目していたわけではなかった。以下に、筆者が行っている日米夫婦の夫婦関係と家庭での文化構築の研究において、「宗教」がどのように登場し、重要な位置を占めるに至ったかを概観する。

第1節　人間関係としての夫婦関係の特異性

夫婦関係は、個人が成人期に自らの意志で選択し構築する親密な人間関係であり、多くの場合は親子関係よりも長く維持される。さらに、夫婦の結婚生活とは、妻と夫がそれぞれ成人期まで築いた個人の文化をすり合わせ、夫婦の文化を構築し続ける場となる。夫婦の文化のすり合わせは家庭というプライベートな領域で行われるため、個人の文化の最も「本音」の部分の違いが表面化する。さらに、夫婦関係は自らが自分の意志で選んだ親密な人間関係であるため、結婚生活には「○○はこうしたい・△△はこういうもの」という個人の常識・信念・願望・世界観がダイレクトに表現される。それが生まれも育ちも違う他者である配偶者との間ですり合わされるため、夫婦関係・結婚生活とは、夫と妻の間の文化折衝の現場ということができる（矢吹 2011）。

このような夫婦の文化折衝が、社会制度や政治制度というハードな部分から対人コミュニケーション・生活習慣というソフトな部分までが異なる日本とアメリカの間の国際結婚夫婦では、どのように行われるのか。それは日本人同士の夫婦とどう異なるのか。結婚生活を維持するために夫婦間で調整が必要になる課題（以下、調整課題）とその調整過程を、日本在住の日米夫婦と日本人同士の夫婦（以下、日日夫婦）各10組で比較した研究を１９９０年代半ばに行ったところ（詳細は、矢吹 1997; 2012）、日米夫婦では、①「夫婦の言語的・感情的・身体的コミュニケーション」、②「家計の管理」、③「子どものしつけ方略」が、日日夫婦では、④「家事・育児分担」、⑤「親族とのつきあい方」、⑥「結婚観」が調整課題になっていた。すなわち、夫婦の文化のすり合わせが難しかった領域は、日米夫婦は①・②・③というジェンダーの領域、⑤「親族関係」という夫婦が埋め込まれている社会関係の領域、および夫婦関係の意味づけの土台ともいえる⑥「結婚観」であった。日米夫婦はプラクティカルな面のすり合わせでは苦労しているが、個人の価値観が関わる領域では夫婦間で葛藤が見られず、これらはむしろ基本的な文化項目が一致している日日夫婦の葛藤課題となっていることがわかった。日日夫婦からあがった「結婚観」の不一致とは、結婚を「夫婦がお互いの人間性・精神性を切磋琢磨して高め合う場」と考えるか、単に「家庭維持のために粛々と夫役割・妻役割を実践する場」として考えるかの違いであった。これは、人生における結婚や家族の意味をどう捉えるかの違いであり、この点はその後、宗教的家族観・宗教的夫婦観の違いという問題に発展していく。

第2節　日米夫婦の夫婦関係における宗教の機能——配偶者選択時の戦略と夫婦関係のパワーバランス

前節の研究から、夫婦の文化折衝の項目には、①プラクティカルな項目と、②価値観に関わる項目があることがわかった。基本的な文化項目が異なる国際結婚夫婦では、①が問題となるのは想像がつくが、結婚を継続している夫婦においては、少なくとも②は一致しているのか。一致しているならどのようなプロセスで一致したのか。それが夫婦が構築する家庭文化にどのように反映されるのか。これらを検討したのが、1990年代後半から2000年代初頭に行った、日本在住の日米夫婦の日本人妻20名へのインタビュー調査（矢吹 2011）である。

そこで、夫婦関係と夫婦が構築する文化のあり方に直接関わる要因として、協力者から語られたのが「宗教」であった。筆者はこれを起点として、人生における夫婦関係の意味に関わる認知の枠組みとなり、結果的に夫婦関係のあり方を方向づける「宗教」の問題に取り組むことになった。

5年にわたる調査の結果、明らかになったのは以下である。第一に、夫婦双方が何らかの信仰をもつ場合、宗派が同じでも異なっていても、宗教的世界観・生きることの意味・夫婦であることの意味を夫婦で共有する場合は、夫婦を結婚に向かわせ、夫婦関係を維持させる。その場合、結婚後、夫婦関係は均等なパワーバランスを保つ。第二に、日本人妻が結婚前から熱心なキリスト教徒であると、キリスト教徒がマジョリティであるアメリカ人の夫をあえて選択する場合がある。その場合の夫婦関係のパワーバランスは日本人妻が主導する。第三に、結婚前に「無宗教」であった日本人妻が、キリスト教徒のアメリカ人夫およびその親族の希望によりキリスト教に入信する場合がある。その場合は、日本人妻の同一視の対象は「キリスト教」ではなく、「夫およびその親族との一体感」である。そこでの夫婦関係のパワーバランスはアメリカ人夫が主導する。このように、宗教は夫婦関係の成立と、成立後の勢力関係に関わっていることがわかった。

第3節　日米夫婦が構築する家庭内文化実践の枠組みとしての宗教

宗教と夫婦関係を扱うこれまでの心理学研究は、いずれも同国人同士の夫婦関係が良好な夫婦を対象としたもので、宗教的信念と行動が夫婦間で共有されているときに、ポジティブな関係性が維持されるというものである（Mahoney 2010; Rauer & Volling 2015）。

日本人が関わる国際結婚と宗教の関連についての先行研究は少なく、在日のムスリムの夫と日本人妻を対象とした社会学研究（竹下 2004）があるが、心理学の立場のものは見られない。

その他、一般書において数行の記述があるのは、熱心なキリスト教徒であるアメリカ人義母から、日本人妻が結婚にあたり熱心に入信の勧誘を受けた体験談（塚越 2010）などである。しかしいずれも、国際結婚夫婦において、宗教に関わる信念や行動がどのように夫婦間葛藤となり、夫婦関係をネガティブに変容させるかについての心理学的検討はなされていない。

そこで筆者は、在米の日米夫婦の日本人妻で、宗教的文化実践をめぐる夫婦間葛藤に直面し、夫婦関係からの離脱を試みている3名の妻に、２０１０年代に縦断的インタビュー調査を行った。宗教的文化実践をめぐる夫婦間葛藤と夫婦関係のネガティブな変容を質的に検討した論文を国内の認知心理学系・コミュニケーション系の二つの学会に投稿したところ、いずれも不採択であった。その理由は共通していて、「宗教は夫婦の文化がすり合わされる領域の一つにすぎず、宗教だけを取り上げて議論する必然性はない」というものであった。これは、宗教は家庭内文化実践の枠組みとなる上位項目であり、下位項目である他の家庭内文化実践の文化的意味を決定するものであることが十分に描けなかった、筆者の筆力不足によるものである。その後、家族心理学系の学会誌に採択されたが（矢吹 2020a）、改稿にあたり実証主義的質的分析法によるカテゴリー化を求められ、個人から抽出されたあるテーマが別な協力者にも見られるかを検討することとなった。この方法は、個人の体験を抽象化してモデル化するには適しているが、語りの文脈が語り手の実存と切り離されてしまう。家庭内文化実践の枠組みとなる宗教が、個々の家庭内文化実践にどのような文化的意味を与えるかは、各協力者がどのような文化化・社会化をたどったかによって異なる。一人ひとりのユニークな人生における宗教との出会いと、夫婦関係における宗教的文化実践の意味を捉えるためには、協力者の経験をその文脈とともに、協力者の生涯発達という時間の流れの中で捉え、それにどのような文化的意味が付与され、そこに宗教がどのように関わっているかを描く必要がある。そのため、3人の協力者のうちライフストーリーを開示してくれた1人に焦点化し、①宗教的文化実践をめぐる夫婦間葛藤の発生、②夫婦関係の維持が困難になる過程、③夫婦関係からの独立の模索に伴う問題を、ライフストーリー法によって検討した（矢吹 2020b）。

第4節　家族の場にこそ現れる信仰者としての本音——何のために信仰をもつのか

1880年代前半にアメリカで成立したキリスト教系新宗教（以下、新宗教X）に、青年期に日本で入信後に渡米し、新宗教Xの代々の信者であるアメリカ人夫と結婚して宗教コミュニティに暮らすことになったF

さんは、調査時点で30年目の結婚生活からの独立を模索していた。新宗教Xは独特の家族観をもち、正しい結婚による家族の絆は永遠に続き、死後の一番上の世界には家族単位でのみ入ることができるという家族重視の教えを説く。さらに、現世での食生活・断食・献金・聖餐式など日常生活面のさまざまな戒律を特徴とする。

Fさん夫婦においては、宗派の一致があり、死後の世界などの教義は共有されていたが、「何のために信仰をもつか」という人生における宗教の位置づけと宗教的文化実践の目的に違いがあった。Fさんは信仰を「自らの精神性向上のためのガイドライン」と位置づけ、「クリスチャンである限りはイエス様のような人になる」ことを目標として愛他性を磨き、精神性の向上と自己変革を目指した。他方、夫にとっての信仰とは、制度的な規律を守ることで死後に上の世界に行くという自己救済の手段であり、現世における精神性の向上や自己変革を目的とするものではなかった。すなわち、信仰を自ら選び取った信仰者一世であるFさんと、宗教コミュニティに育ち宗教が所与の文化であった代々信仰者の夫とでは、教会の教えの実践を通じて人格を向上させようとする意識と行動が異なり、それが夫婦関係を揺るがす夫婦間葛藤となっていた。さらに、伝統的な性役割観をもち母親の就業に否定的な教会の教えに従ったFさんは、自らのキャリアを積まなかったため、夫婦関係からの独立後の経済的基盤が弱体化した。このようなFさんのケースから、①日常生活面の戒律の厳しい宗教への入信、②閉じた宗教コミュニティへの参入、③海外移住を伴う国際結婚では、国際結婚ならではの要因と当該宗教に起因する要因、そして夫と妻それぞれの信仰者としてのあり方が絡み合い、①・②・③を行う側に何重もの乖離が強いられることがわかった。

以上の研究から浮かび上がってきたのは、家族というフィールドにおける宗教の以下の特徴である。第一に、「無宗教」を自認する日本人同士での結婚では顕在化しにくい文化実践としての「宗教」が、国際結婚では顕在化しやすい。第二に、「宗教」が結婚生活の場で可視化された場合、宗教は、「夫婦のコミュニケーション方略」や「子どもの学校選択」といった、他の家庭内文化実践に影響を与える一つ上の水準に位置し、個々の家庭内文化実践に込められる文化的意味の枠組みを形成する。第三に、家族というプライベートな人間関係の場にこそ、個人の宗教的文化実践の「本音の目的」――魂の成長を目指すものなのか、自己救済のためなのか――が可視化される。

第5節　国際結婚家族心理学研究において「宗教」を扱うことで生まれる可能性

成人期に個人が意識的に選択する、「本音」の親密な人間関係である結婚が紡ぎ出す夫婦関係の実相に迫るには、個人の生い立ちと心理的発達を、その背景となる原家族関係・友人関係、学校・地域社会、社会階層、社会制度、国、文化圏というミクロからマクロにわたる社会文化的要因と、政治制度・経済状況という政治経済的要因、そして時代という時間的要因を含めて検討しなければならない。

さらに、国際結婚家族は、生涯発達の過程で国境を越えて移動する場合が多い。居住するのが夫の国か妻の国か第三国か、定住するのか移動を繰り返すのかによっても、夫婦間のパワーバランスをはじめ、家族関係に関わる社会・文化・経済・政治的要因が異なる。さらに、国際結婚はグローバル化の進展に伴って大衆化した歴史が新しい家族形態であるため、実践者が参照できる指針・モデルが存在しない。

そのような新しい社会現象である国際結婚については、まず現場で何が起こり、当事者にとって何が問題となっているのか、そしてそれを個々の国際結婚実践者はどのように体験し、どのような文化的意味を与えて自らの人生に落とし込んでいるのかを、生涯発達の視点から、実践者側の目で描くことから始めることに意味がある。

荒川（2016）は、宗教の国際比較調査（ISSP Research Group 2012）を引き、40ヶ国中、「宗教に属する」と回答する日本人の割合の低さを指摘した。その背景として、宗教組織や宗教的である人々に対してネガティブな印象をもちがちであるという日本の社会的特徴があり、結果的に、人々のマクロレベルでの自己物語（サトウ 2009）の文脈に、組織的宗教が取り込まれにくくしていると荒川（2016）は述べている。

日本人同士で結婚して日本に住み続ける夫婦であれば、信仰者でない限り、日常生活において組織的宗教を語り、組織的宗教を意識した家庭内文化実践を行う機会は諸外国に比べてあまりないと考えられる。しかし、日本に比べて組織的宗教が政治・経済・社会・文化の前面に出ている国の出身者と結婚し、さらにその国に移住した場合には、家庭内文化実践から社会生活に至るまで、組織的宗教の存在を認識し、好むと好まざるとにかかわらずそれと対面せざるをえなくなる。たとえば、結婚にあたって、信仰をもたない日本人が信仰をもつ配偶者の宗派に入信するか、生まれた子どもに教会で洗礼を受けさせるかが、親族を巻き込んでの大きな問題になる場合がある（矢吹 2011）。また、結婚後の生涯発達の過程で起こる想定外の出来事（病気や失業など）について、信仰者である配偶者が宗教的な視点からの意味づけをする場合もある。さらに、結婚生活そのものについても、Fさん夫婦の例にあるように宗教的文化実践を行い精神性を向上させる場と考える配偶者と、そう考えない配偶者の間で葛藤となる場合もある。

このように宗教は、個人の文化実践の枠組みとなり、個人が属する社会階層・国・文化圏の精神的バックグラウンドとなる。さらに「因果応報」「輪廻転生」「正義とは」等の世界観に関わる個人の認知や、恥、罪悪感、愛着、幸福感といった感情にも関わる。

家族内に多文化が混じり合い、生涯発達を通じて国境を越えて移動を繰り返す、個々の国際結婚家族の宗教的文化実践を縦断的に追うことは、ミクロレベルの個人の信条やものの見方から、マクロレベルの社会階層・国・文化圏における宗教の機能を可視化させる。さらに、国家間移動という文化と文化がぶつかり合う領域で、夫婦という成人期の主体的で親密な人間関係の中での宗教との対面と、個人による文化化の過程を見ることができる。

文献

荒川歩（2016）「『信仰をもっていない』と答える人の信仰の世界」松島公望・川島大輔・西脇良（編著）（2016）『宗教を心理学する——データから見えてくる日本人の宗教性』（pp.163-178）誠信書房

東洋・柏木惠子・ヘス、R・D（1981）『母親の態度・行動と子どもの知的発達——日米比較研究』東京大学出版会

一條玲香（2018）『結婚移住女性のメンタルヘルス——異文化ストレスと適応過程の臨床心理学的研究』明石書店

ISSP Research Group (2012) International Social Survey Programme: Religion III-ISSP 2008 GESIS Data Archive, Cologne. ZA4950 Data file Version 2.2.0, doi.org/10.4232/1.11334

厚生労働省（2018）「人口動態調査／人口動態統計 確定数 婚姻上巻9-18 夫婦の国籍別に見た年次別婚姻件数・百分率」https://www.e-stat.go.jp/dbview?sid=0003411850（2022.8.30閲覧）

Mahoney, A. (2010) Religion on Families 1999 to 2009: A Relational Spirituality Framework. *Journal of Marriage and Family*, 72, 805-827

Rauer, A., Volling, B. (2015) The Role of Relational Spirituality in Happily-married Couples'Observed Problem-solving. *Psychology of Religion and Spirituality*, 7(3), 239-249

サトウタツヤ（2009）「ZOF（目的の領域）による未来展望・記号の発生と〈発生と三層モデル〉」サトウタツヤ（編著）『TEMではじめる質的研究——時間とプロセスを扱う研究をめざして』（pp.92-100）誠信書房

竹下修子（2004）『国際結婚の諸相』学文社

塚越悦子（2010）『国際結婚一年生』主婦の友社

恒吉僚子・ブーコック、S（1997）『育児の国際比較——子どもと社会と親たち』日本放送出版協会

宇都宮博・神谷哲司（編著）（2016）『夫と妻の生涯発達心理学——関係性の危機と成熟』福村出版

矢吹理恵（1997）「日米結婚における夫婦間の調整課題——性役割観を中心に」『発達研究』12, 37-50
矢吹理恵（2011）『国際結婚の家族心理学——日米夫婦の場合』風間書房
矢吹理恵（2012）「日米国際結婚夫婦における葛藤課題の調整過程——課題の認知の言語化をめぐる質的分析」『家族心理学研究』26(1), 54-68
矢吹理恵（2020a）「日米国際結婚夫婦の宗教的文化実践をめぐる夫婦間葛藤と夫婦関係の変容」『家族心理学研究』33(2), 99-114
矢吹理恵（2020b）「日米国際結婚夫婦の宗教的文化実践をめぐる夫婦間葛藤と妻の独立への模索」『語りの地平——ライフストーリー研究』5, 131-152

第12章　高齢者（老年期／老年学）と宗教心理学

大橋　明

高齢者（老年期／老年学）（以下、高齢者）と宗教心理学については、海外では非常に活発な研究が行われている。アメリカ心理学会によって出版されている雑誌*Psychology of Religion and Spirituality*では高齢者を対象とした研究が多く見られ、アメリカ老年学会が発行する*Journals of Gerontology*や*The Gerontologist*でも宗教に関わる論文がいくつも掲載されている。さらには*Journal of Religion, Spirituality & Aging*や*Journal of Religious Gerontology*など、この章のタイトルに合致するような雑誌も存在する。一方で、日本ではこのような様子はうかがわれない。そこで、海外の研究を取り入れつつも、日本の高齢者研究における「宗教が拓く可能性」について考えてみたい。

第1節　高齢者研究に関わるライフヒストリー

筆者は大学の卒業論文から高齢者を対象にした研究を行ってきた。理由は先輩が勤務する病院を見学した際に、併設された老人保健施設で女性高齢者が介護職員の入浴介助を受けていたところに遭遇したことにある。その高齢者が下半身を隠そうともせず無表情でなされるがままであったことに大きな衝撃を受けた。認知症（当時は痴呆）の知識もなかった筆者だったが、この高齢者は自分自身をどのように見ているのだろうとぼんやり考えるようになり、指導教官の助言を得て女性高齢者の自己像（自分に関するイメージ）を取り扱った。

大学院に進んだ後も、高齢者を対象に時間的展望（過去・現在・未来をどのように見ているのか）、希望（未来の状況に明るさがあるという感知に伴う快調をおびた感情）というものに関心を向けてきた。エリクソンら（Erikson, Erikson, & Kivnick 1986）が「絶え間ない痛みを引き起こす現在の局面」「不確かで恐ろしい未来の局面」などと述べているが、老いや喪失には暗さがつきまとうものと思い込み、高齢者がそれらの中で一筋の光を見出せるような研究ができれば、と考えたからである。

高齢者はささやかなことで未来への明るさを感じることができる。一方で配偶者や子どもの死をはじめ、自分や家族の病気、家族からひどい言葉を投げつけられることなどを通して、塗炭の苦しみや心の疼《うず》きを体験し、その対象や自分の思いについて断念する作業を行わなければならないことも多々ある。また、そもそも長い人生の中では深い苦悩をもたらす出来事を体験してきたとも考えられる。そこで、思いどおりにならないことに対してどのように折り合いをつけることができるのかに関心が向き、「あきらめ」という心の動きを扱うようになった。

その他、地域に居住する高齢者の抑うつ気分に影響する要因や、認知症高齢者と関わる介護施設職員が虐待など不適切なケアを行うことがないようにどのような工夫ができるかについて検討している。

このようにまとめてみると、きわめて傲慢な考えではあるが、高齢者の幸福ということにずっと思いを向けてきたように思われる。それは学問的な関心もさることながら、有形無形の援助を惜しみなく注いでくれた祖父母や両親が徐々に衰えていくさまを目の当たりにしてきたからだろう。そしてその根底には、僧侶であった父方祖父と10歳のときに死に別れた後、「老いと死」に対する恐怖に一年ほど苛まれ続けたことがあるのかもしれない。

第2節　高齢者を対象とした研究で宗教が取り入れられるようになった背景

宗教が比較的身近にあったという個人的な体験もあり宗教には興味を抱いていたものの、宗教をとりわけ強調して研究対象とする機会はなかった。しかし、高齢者にとって宗教が意味をもつ様子は自分の研究結果からもそれなりに認めることができた。

たとえば、希望をもたらす出来事を体験したとき、高齢者は神仏に感謝し、太陽や宇宙に手を合わせるという行動をとっていた。このような時間的展望の明るさや希望は趣味活動の有無や体調などさまざまな要因と関連しているが、その中で宗教や信仰に満足している者は未来を明るく感じる傾向にあることも認められた。また未来への明るさを感じえない、すなわち「希望がない」とする高齢者が、先祖や神仏に手を合わせることを通して、つながりを求めようとする姿も見出された。

加えて「あきらめ」という概念を取り扱った場合では、あきらめなければならない出来事を体験した折に毎日近くの神社にお願いに行っているという記述も見出された。さらには、法会に参加している地域高齢者は参加していない者よりも時間的展望がポジティブであったことも確認できた。

日々の生活の中では、母方祖父母が毎朝仏飯を供える姿や、近くに住む高齢者が神社で、あるいは地蔵を前に祈る姿を見てきた。このような研究や体験を通して、高齢者の心理を理解するうえで宗教は意味をもつと考えるようになった。

ただし、よくよく世界に目を向けてみると、冒頭でも述べたように高齢者と宗教とを組み合わせた研究は多い。高齢者の研究を網羅し改訂を重ねている*Handbook of the Psychology of Aging*（Birren & Schaie 2006）では、宗教に一章分が費やされたほどである（第7版以降は最新版の第9版〈2021〉に至るまで消えてしまっているが）。つまり高齢者心理学において、宗教は大きな役割を果たすものといえるだろう。

しかし、河野（2011）も指摘するように、日本において高齢者を対象とした宗教に関する心理学的な研究は盛んではない。いわゆる高齢者心理学の概論書にも、索引に「宗教」が掲載されていることはほとんどない。研究が少なかった理由としては、そもそも宗教心理学が青年期を対象にしていたこと（杉山・松島 2011）や、社会学の立場からの研究がほとんどであったこと（河野 2011）があげられている。

１９９０年以降は、金児（1997, 1998）による大がかりな宗教性研究の中で高齢者が取り上げられたのをはじめ、高齢宗教者や高齢信者を対象とした研究、スピリチュアリティという側面に着目した研究が少しずつ行われるようになった。とくに２０１０年前後に高齢者を対象とした研究が増加し始めたが、その背景として2点ほど指摘できる。

一つ目は、かねてより超高齢者に研究の関心が向けられてきたが、その中で宗教性に関連する内容が報告されるようになったことである。たとえば超高齢者が自らの精神的健康を維持する方略として、自分や社会、宇宙に関する価値観が変容する「老年的超越」が頻繁に取り上げられるようになった。増井他（2010）は老年的超越の特徴として、先人のおかげで今の自分があるという「ありがたさ・おかげの認識」や、神仏のような人智を超えた存在があるという「宗教的もしくはスピリチュアルな態度」が伴うことを指摘している。これは、仏神の加護や報恩感謝の念、すなわち「オカゲさま」という感覚が高齢者層で最も強かったとする金児（1998）の論とも合致するものである。この宗教性が高齢者理解の一端を担うものであると示されてきたことがあげられる。

また、宗教性に関わるとされる「スピリチュアル」ケアが、末期がん患者だけでなく認知症患者、要介護者、死別を経験した者などさまざまな高齢者を対象とするようになった（大橋 2019）ことも大きいかもしれない。つまり、高齢者が自分と折り合いをつけていくうえで宗教に関わる意識や行動が大きく影響しているという視点が広がったことも理由として考えられる。

二つ目は、人々が「宗教的なもの」に対して関心を向けるようになってきた（西 2009）ことである。一般人の宗教に対する関心は一時期停滞していたが、その後は仏教へ親しみを感じる者の割合が増加したこと、その理由として「かつてあった宗教アレルギーが薄らいできたこと」（西 2009, p.68）などが指摘されている。

社会の動きに目を向けると、２００９年に『週刊朝日』によって「終活」という言葉が用いられた特集が組まれ、とくに２０１５年以降になるとさまざまな研究誌、週刊誌、業界紙などが「終活」を扱うようになっている。この終活が宗教と直結するのはいうまでもない。また、最期の意思をどのように伝えるかに関心が向けられ、アドバンス・ディレクティブ（Advance Directive: AD）やアドバンス・ケア・プランニング（Advance Care Planning: ACP）について、厚生労働省を中心に議論・提言されるようになった。このＡＤに賛同する要因として向宗教性があげられている（松井・森山 2004）。加えて、２０１０年には「無縁社会」という言葉がＮＨＫスペシャルによって用いられ、独居や孤独死といった高齢者の生き方にまつわる問題が高齢社会白書にも掲載された。それに対して、高齢者など「人と人とをつなげる場」としての宗教施設の意義が述べられるようにもなってきている（例：櫻井 2016）。

このように、人生の最終段階における心身の健康やケアへの関心、「どのように生ききるか、どのように死を迎えるか」への関心が、学問としても社会的にも高まってきた。その中で宗教性やそれと隣接するスピリチュアリティの必要性が（再）認識されるようになってきたと考えられる。

第3節　高齢者研究に宗教が取り入れられたことによる新しい風

宗教、とくに宗教心理学を取り入れることで、高齢者研究に起きた風には2点あると考えられる。高齢者は老いや死、あるいは孤独死や看取りという場面、つまり先述したような「生ききる、死を迎える」という問題に対峙することになる。このことを踏まえ、一つ目としては健康や死への不安に大きな影響を与える要因として宗教があること、またその効果が「実証的」に示されたことがあげられる。

たとえばクラウスら（Krause, Pargament, & Ironson 2018）は、「宗教的な信仰は、将来がうまくいくだろうと思わせてくれる」といった宗教的希望（religious hope）が40歳台以降の者がもつ死への不安を低めること、とくに80歳台ではそれが顕著であることを明らかにしている。つまり、日本では経験や実践を通して「宗教も役に立っているよね」と感じているにすぎないことを、クラウスらはデータを通して明らかにしようとしている。日本ではこのような研究をまだあまり見ることはない。

なお、冒頭に記した*Psychology of Region and Spirituality*の掲載論文をPsycNetで検索したところ、２０１１年から２０２１年に掲載された（掲載予定を含む）５０６論文のうち、65歳以上の高齢者を対象に含んだ研究は25％超の１３３件を占める（２０２２年８月26日閲覧）。それだけ高齢者を対象とした実証的な研究が行われているのであり、高齢者を対象としても宗教はアプローチしやすい領域といえる。

一方で、日本の看護諸学会をはじめ死の臨床やサイコオンコロジー関連の学会では、宗教性・スピリチュアリティを通した高齢者のケアの実践（症例）報告が多くなされている。またＡＤやＡＣＰにおける選択や対応には宗教や信仰が大きく関係しているといった実証的研究は、とくに海外で活発に行われている。これらのことからも、二つ目として、高齢者に対する理解や支援が宗教という「材料」を使って行うことができるということがあげられよう。

高齢者を対象とした具体的な心理的ケアとして、従来では回想法や音楽療法、リアリティ・オリエンテーションなどが採用されていたが、近年ではマインドフルネスという心理療法も導入されつつある。心理療法としての臨床マインドフルネスは、宗教を基盤とするピュアマインドフルネスとは似て非なるものという指摘（大谷 2016）もあるが、ピュアマインドフルネスになじみのある日本人高齢者の場合は、臨床マインドフルネスを受け入れやすいともいわれる（黒川 2018）。この両者の相違に十分な留意が必要だが、宗教の取り組みが、姿形を変えつつ高齢者の理解やケアの実践につながっているともいえる。

第４節　宗教心理学を取り入れることによる「これから」

特定の宗教を信仰していないとする日本人や高齢者は多い。しかし、日常性に溶け込んだ宗教的な行動というものは、さまざまなかたちで日々行われている。小林（2019）は、日本人の信仰心が薄くなっていることを指摘しつつも、１９９８年、２００８年、２０１８年の調査結果を整理したところ、仏壇を毎日拝むという人の割合がどの年の調査でも高齢になればなるほど大きいこと、またたとえば１９９８年に30代だった世代が40代（２００８年調査）、50代（２０１８年調査）と上がるにつれてその割合が大きくなっていることも報告している。このことについて小林は、仏壇を拝むことには神仏に祈ることと異なる要素があることを示唆しているが、高齢者の生活には宗教性が底流しているといえるだろう。

三木（2015）は「被災地における私的宗教性」「非宗教団体的な宗教」を扱い、一般生活者を主体とし、その日常性に溶け込んだ民俗宗教という視点を提案した。これは一神教という視点だけではなく、祭りや灯りなど行事を通じてその地に根差した大きな宗教がさまざまにあるという考え方である。これは特定の宗教をもたなくなりつつある日本人や高齢者においてはアプローチしやすい領域であると思われる。

このような論からも、「どのような宗教を信じているか」や「信仰する宗教があるか、ないか」ではなく、祈る、赦す、瞑想をするといったような日々行われる宗教的な行動がどのような意味をもつのかを実証的に検討していくことが、高齢者を対象とした宗教心理学における今後の研究課題としてあげることができよう。ロネンバーグら（Ronnenberg et al. 2016）は、２年にわたる追跡調査を行い、第一調査時に抑うつ状態にあった高齢者で、一人での祈り（private prayer）を行っていた者は2年後に抑うつから回復していたことを示した。また、抑うつ状態でなかった高齢者で礼拝への参加が高頻度であった者は2年後も抑うつになっていなかった。加えて、特定の宗教の信者であることはほとんど関係がなかったという。ある心の反映としての「祈り」という行動には意味があるということについて、この研究は説得力のある根拠を与えてくれている。

人間の営みの根本である宗教、それも「ある特定の宗教」の心理的特徴を扱うということも重要である。しかし、むしろ「宗教に関わる、ある行為（意識から行動まで）」がどのような意味をもつのかを、特別なものではなく日々の近しい体験に焦点を当てて実証的に検討していくことで、日本人高齢者を対象とした場合の心理学の世界がいっそう広がるのではないだろうか。

一方で、次のような問題も扱いたいところである。たとえば、どのように「祈る」ことでどのような心理的状態がもたらされるのだろうか。「赦す」というメカニズムはどのようなもので、そのプロセスの中、高齢者にどのような心理的変化が生じるのだろうか。神仏によって「赦される」こともあれば、自分が他者を「赦す」こともあるだろう。後者のように高齢者が「赦す」という作業を行うということは、ある対象をそれまで赦せていなかったことを意味するが、赦せない、すなわち対象への怒りや憎しみなどをもち続けていたからこそ生きることができたということでもある。赦すことはその生きる「支え」を失うことになるのかもしれない。その場合は「赦す」はどのような意味をもち、周囲はどのような支援をすべきなのだろうか。

このような内容にも手を伸ばしていくことが求められるが、この場合は実践を重ね、新たな知見を集約していき、実証的に捉えていくことが必要となる。このきわめてドライな視点と、きわめて生々しい視点の両方が組み合わさるところに、宗教心理学のよさがあるのではないだろうか。

宗教という曖昧模糊とした概念を取り入れることは、客観的な指標を採用する心理学においては容易ではないかもしれない。しかし、宗教はこれまでこの困難な課題を心理学に与え、そして心理学は克服しようとしている。リーヒー（Leahey 1980）は、捉えることが困難な対象を客観的に捉え、混沌の中から公共的な信頼性のある秩序を見つけ出そうとする努力が科学であるとする。この言に従うと、高齢者＋宗教は、絶望も与えるかもしれないが大変魅力的な風を起こしてくれるように思う。

文献

Birren, J. E., Schaie, K. W. (Eds.) (2006) *Handbook of the Psychology of Aging* (6th ed.). Elsevier Academic Press.

Erikson, E. H., Erikson, J. M., Kivnick, H. Q. (1986) *Vital Involvement in Old Age*. W. W. Norton & Company.

金児曉嗣（1997）『日本人の宗教性――オカゲとタタリの社会心理学』新曜社

金児曉嗣（1998）「宗教と心理的充足感」濱口惠俊（編著）『世界の中の日本型システム』（pp.301-329）新曜社

小林利行（2019）「日本人の宗教的意識や行動はどう変わったか――ＩＳＳＰ国際比較調査『宗教』・日本の結果から」『放送研究と調査』69(4), 52-72

河野由美（2011）「中高年と宗教」金児曉嗣（監修）『宗教心理学概論』（pp.123-138）ナカニシヤ出版

Krause, N., Pargament, K. I., Ironson, G. (2018) In the Shadow of Death: Religious Hope as a Moderator of the Effects of Age on Death Anxiety. *Journals of Gerontology, Series B: Psychological Sciences and Social Sciences*, 73, 696-703

黒川由紀子（2018）「高齢者の心理療法とマインドフルネス」黒川由紀子・フォーク阿部まり子（編著）『高齢者のマインドフルネス認知療法――うつ、緩和ケア、介護者のストレス低減など』（pp.162-172）誠信書房

Leahey, T. H. (1980) *A History of Psychology: Main Currents in Psychological Thought*. Prentice-Hall.

増井幸恵・権藤恭之・河合千恵子・呉田陽一・髙山緑・中川威…藺牟田洋美（2010）「心理的well-beingが高い虚弱超高齢者における老年的超越の特徴――新しく開発した日本版老年的超越質問紙を用いて」『老年社会科学』32, 33-47

松井美帆・森山美知子（2004）「高齢者のアドバンス・ディレクティブへの賛同と関連要因」『病院管理』41, 137-145

三木英（2015）『宗教と震災――阪神・淡路、東日本のそれから』森話社

西久美子（2009）「〝宗教的なもの〟にひかれる日本人――ＩＳＳＰ国際比較調査（宗教）から」『放送研究と調査』59(5), 66-81
大橋明（2019）「日本人高齢者を対象とした宗教性およびスピリチュアリティ研究」『老年社会科学』41, 67-76
大谷彰（2016）「アメリカにおけるマインドフルネスの現状とその実践」『精神療法』42, 491-498
Ronnenberg, C. R., Miller, E. A., Dugan, E., Porell, F. (2016) The Protective Effects of Religiosity on Depression: A 2-year Prospective Study. *The Gerontologist*, 56, 421-431
櫻井義秀（2016）「過疎と寺院――真宗大谷派」櫻井義秀・川又俊則（編）『人口減少社会と寺院――ソーシャル・キャピタルの視座から』（pp.69-93）法藏館
杉山幸子・松島公望（2011）「宗教心理学の歴史」金児曉嗣（監修）『宗教心理学概論』（pp.27-57）ナカニシヤ出版

第13章　介護・ターミナルケアと宗教心理学

河村　諒

第1節　宗教に着目したきっかけ

筆者はもともと高齢期における日常生活や死に臨む場面のよりよいあり方に焦点を当て、高齢者の社会活動について研究を行っていた。その中で縁があり、アンドウら（Ando et al. 2010）の緩和ケア病棟における宗教的ケアに関する共同研究に携わった。この研究は、宗教的背景をもつ緩和ケア病棟とそうでない緩和ケア病棟の患者の遺族を対象に質問紙調査を行い、宗教的ケアが終末期がん患者にとって有用であるかについて遺族の視点からの評価を明らかにするとともに、望ましい宗教的ケアのあり方を検討するものであった。その結果、半数以上の遺族が実際に受けた宗教的ケアを有用（「とても役に立った」または「役に立った」と回答）であると評価していることや、宗教的ケアを受けなかった患者の遺族においても「宗教的行事がある」「牧師・僧侶・チャプレンなどの宗教家が訪問する」「病院に宗教的な雰囲気がある」といった宗教的ケアは有用であるとの評価が多かったことが示された。

この研究において終末期がん患者における宗教の有意義さが示唆された。このことにより、筆者は死が身近になってくる高齢者においても宗教の役割は大きいのではないかと考えるようになった。

第2節　宗教を取り入れて何を見ようとしたか

高齢期は配偶者や家族、友人との死別といったライフイベントが多くなる（下仲他 1996）。高齢期におけるよりよいあり方を考えるうえでは、死別体験にどのように向き合うか、適応していくかについて検討することが必要であるといえる。

また、２０１６年の介護付き有料老人ホームの利用者の平均入居期間は１１６４日、住宅型有料老人ホームは７１３日、サービス付き高齢者向け住宅は５３８日であり（野村総合研究所 2017）、高齢者施設で生活を送る期間は長いことがうかがわれる。一方で、２００６年の介護保険制度の改定による重度化対応加算および看取り介護加算、２００９年の介護報酬の改定によるターミナルケア加算の追加など、高齢者施設での看取り体制の拡充が進められている。実際、全人口の死亡場所は２００５年から２０２０年にかけて、介護医療院・介護老人保健施設は全体の０・７％から３・３％、老人ホームは２・１％から９・２％に増加している（厚生労働省 2022）。高齢者施設は終末期の生活の場というだけではなく、介護を受けながらの日常生活の場としての部分も多大にあるといえる。高齢者施設の利用者のもつ苦悩の特徴として、死に直面した問題のほかに、加齢に伴う身体的機能や認知機能の喪失、慣れ親しんだ生活環境の喪失、家族から見放されたという感情、常時介護による人間の価値・人生の意味への問いといった実存的な問題が指摘されている（東野・西山 2012; 大町 2005; 大和田 2015; 岡本 2006）。このような苦悩に対してどのように向き合うか、取り組むかを検討することも必要といえる。

これらの問題は高齢期における生と死に関連するものであり、先の共同研究の視座を踏まえ、宗教の役割があるのではないかと考えた。そこで、①高齢者の死別に伴う影響に関しての宗教の役割、②高齢者施設の利用者に対する宗教の役割について、具体的に宗教の何がどのように役立ち、影響したかについて検討することを目的に調査を行った。

第3節　宗教を取り入れて示したもの

1．死別に伴う宗教の意義

高齢者の死別に伴う影響に関しての宗教の役割について、近親者と死別した高齢者遺族を対象としたインタビュー調査を行った（河村・中里 2016）。この調査では、近親者との死別の悲嘆に影響を与える死生観や死別に伴う生き方および死生観の変化について、A県B寺の門徒家族に調査依頼を行い、同意が得られた高齢者5名（男性3名、女性2名、平均年齢70・0±6・4歳、死別した人との間柄は配偶者2名、親3名）に半構造化面接を行った。

調査の結果、悲嘆に影響を与える死生観はいくつか示された。その中でも、「死後の世界」「お墓」「仏壇」「成仏」等、悲嘆に対してポジティブな影響を与えた死生観とネガティブな影響を与えた死生観の両方において、宗教と関連すると思われる内容の発言がうかがわれた。また、死別に伴う宗教への関わり方の変化に関しても、「配偶者の死に対する悲嘆を消化できない苦しみ」をもっていたが「悲嘆を受け入れてくれる救いの存在として寺院」を認識し、「宗教の教えや仏にすがるようになった」や、「死別後に墓参りや参拝といった宗教行事を行う」ことを通して「宗教家への相談が心の安らぎになる」と思うようになったといった発言内容がうかがわれた（表1）。

この調査結果から、高齢者の死別に際して、悲嘆に影響を与える死生観や生き方の変化において宗教の影響は大きいことが示唆された。高齢者遺族へのサポートとして、死別の悲嘆によい影響を与える死生観に適

表1　死別の悲嘆に影響を与えた死生観および死別に伴う宗教への関わりの変化に関連する発言内容（河村・中里 2016より作成）

死別の悲嘆に影響を与えた死生観に関連する発言内容	
ポジティブな影響を与えた死生観に関連する発言内容	
発言内容①	「**母親、先いって、いずれ私もいくっていうんかな**。そういうもんとして捉えられるっていうんかな。……それでなぐさめられるというのか」
発言内容②	「千の風になっていうかな、あれには救われるわ。……**お墓の中にいるわけじゃないっていうかな**。……母親亡くなって、**お仏壇入れたらね**、……何か、もうそこに、**母親もみんなそろってるっていうんかな**」
発言内容③	「家内が、私は見ておるからがんばってやってきなさいよ、と。……**あちらに帰ってそういうふうにして、現世、こちらのほうを見守ってる**のも一つの方法やな、ていう、今思えば、考えはしてます」
ネガティブな影響を与えた死生観に関連する発言内容	
発言内容④	「亡くなった人は生き返らないんやで、やっぱり**あんたが元気におらな亡くなった人が成仏できんよ**とかそういう言葉を聞く。そうしたときにね、それは理屈なんよね、私から言わせれば。亡くしてみやなわからんことだと。つらいっていうことはね」
死別に伴う宗教への関わりの変化	
変化①	配偶者の死に対する悲嘆を消化できない苦しみ 「主人が亡くなったことで主人に対する不安はなくなったけども、逆に自分を責めるようになった。……ほれで苦しみますね」 ↓ 悲嘆を受け入れてくれる救いの存在としてのお寺 「何にも私はお寺のことは知らない。でもつらいときはお坊さんにこういろいろうかがいたいなあとか、ちらちら思ったことありますね」 ↓ 宗教的言動（宗教的教えや仏にすがる）への親和性 「むしろ何か宗教の教えがほしいと思います。……安らぎを求めてくんでしょうね、最終的に。そういうときに、お坊さんをぱっと思い出します。……私は無神論者やけども、やっぱり最後は仏さんか何かにすがりたいなと」
変化②	死別後、宗教的行事（仏を拝む、墓参りをする）を行う 「墓を参りに行ったわ、2、3回。そういう気持ちが1ヶ月、落ち込んだときに。やっぱり親父やおじいさんやおばあさんが亡くなって、今の仏さんあるで」 ↓ 宗教家への相談が心の安らぎになる（宗教家の役割の肯定） 「昔のお坊さんとか、歩いて相談を聞いてあげたわけやな。別に解決はせえへんのやけど、気持ち的に安らぐでな。そういう安らぎを与えるのは宗教家の一つの考え方、やり方かな」

※発言内容中の「……」は中略を意味する。また、「死生観に関連する発言内容」の中でとくに宗教に関連すると思われる箇所は太字にした。

う宗教の話を教示することや、遺族の心情に寄り添う宗教家の関わり方を検討していくことで、高齢者のよりよい生活を支える宗教の役割が展開されていくと期待される。

2．高齢者施設における宗教の意義

高齢者施設に関する調査研究において、高齢者施設の介護職員を対象に質問紙調査およびインタビュー調査を行った（河村・中里 2020）。この調査では、宗教法人（浄土真宗）が経営母体である高齢者施設5ヶ所の介護職員9名と宗教法人が経営母体ではない高齢者施設2ヶ所の介護職員3名の合計12名を対象に半構造化面接を行った。質問内容は高齢者施設における「具体的な宗教的な関わりの内容」「宗教的な関わりの実践に伴う工夫点・配慮点」「宗教的な関わりの実践に伴う問題点・課題点」「宗教的な関わりを通しての利用者および介護職員の様子や変化」「宗教的な関わりの実践に関する考え」であった。

調査の結果、宗教的な関わりの具体的内容について、宗教法人が経営母体の施設では「初詣、お盆、お彼岸といった一般的な宗教行事」「広間に仏壇を設置（自由にお参り可能）」「定期的なお参り、法話会」「永代経、報恩講といった特定宗教の宗教行事」「葬儀」が行われており、宗教法人が経営母体ではない施設では「初詣、お盆、お彼岸といった一般的な宗教行事」「部屋に個人的に小さな仏壇を持ち込むことの許可」が行われていた。

面接での発言内容から、介護職員の視点から捉えた、利用者、介護職員、利用者家族それぞれに宗教的な関わりにはどのような要素があり、それらがどのような影響を与えているかについて整理した（表2）。

利用者面では、①宗教的な関わりがもつ「非日常性」や「宗教性」といった要素が気分転換や心の拠り所をもたらすこと、②宗教的な関わりによってなされる「故人（家族・友人）の想起」「故人（利用者）の想起」や「死後の対応を見せる場」としての役割が故人とのつながり、故人の死を受容、死後の処置を見ての安心

表２　宗教的な関わりの要素と影響（河村・中里 2020 より作成）

宗教的関わりの要素		発言内容	影響
利用者に対する要素と影響	⑴非日常性	（利用者は）あまり外に出る機会もないので、久々に外に出て楽しい……	＊気分転換
	⑵宗教性	とくに利用者の方でも（宗教を）重んじてる方とかもおられるんで、……	＊心の拠り所
	⑶故人（家族・友人）の想起	礼拝堂で拝まれているときはもう、本当に、真剣にされてますけど。まあ、そのときに、亡くなられた家族であったりとか、旦那さんであったりとか、そういう方のこと話されて。思い出されてとか。	＊故人とのつながり
	⑷故人（利用者）の想起	お通夜に参列いただくことで、……そういった人の死に対してそういう場合に場に参加されて、やっぱ悲しまれて涙流されてっていうのも姿を拝見したりするんで……	＊故人の死の受容
	⑸死後の対応を見せる場	みなさん手を合わされて、すごく穏やかな気持ちにもなったりもされます。実際、自分もそういうふうに終末期を迎えるような感じで……	＊死後の処置を見て安心感
	⑹利用者の宗教観を介護職員が受容	職員と利用者さんではなくて、自分のその思想といいますか、宗教的な考え方に同意してくれる人物っていうような感じの見方に変わってきて、……信頼を得たのかなっていうふうに感じるところはありますね。	＊自己受容 ＊介護職員への信頼
	⑺生活習慣としての宗教行動	ここに来られる前にもご自宅とかで近くのお寺に行って手を合わせてきたっていう方もけっこういてはるので、その方にとってはやっぱり貴重な時間というか……	＊その人らしさの継続
	⑻利用者同士の交流	利用者さん同士でもいろんな話はされてるんで、宗教行事はあったほうがいいんかなとは考えたりはします。	＊関係性の強化
職員に対する要素と影響	⑼宗教の意識化	こういう職に就いて利用者さんと接すると、やっぱりそういうの（宗教行事や法要）ってすごく大事にされてる方が多いんで。……大事なものっていう見方は私も変わった気がします。	＊職員自身の内面への影響 ＊自身の宗教観の意識
	⑽利用者にとっての宗教の大切さを感じる	お年召されてる方は宗教に対してすごい本当、生活の一部のようなぐらい大切に思われてる方ってのが多いなっていうのは気づかされて。	＊利用者への肯定期感情
利用者家族に対する要素と影響	⑾家族が利用者を見送る行為の具現化	ご家族さんの精神的なケアも考えながら、お亡くなりになるその前後を振り返ることができるいい機会を（宗教的な関わりは）与えていただいてるなって思ってやっております。	＊職員との死亡前後の関わりの出来事の共有

※発言内容中の「……」は中略・後略を意味する。

感をもたらすこと、③宗教的な関わりによる「利用者の宗教観を介護職員が受容」が自己受容や介護職員への信頼を、「生活習慣としての宗教行動」がその人らしさの継続を、「利用者同士の交流」が関係性の強化をもたらすことがそれぞれ示唆された。

介護職員面では、介護職員が宗教的な関わりを通して①「宗教の意識化」をすることで、介護職員自身の内面や宗教観に影響を及ぼすことが、②「利用者にとっての宗教の大切さを感じる」ことで利用者への肯定期感情をもたらすことが示唆された。

利用者家族面では、宗教的な関わりが「家族が利用者を見送る行為の具現化」の要素をもち、職員との死亡前後の関わりの出来事の共有となることが示唆された。

以上のような高齢者施設における宗教的な関わりの臨床的意義が示された一方で、宗教的な関わりの実践に関する課題もうかがわれた。利用者面での課題として、利用者のもつ障害の種類や施設の設備環境によっては実践や参加に限界があることや、認知症の利用者では宗教に対する意思表示が難しいことがあげられた。介護職員面での課題として、宗教観があまり養われていないことや、宗教的な関わりの意義を理解しておらず実践に対して非積極的な介護職員が多いこと、利用者が信仰するすべての宗教に対応することは現実的に困難であるということがあげられた。

3. 宗教を扱ううえでの困難さ

以上のように、高齢期における死別体験や高齢者施設における宗教の意義や影響について示した。しかし、調査研究を行ううえで宗教を扱うことに伴う困難もあった。

一つは言葉や定義の問題である。とくに介護の現場では「スピリチュアルケア」や「スピリチュアリティ」という言葉だと抵抗感がないが、「宗教」となると抵抗感が強まる様子がうかがわれた。調査協力依頼の際やインタビューの際に、宗教法人が経営母体ではない高齢者施設における宗教的な関わりの実践について尋ねても、当施設では行っていないという返答であった。しかし、詳しく話を聞いたり、特定の宗教ではなくスピリチュアルケアとしてはどうかと尋ねたりすると、表2のような実践内容に関する発言内容が得られた。一方で、宗教法人が経営母体である施設でも、インタビューの最初ではとくに宗教的なことは行っておらず、できるだけ宗教色が出ないようにしているとしながらも、話を進めていくと定期的な法話会があるといった発言もあった。これらから、高齢者施設における宗教の扱いの禁忌的様子や、宗教的な関わりを実践していても「スピリチュアルケア」と表現するほうが抵抗感が薄れる様子がうかがわれた。スピリチュアルケアの定義に関してもさまざまにいわれているが、筆者は宗教的な関わりを「宗教行動、宗教行事への参加、宗教家との交流およびこれらの実践の場としての物理的環境があること。ただし、提供者および実施者が特定の宗教への信仰や信心をもっているとは限らない」と操作的にスピリチュアルケアの概念に寄せた定義を行った。

もう一つは結果の一般性の問題である。死別に伴う宗教の意義に関する調査では、事前にどのようなことを尋ねるかの概要を説明したうえでインタビューの調査協力が得られた寺院の門徒を対象としていた。そのため、協力が得られた対象者は宗教（仏教）を身近に感じている、好意的に捉えている度合いが強い可能性が考えられる。したがって、宗教に関連する発言内容を一般化することには限界があるといえる。しかし、宗教を扱うことの禁忌的様子は高齢者施設だけでなく一般社会でもうかがわれるため、宗教を扱う調査に関する協力を得ることは困難と考えられる。今後、宗教と関連する死生観や生き方、発言内容が示されたときに、一般化を視野に入れどのように分析・解釈を行うかが課題といえる。

第4節　宗教を取り入れた先の可能性

宗教を扱う調査は禁忌的な傾向もあり、実施や一般化には困難さが伴う。しかし、本調査研究から、高齢期における死別場面や高齢者施設における日常場面、終末期場面における宗教の一定の有意義さについて示すことができた。これにより、高齢期における死別の悲嘆に寄り添い支援するあり方や、高齢者施設におけるよりよいケア、利用者の過ごし方等を探求することの意義を示すことができたと考えられる。

今後、心理学の視点から宗教を扱い、高齢期のよりよいあり方についてさらに探求していくことで、地域、高齢者施設、医療現場におけるケアや支援の臨床的実践につなげることが重要である。たとえば、地域で行われる世代を問わず参加しやすい宗教行事（法要、神事、礼拝等）は人々との交流の場になり、同様の悩みをもつ人々と思いを共有する場にもなりうる。また、日々の読経、参拝、礼拝が習慣や心の拠り所となっている人にとっては、そのような行動やそれを行う場があることは心理的あるいはスピリチュアルな支えになるといえる。宗教的な関わりとしてこのような機会や場の提供がなされることが、心身機能の衰えや周囲との離別・死別、社会的孤独等により苦痛を抱いている高齢者施設の利用者の、心理的あるいはスピリチュアルな側面の苦痛の緩和といったケアや支援につながる可能性があると考えられる。宗教的な関わりはどのような内容や方法なら実践可能か、実践することで利用者にどのような効果や影響があるのかについて多数の施設、病院を対象に調査を行い、その実践性について探求したいと考えている。

これらを通して、よりよい高齢期やこれからの社会のあり方について考え、実践していくことが期待される。

文献

Ando, M., Kawamura, R., Morita, T., Hirai K., Miyashita, M., Okamoto, T., Shima, Y. (2010) Value of Religious Care for Relief of

Psycho-existential Suffering in Japanese Terminally Ill Cancer Patients: The Perspective of Bereaved Family Members. *Psycho-Oncology*, 19, 750-755
東野妙子・西山悦子（2012）「認知症高齢者のスピリチュアルペインと癒しについての考察――カトリック信徒とその家族とのスピリチュアルな関わりを通して」『聖母大学紀要』 9, 33-38
河村諒・中里和弘（2016）「近親者と死別した高齢者の悲嘆に関連する死生観についての検討」『ホスピスケアと在宅ケア』 24, 24-37
河村諒・中里和弘（2020）「高齢者施設における宗教的な関わりの臨床的意義と課題――特別養護老人ホームの介護職員への調査を通して」*Palliative Care Research*, 15, 175-183
厚生労働省（2022）「厚生統計要覧（令和３年度）」https://www.mhlw.go.jp/toukei/youran/index-kousei.html（2022.8.9閲覧）
野村総合研究所（2017）「平成28年度老人保健事業推進費等補助金（老人保健健康増進等事業分）高齢者向け住まい及び住まい事業者の運営実態に関する調査研究報告書」https://www.mhlw.go.jp/file/06-Seisakujouhou-12300000-Roukenkyoku/71_nomura.pdf（2020.12.15閲覧）
大町いづみ（2005）「在宅と施設入所高齢者のスピリチュアリティに関する要因分析」『長崎女子短期大学紀要』 30, 25-42
大和田猛（2015）「認知症高齢者とスピリチュアルケア――ある認知症高齢者の生活参与観察を通して」『弘前医療福祉大学短期大学部紀要』 3, 9-25
岡本宣雄（2006）「要介護高齢者におけるスピリチュアルニーズに関する研究――特別養護老人ホーム入居者の意味探求ニーズ」『先端社会研究』 4, 71-100
下仲順子・中里克治・河合千恵子・佐藤眞一・石原治・権藤恭之（1996）「中高年期に体験するストレスフル・ライフイベントと精神的健康」『老年精神医学雑誌』 7, 1221-1230

第14章　災害と宗教心理学

大村哲夫

第1節　私の研究史

1．研究前史

私は現在、東北大学大学院文学研究科で臨床心理学と宗教学をベースとした死生学やグリーフケアを講じるとともに、指定国立大学災害科学世界トップレベル研究拠点災害人文学研究領域に所属している。しかしながら最初からこのような方向性をもって研究を続けてきたわけではない。どうしてここにたどり着いたのか、簡単に振り返ってみたいと思う。

そもそも私は自然科学の研究者になりたいと思っていた。小学生のころは、『化学のめがね』（友田宜孝）、『茶わんの湯』（寺田寅彦）、『蠟燭の科学』（ファラデー）や『微生物を追う人びと』（クライフ）、ガモフ全集などの科学読み物を愛読し、ファーブルやシートン、牧野富太郎にあこがれる、そんな少年だった。しかし一方、『万葉集』や『今昔物語集』、『南総里見八犬伝』、ポーやルブラン、漱石を好み、中学生になるとジイドやヘッセに始まりドイル、ディケンズ、ドフトエフスキーや魯迅、露伴、鷗外、大拙などをひもとく文学少年でもあった。つまり私は寺田寅彦のようになりたかったのである。高校時代は、昼食代の300円を手に神保町で岩波文庫の赤帯を買う日々を過ごした。毎日、古書街を徘徊していたため、どの店に何の本がいくらで出ているかも熟知していた。神保町はまさしく私の書庫であった。

私は東京の世俗的な家庭に育ち核家族でもあったため、宗教との接点は多くなかったが、目白という土地柄もあり、浅草寺や鬼子母神と同様キリスト教にも親しみを感じていた。科学的合理主義を信奉していた当時の私の関心は、「なぜ人は宗教を求めるのか」という問いであった。理性も知性もあるはずの科学者や文学者が、宗教的問題に煩悶する姿が理解できず心に引っかかっていたのである。「なぜ……」の中には、「なぜ（個人は）信仰するのか？」と「なぜ社会は宗教を必要とするのか？」という二つの疑問が内包されていた。

さて、文理の間で迷いつつ最初に進学した大学では、陸水生態学を専攻した。卒業研究では、自然林を集水域とした河川と耕地など人工の集水域をもつ河川との比較調査を行った。３６５日、両河川の採水を行い、定量・定性分析を行った。その結果、台風時など降水量が著しく増加したときは、自然の集水域をもつ河川のほうが窒素や燐などの栄養物質流失が多くなることなどを明らかにすることができた。当時の「常識」では、自然環境が豊かな集水域をもつ河川は、栄養物質が乏しく混濁せず「きれいな」水が常に流れており、流量変化も人工河川に比べて穏やかであると考えられていたが、結果はこれに反していたのである。トルストイ的理想主義者であった私は、現実的視点も必要であることを教えられた。これらの調査で学んだ、常識を疑うことと、データを積み重ねて証明する実証的研究の基本は、ナラティヴを重視する文系研究者となった今でも私の研究姿勢となっている。

卒後一時、私は高校で生物や地学・化学などを教えたが、教育相談・生徒指導で困難を感じた経験から臨床心理学に関心をもつようになり、大学院に入学した。臨床心理学の瀧口俊子先生、沖縄ユタの研究などで知られる社会心理学の大橋英寿先生らの指導を受け、禅修行の参与観察を通して文化人類学と臨床心理学の両面から分析を行い、修士論文「臨床心理学的視点から見た禅の修行」をまとめた。これを契機として、宗教を対象とした研究に関心が強まり、本格的に宗教学を学ぶことになった。宗教社会学、民俗学の鈴木岩弓先生らの指導を受け、祈りのシステムとしての「仏・祈願者・宗教者」間の三者関係、終末期患者が「死者（ホトケ）のヴィジョン」を見るという現象（いわゆる「お迎え」現象）、悟りを得てブッダ（ホトケ）となることとその宗教経験の継承など、さまざまな救済システムとしての「ホトケ」を分析した博士論文「ホトケの救済に関する宗教心理学的研究」によって学位を取得した。また博士課程後期より臨床心理士として緩和ケアの医療現場を経験するようになった。

2. 東日本大震災と私

そうした中、東日本大震災（2011年3月11日）が発生した。当時私は、東北大学に所属しながら、在宅緩和医療の臨床心理士として働いており、発災時は患者宅にいた。経験したことがない強い衝撃によって激しく揺さぶられ、机上の物が真横に飛び、台所にいた患者の妻が患者を守って覆いかぶさるなどが一瞬のうちに目に映った。それは揺れという生やさしいものではなく、たたきつけられるような経験であった。地鳴りを初めて聞いたのもこのときである。やがて雪が静かに降りだし、電気も情報も途絶した中、日が沈もうとしていた。私は患者とその家族とともに、寒さの中、余震が収まるのを待っていた。携帯による情報では、津波が襲い多くの遺体が浮かんでいること、石油タンクが燃えていることなどの惨状が断片的に伝えられてきた。しかし私は感情が鈍麻し、恐怖も不安も感じることなく、むしろ静かな諦観を感じていた。あとでわかったことだが、このとき、心のケアに関心を寄せていた同僚の看護師が、患者を助けて自らは津波の犠牲となっていた。

この震災によって大学が罹災したため研究拠点の使用が困難となり、生活の柱だった病院の仕事も失い、当時住んでいた大学の宿舎が取り壊され応急仮設住宅へ入居するなど、生活上の激変を余儀なくされた。しかし、自分のことを被災者と認識することはなかった。被災地でいう「被災者」とは、津波で家が流され家族を失った人たちのことを指すという暗黙の了解があったと思う。私は火葬場での相談、支援物資の配布や傾聴喫茶「お茶っこサロン」のスタッフ等のボランティア活動を行いつつ、全国から被災地に研究者が蝟集し、被災者を研究対象とすることへの強い違和感を抱いていた。

実は私は、阪神・淡路大震災（1995年1月17日）では、神戸市長田区へ災害派遣された経験をもっている。あたり一面、焼野原となった商店街は、写真で見た東京大空襲の惨状を思わせられ、崩れ落ち、転倒したコンクリート建築に衝撃を受けつつ、避難所となっていた長田高校で避難所（体育館）運営の手伝いをしていた。主たる作業は、使えなくなった水洗トイレの排水と、弁当、水の配布であった。作業の合間に避難所で暮らす高校生らから頼まれ勉強を教えるなどもした。そこで得た経験は、初期支援は食・住など命に関わることに限り、心のケアなどは安全が確保できてからということ、被災者と支援者は基本的に対等の立場でなければならないことなどであった。このことは東日本大震災でもあらためて痛感させられた。

さて、東北大学大学院文学研究科では、震災前より地域の医療機関と毎月死生学の研究会をもっていた。それぞれの関心あるテーマを持ち寄り、参加者で議論するのである。ここに集まったメンバーを通し、宮城県宗教法人連絡会（宮城県内の伝統宗教・新宗教の法人が一堂に会する組織）へもつながり、研究者・医療者・宗教者という三者が学び合う体制が確立されていた。私自身も、東北大学の研究者であると同時に、緩和ケアの医療者として参加し、また宮城県宗教法人連絡会へも基調講演に招聘されるなどの関わりをもっていた。この日常の結びつきが功を奏して、震災発生直後より速やかに研究者・医療者・宗教者の三者によるボランテイア組織「心の相談室」を立ち上げることができた。研究者・医療者・宗教者による協働の組織は、まもなく全国的な支援組織に改組され、その多彩な陣容から思わぬ発展を見せていった。特筆すべきは、宗教者による被災地支援のみならず、広く公共空間における適切な支援活動全般に応用できるよう、宗教者に研修の場を提供するという取り組みであり、その役割を東北大学が担ったことである。「臨床宗教師」養成の始まりであった。

これらの取り組みはユニークであるだけではなく、形骸化しているといわれてきた日本の宗教界に大きなインパクトを与えるものとなった。すなわち、困っている人々を救済するという宗教の本質に立ち返ろうとする宗教者有志による一大「ムーブメント」となったのである。

3．死児に卒業証書をおくるということ

さて私は、被災地支援の超宗派支援組織「心の相談室」に関する研究で科学研究費補助金（以下、科研費）を獲得し、その研究過程で、ある現象に注目した。２０１２年春に行われた学校の卒業式で、震災の犠牲となった児童生徒に「卒業証書」が授与されたというのである。ローカル・ニュースによると複数の公立学校で授与されていることがわかった。卒業証書は学校教育法施行規則で定められた公文書である。死亡して学籍を喪失した児童生徒に授与することは、法令違反の虞《おそ》れがある。遵法意識が高い公立学校の現場でなぜこのような「違法」行為がなされるのであろうか。誰が発案し、何を目的としているのだろうか。私は震災以前から、死亡した児童生徒に卒業証書が授与される事例に関心を寄せていた。在学中の病死・事故死・いじめによる自殺などで全国的に事例が散見されていたからである。これらの場合、保護者・遺族による要望に、学校が応えるかたちで証書が授与されていたようだった。また事案の性格上、安易な調査を寄せつけないものがあった。

しかし東日本大震災では、震災という自然災害によること、同じ状況下に多くの学校が置かれたことなどから実態調査が可能であり、調査を通して「学校における子どもの死」において、卒業証書授与が遺族・同級生・学校教職員らの癒しとなっている心理について知見が得られるのではないかと考えた。調査は、学校管理下における死であること、遺族や関係者への心理的侵襲の虞れもあることから、個人へのインタビュー

表1　死亡した児童生徒への卒業証書授与の年と人数

（2013年筆者作成、2020年改訂）

	幼稚園	小学校	中学校	高等学校	合計
2011年	1人	2人	5人	—	8人
2012年	0人	4人	20人	1人	25人
2013年	1人	10人	11人	0人	22人
2014年	0人	0人	0人	0人	0人
2015年	0人	1人	0人	0人	1人
2016年	0人	1人	0人	0人	1人

※2011年3月11日に発災したため、小学校では卒業式を中止した学校がある。中学校においても震災当日の午前もしくは午後が卒業式であった学校があり、実施の有無が分かれる。高等学校では震災以前に卒業式が終わっているため、3年生の犠牲はなかったと捉えている場合（学籍上は3月31日まで在籍）もあった。

ではなく学校を対象とした質問紙調査とし、事前に県などと調整をして実施した。

調査は２０１３年および、新たな科研費を獲得した２０１６年にも実施した。被災３県（福島、宮城、岩手）を対象に、幼稚園から高等学校までの公立学校に質問紙を発送した。本稿では回答がそろった宮城県の事例を紹介する。宮城県の公立学校では、幼稚園３園８名（ほか1名行方不明）、小学校33校１６７名（ほか19名行方不明）、中学校22校68名（ほか7名行方不明）、高等学校35校68名（ほか7名行方不明）、特別支援学校2校5名の計95校３２７名の死亡、35名の行方不明という甚大な被害を出した（２０１３年、宮城県教育委員会）。調査はこれらすべての学校・園を対象とした。具体的には半構造化した質問紙（大村 2013）を作成、依頼文とともに各校園長宛に郵送した。

二次にわたる調査の結果、全体で72・6％の回収率を得た。これは、調査のデリケートさを考慮すると、各校園の協力が得られたことを示している。死児に卒業証書を授与した事例は、幼稚園で66・7％、小学校で33・3％、中学校で59・1％、高等学校で2・9％、特別支援学校で0％であった。多くの犠牲者を出し、卒業証書を授与したと仄聞している学校が回答を寄せていないため、実数はさらに多いと推測される。表1をご覧いただきたい。不思議なことに死亡した年ではなく、２０１６年まで授与が続いていることがわかる。

幼稚園は3年後、小学校は6年後、中学校は3年後と各校種の修学年限と同じとなっている。つまり死児は生き残った児童生徒とともに卒業しているのである。このことは自由記述欄に「一緒に卒業させたい」という教師や保護者らの意向が記載されていたことからも裏づけられる。「（生きていれば）今年は、あの子も卒業するはずだ」という心情は、遺族だけではなく、同級生、教師など死児を知る人々にとっては共通するのだろう。このことから、死児が死後も成長を続ける、死児の齢を数えるという民間信仰と通底する心性が働いていることがわかる。

死児に卒業証書を授与することは、合理的でないだけではなく合法的ともいえない。しかし遵法意識が高いであろう公立学校で相当数の授与事例が見られることから、授与への強い意志が働いたと考えられる。授与は校長の権限であるが、「学校側の意向がまずあり、それに遺族が応えた」ことが調査の結果明らかになった。換言すれば、学校側に授与の「必要性」があったことがわかる。学校において子どもの死はあってはならないことであり、死児の「たましい」を安らかに送り出すことで、恨みや怨念を残さず「成仏」してほしいという願いがあったのではないだろうか。つまり死者へのケア・「慰霊」と、遺された生者のケア・「癒し」の行為として卒業証書の授与が行われたと考えられるのである。今回の調査は主として公立学校を対象としたが、宗教立の私立学校では追悼ミサや法要など、宗教儀礼による慰霊・癒しが期待できる。しかし宗教的活動が禁止（日本国憲法、教育基本法）されている公立学校では、宗教的「慰霊」「癒し」を期待することができない。そこで宗教資源を利用できない公立学校では、民間信仰に通底する死児の慰霊と成仏という意味を込めた非宗教的儀礼「卒業証書授与」が行われたと考えられる。

4．グァテマラ、マヤ系先住民族の宗教と文化

宗教と文化への関心は、他文化に向かうと文化人類学となる。放送大学の佐藤仁美先生の紹介でグァテマ

図1　キリスト教の祝祭「復活祭」にマヤのカミ、マシモンが登場する（グァテマラ、サンティアゴ・アティトラン）（2019年、筆者撮影）

ラに行き、アメリカ在住のタピストリー作家であり、優れたガイドでもあるアイコ・グレイ氏と出会うことで、私はすっかりマヤに憑かれてしまった。

中米グァテマラは、マヤ文明を築いたマヤ民族が多く暮らす国である。彼らは16世紀にスペインによる征服を受け、その後現在に至るまで、先住民を弾圧する軍事政権による虐殺、貧困、汚職、治安の悪化など人為災害を受け続けてきた。また火山噴火や地震、洪水、ハリケーンなど自然災害にも繰り返し襲われ、想像を絶する悪環境の中を生き延びてきた。このような困難を何が支えているのだろうか。災害へのしたたかな生命力は何に由来するのだろうか。こうした疑問が、私をフィールドワークにかき立てたのである。私は再三先住民の村を訪問し、彼らの話を聴き生活を知ることで、「文化」と「宗教」「家族」などが大きな意味をもっていることに気づいた。スペインによる征服は、マヤの宗教・文化を徹底的に破壊し、キリスト教への改宗を強制した。軍事政権もまた、マヤの宗教・文化は、反政府ゲリラの象徴であるとして虐殺の口実とした。マヤ民族が大切にする家族も、植民地支配のため分断され、自然災害においても、被害者は先住民ばかりである。こうした過酷な環境にもかかわらず、民族の誇りを失わずしなやかに生き抜いてきたのは、やはりマヤの宗教・文化・家族の力であることを、私は彼らから学んでいる（大村 2021 など）。

第2節　なぜ「宗教」が必要となったのか？——宗教心理学の可能性

現代に生きる私たちは、必ずしも合理的思考だけで生きてはいない。東北大学医学系研究科では、献体の慰霊祭だけではなく、実験動物の慰霊祭も実施されている。そこでは研究科長の「御霊の安らかならんことを」という「弔辞」が読まれている。参加者によって献花されるが、人はもとより動物にも「たましい」があり、儀礼によって慰められるという発想は、科学的合理性とは異なる次元である。しかしこの儀礼によって、犠牲となった命を尊重し命を守る医療者としての自覚を促す意味では、決して無意味なことではない。人間という存在は、あえて合理的ではない行動をとるときほど、そこに心理的に重要な意味が込められていると私は考えている。人が生きるためには、事物・現象と自己とを結びつける「ものがたり」を必要とする。災害で大切なものを喪失した被災者にとって、喪失の意味を与える「ものがたり」は不可欠であろう。「宗教」や「宗教性」はこの「ものがたり」を産み出す源泉となる。人間という存在を知ろうとするには、宗教心理学のアプローチは欠かすことができない。その可能性は無限であるといえよう。

附記：本研究は科学研究費基盤研究（C）「東日本大震災後の宗教者――被災者関係の変化と超宗派ボランテイア『心の相談室』」（２０１２年、代表：大村哲夫）、基盤研究（C）「学校における子どもの死――非業の死の受容に関する宗教学的研究」（２０１５年、代表：大村哲夫）の助成を受けた。

文献

大村哲夫（2013）「死者が卒業するということ――東日本大震災における慰霊と癒し」『文化』77(1・2), 55-75
大村哲夫（2016）「東日本大地震の被災地から見る日本人の宗教性――非業の死を遂げた子どもへの慰霊をめぐって」松

島公望・川島大輔・西脇良（編著）『宗教を心理学する――データから見えてくる日本人の宗教性』（pp.20-44）誠信書房

Ohmura, T. (2020) Exploring Japanese Religiosity after the Great East Japan Earthquake of 2011: Memorializing Tragic Deaths of Children. In M. Takahashi (Ed.), *The Empirical Study of the Psychology of Religion and Spirituality in Japan* (pp.37-56). Elm Grove Publishing.

大村哲夫（2021）「ユダ、イエスを出しぬく――グァテマラ・マヤ系先住民の聖週間」『宗教研究』94(別冊), 195-196

Saito, C., Ohmura, T., Higuchi. H., Sato, S. (2015) Psychological Practices and Religiosity (Shukyosei) of People in Communities Affected by the Great East Japan Earthquake and Tsunami. *Pastoral Psychology*, 65, 239-253

第15章　犯罪被害者遺族と宗教心理学
——二人称の死後世界観

白岩祐子

人は死ぬとどうなるのだろう。肉体は滅びてもなお意識は残るのだろうか。あるいは、そうした個別性は失われ、混沌とした大きな存在に統合されていくのか。それとも、死後は一切が無となり、故人は遺された人の記憶のみに生きる存在となるのだろうか。こうした多岐にわたる死後世界観ないし死後観（afterlife belief）を、社会心理学者である筆者は近年の研究テーマとしている。本章では、この主題に至った経緯や、この主題がもつ領域普遍性、そして今後目指す方向を概観してみたい。

第1節　犯罪被害者遺族の死後世界

1．遺族を取り巻く状況

これまで筆者が主に取り組んできたのは、犯罪被害者のための法制度の効果検証である。とくに、死亡事件の被害者遺族[*1]に焦点を当て、近年制定された被害者法制によって、司法に対する遺族の要望がどれほど充足されているのかなどを検証してきた。

犯罪被害、とりわけ死亡事件といえば、遺族に対する心のケアの必要性が真っ先に取り上げられる。もちろん、それも大事なことだろう。しかし、事件による衝撃が多少なりとも和らいで、現実認識が戻るころ、多くの遺族がその関心を鋭く寄せるのは、自身のことより故人となった被害者のことである。被害者と事件がふさわしい処遇と手続きを受けているか、加害者の一方的な言い分によって被害者の名誉が損なわれていないかなど、遺族はもの言えぬ故人に代わって刑事司法に関与し、見守っていく務めが自分たちにはあると考える。こうした責任感は、たとえば、「刑事裁判がいつどこで行われるのか知らせてほしい」「抽選の列に並ばずに裁判を傍聴できるようにしてほしい」、あるいは、「被疑者・被告人の言い分だけでなく、故人をよく知る自分たちの話も聞いてほしい」などの要望に表れる。言い換えれば、当時これらの事柄は遺族らにとって叶わぬ要望であった。被害者や遺族の法的権利というものは、このころ存在しないも同然だったからである（例：内閣府 2006）。これは刑事司法に限った話ではなく、国や自治体による公的支援もほぼ同様の状況にあった。被害者らは、人生が一変し、経済的困窮など生活上の諸問題やメディアの過熱取材、周囲の無理解・誹謗中傷などに直面する中で、前掲の法的権利はもちろんのこと、基本的な生活支援もない、文字どおり孤立無援の状況に置かれた「忘れられた人々」であった。

2．遺族のたたかい

こうした状況が少しずつにせよ変化し始めたのは、２０００年ごろのことである。殺人事件の遺族となった一人の弁護士が、この年にある被害者団体を設立した。それ以前から被害者団体は存在し、それぞれの目的に沿った活動を行ってきた。この新しい団体が異色であったのは、被害者らの法的権利の獲得、その一点を目的としたところにあった。弁護士として、ながらく被疑者・被告人の権利を擁護する立場にあっただけに、このご遺族は、被害者らが置かれた状況だけでなく、司法の論理や作法を熟知していた。つまり、被害者らから見た司法の不合理性を、司法の言葉で伝えることができる人であった。この団体の活動を端緒として、それ以降、犯罪被害者等保護法*2をはじめとする、それまで皆無に等しかった被害者らの権利や要望に配慮した法制度が制定されていくこととなる。

当時、勤めていた会社を辞めて大学院に戻り、国内外の被害者法制を調べていた筆者は、国内ではまだこれらの効果検証が行われていないことを知り、ならば自分でやろうと考えた。被害者法制の実効性を検証するには、被害者らの協力が不可欠である。前掲の団体を含む複数の被害者団体に足を運び、実証研究への協力を求めた。幸い、多くの組織的な協力を得て、一連の検証結果をとりまとめることができた（例：白岩 2022; 白岩・唐沢 2014; 白岩・小林・唐沢 2016）。その後も、活動するご遺族と交流を続ける中で、いつしか、その語りには共通する特徴があると感じるようになった。

3．生きる意味としての死後世界

出会った遺族の多くは、子どもを失った親であった。彼らは、自分の生命より大切な存在を、最も暴力的なかたちで奪われた人々である。実際、「自分にはもう、生きている意味がない」という趣旨のつぶやきを、私的な場で何度か耳にしたこともある。彼らはしかし、その言葉とはうらはらに、さまざまな活動――飲酒運転、さらには交通事犯そのものを根絶するための構造的な働きかけや、公的支援が及ばない被害者らのサポートを20年以上続けるなど――を精力的に行ってきた人々である。こうした活動は時間的・経済的代償を遺族に強いるものであるし、何よりその精神的負担や苦痛は大きい。戦後、日本は自動車を国の基幹産業と位置づけ、国策としてモータライゼーションを推進してきた。多くの恩恵と引き換えに、自動車社会がもたらす負の側面を「仕方のないこと」としてながらく甘受してきたこの国で、犠牲になってきたのはかけがえのない生命や健康であり、それをこの先も許容していくのかと社会に問い、運転手や歩行者の意識だけでなく、車や道路など環境そのものを変える必要があると指摘し続けていくことには、余人には計り知れない軋轢や消耗が伴うはずである。それに、もしこれらの活動が実を結び、新たな死傷事件をゼロにすることができたとしても、失われた生命を取り戻すことができるわけではもちろんない。活動の恩恵が彼ら自身に及ぶことはないのである。ならばなぜ、長い間これほどの情熱を傾けることができるのだろう。彼らは言う。子どもや家族の死を無意味なものにしたくない、自分たちのような経験をほかの誰にもしてほしくないと。そうした公共性への志向が活動の根底にあるのは確かだろう。さらに、その背後にあって遺族らを突き動かしているものは、「いつか子どもに再会したとき、胸を張って『お父さん、お母さん、がんばったよ』と言いたい」「子どもに褒めてもらいたい」との一念であることを、いつからか筆者は知るようになった。

人は、大切な人と死別したとき、その人のすべてが消えてしまうとは、思いきることのできない存在なのかもしれない。肉体が消えたのちも、愛する人の魂は生き続けることを、遺族は半ば無意識のうちに信じ、これを支えとして、理不尽なかたちで子どもや家族を失ったのちの生を全うしようとしている。理不尽な死とは、つまり、本人の年齢や健康状態などとは無関係に、外部から強いられた死のことである。犯罪被害でなければ、それは、たとえば戦争という局面において生じるだろう。戦死者、その周辺においても、犯罪被害者遺族と同じ死後世界が広がっているのだろうか。

第2節　戦死者と遺族の死後世界

1．自己の死

死後世界を見出すのは通常、死者本人よりも、見送る人々のほうである。理不尽な死とは元来、身に突然降りかかるものだからである。しかし、理不尽かつ予期された死、という例外も中にはある。特別攻撃隊、つまり、敵艦に体当たりして自機もろともに撃破する職務に任ぜられた若者や、戦勝国によって、いわゆる戦犯として刑死を宣告され、確定した人々である。[*3] 彼らは否応なしに、やがて確実に到来する自己の死と向き合わざるをえなかった。そのうちの少なくない人々が、遺書や日記を書き遺している（例：白鷗遺族会 1995; 花山 2008)。己の死の意味を問い、同時に国の未来と家族の安寧を気遣うそれらの文面からは、彼らが紡ぎ出すことを余儀なくされた、死後世界の一端を読み取ることができる。

先に逝った肉親とまもなく相まみえることを詠んだ歌。戦友が待つ九段の杜に自分も祀られるから、桜の季節には会いに来てほしいと両親宛に綴った手紙。まだ幼いわが子に向けて「父さんはいつでもお前たちのそばで守っている」と約束する手紙。「次は小鳥に生まれたい」という同僚のつぶやきに、自らの無念をしのばせた日記。生を今まさに断ち切られようとする局面で、生きたい、この生を全うしたい、という打ち消しがたい希求と相対することを強いられた彼らの記録から、現世の「延長」ないし現世の「次」への視点が立ち上がるさまを見出すことができる。

2. 大切な人の死

鹿児島・知覧にある特攻平和会館を訪れる人は、ロビー正面に掲げられたひときわ大きな壁画を必ず目にすることになるだろう。「知覧鎮魂の賦」と名づけられたこのモザイク画は、全身に火傷を負った特別攻撃隊隊員の身体を、6人の天女が炎上する機体から救い出し、手厚く介抱する様子を描いたものである。この画を見たときに受けた、「これは遺族の祈りだ」という印象を今も鮮烈に思い出すことができる。これから花開こうとする若い生命を死地に、しかも敗戦で終わる戦争に、送り出さねばならなかった遺族になしえたのは、故人が感じたであろう痛みがどうか少なく、恐怖の時間は一瞬に過ぎ、そして、今は懇切にいたわられ、御霊安らかにありますようにと、祈ることくらいであっただろう。

不滅の魂や死後の世界は、基本的には遺された者が思い描く世界である。このことは、前掲した犯罪被害者遺族の語りのほかにも、戦後折々の節目で編纂された、戦死者の遺族の手記などから読み取ることができる(例：ＮＨＫ出版 1995)。それはたとえば、兄が戦死した南方の地を訪れて、「一緒に日本に帰ろう」と呼びかける弟の姿であったり、「あの世でお父さんが私をすぐ見つけられるように」と、死装束に自分の名前を記すよう子どもたちに言い残した女性の姿であったりする。別の女性は、戦後に生まれた息子たちを、戦死した3人の兄たちの生まれ変わりとして慈しんだ。

遺族にとって、故人が無になるとは想像しがたいことなのだろう。死後世界へのまなざしは、全うされなかった生、ともに過ごすはずだった生への惜別であると同時に、二度と故人に会えないことへの遺族の異議申し立てを映し出している。そうであれば、魂の永続や死後世界への信念は、ここまで見てきたような、暴力的で理不尽な死別に固有ということでは必ずしもなく、愛する人との死別全般において見出されるものなのだろう。ふだん、何もなければ具現化することのないこの死後観は、重大な喪失に直面して顕現化し、死後の世界を思い描くことを遺族に許すのかもしれない。[*4] このように考えると、死後世界観とは、大切な人との死別という受け入れがたい経験を、人々が多少なりとも了解可能なかたちに作り変えるための（ある程度は社会的に共有された）認知基盤なのだといえるだろう。これが最も先鋭化したかたちで表れるのが、犯罪被害や戦死など、とりわけ不条理な死に直面したときなのかもしれない。

第3節　死後世界観を描き出す試み

1．隣接領域の死後世界

元来、死後世界はすぐれて学際的なテーマである。民俗学・文化人類学や、歴史学、宗教学などの領域ではながらく、それがどのような場所なのか（例：極楽浄土、ニライカナイ、天国）、死後世界観が何をもたらしたのか（例：ミイラ技術、御霊信仰）、などの主題が検討されてきた。たとえば、民俗学では冥婚と呼ばれる風習が取り上げられる（川村 2015）。冥婚とは、若くして未婚で亡くなった男女に対し、遺族がその対となる相手（花嫁・花婿）の人形や絵馬を寺院に奉納するという、東北の一部地域で見られる習俗である。この営みからは、死後もなお故人は成長し、やがて結婚し子どもを産み育てるという死後観の一端をうかがい知ることができる。

死後観を映し出す風習は、時代、地域、宗教、文脈に応じて、実にさまざまなバリエーションをとる。圧倒されるほどに潤沢なこれら人文学の成果が示しているのは、つまるところ、風習・習俗が多種多様なことである。そうした個々の習俗から、現代の日本人が抱く死後世界観を抽出し、その枠組みや構造を一元的に把握することはできないだろうか。習俗の包括的理解など、これによって失われるものがあるのは確かだが、現象を定量化することには、その規定因や影響を検討できるという利点がある。とくに、解剖や臓器移植、戦死者の遺骨収集などの社会制度や、葬儀・弔いに対する私たちの態度との関係を検討することで、死後世界観の機能を明らかにすることができるかもしれない。

2. 日本人の死後世界観——尺度の作成

人々の死後観、その多面性を表す各次元を仮定するために、宗教学者の岸本（1973）が示した枠組みに準拠することとした。これは、不死に対する普遍的な希求のあり方を示した分類である（表1）。具体的には、①肉体的生命の永続、②死後の生命の永続、③無限の生命への委託、④現実生活での永生の感得に大別され、②はさらに、「霊魂」「理想世界・未来国」「輪廻」に細分化される。このうち、現代の日本人にとってなじみの深い、②死後の生命の永続と③無限の生命への委託、の2枠4分類を軸とし、これに要素を肉づけしていくかたちで、前掲の人文学と心理学の先行研究から尺度項目の候補をあげていった。

この項目群を用いて行った予備調査（$n = 1{,}279$）では、九つの因子が確認された（白岩・堀江 2020）。(1)死後も残る「魂・霊魂」、(2)非業の死を遂げた人の心残りを仮定する「ネガティブな共生」、(3)大切な故人がそ

表1　死後観の因子構造（白岩・堀江 2020, p.123より引用）

岸本（1973）の分類		分類：因子	分類：クラスター	分類：キーワード
①肉体的生命の永続				
②死後の生命の永続	(1) 霊魂	魂・霊魂		肉体からの離脱、不可視性、意識
		ネガティブな共生	他者の死	非業の死、早世、心残り、災い、未浄化の霊、供養されない死者
		ポジティブな共生	大切な人の死	遍在性、この世での安らかな眠り、お盆、見守り・庇護、国家や家の守護、遺族の供養
		ご先祖様		
	(2) 理想世界未来国	褒賞としての他界		天国・極楽・浄土、善行と因果応報、再会、念望成就、成長、遺族の供養
		懲罰としての他界	他者の死	地獄、悪行と因果応報
	(3) 輪廻	生まれ変わり		善行・悪行と因果応報、遺族の供養
③限りなき生命への委託		大きな存在への統合		自然・宇宙・大地・歴史・神、子ども・子孫
		生者の記憶		思い出、仕事・作品、遺品・形見・写真
④現実生活での永遠の生命の感得				

ばで見守っているという「ポジティブな共生」、(4)(3)を血縁者に限定した「ご先祖様」、(5)善行の報いとして、現世と隔絶した良き他界に赴くという「褒賞としての他界」、(6)その逆に、悪行の報いとしての地獄、つまり「懲罰としての他界」、(7)「生まれ変わり」、そして(8)個別性を失って到達する「大きな存在への統合」と、(9)「生者の記憶」の9因子である（表1）。各因子の平均値は理論的中点付近かそれ以上に位置していた。これらの死後観は現代でも、また不条理な死別以外でも見出される、ある程度は一般性をもつ信念体系ということがいえるだろう。前節以前で取り上げた、逝く者、遺された者が交わす死後の再会や来世の約束は、これらの各因子に布置することができる。

3．日本人の死後世界観——尺度の限界と利点および展望

現代では、死後世界観は基本的に、人々の生活習慣や儀礼、つまり風習に埋め込まれるかたちで存在するものだろう。多くの日本人にとっての宗教がそうであるように、死後世界観とは、何か重大な喪失を経験しない限りは、私たちが半ば無自覚のうちに内在化しているものである。そうした自覚が及びにくい事柄を、質問紙調査で聞き出そうとすることには限界がある。民俗学者の波平（2004）も同趣旨の指摘を行っている。民俗学は、主にフィールドワークや文献資料を通して、市井の人々の生活のありようを検討する学問である。波平自身、そうした活動によって現代日本人の死をめぐる所作を収集し、そこから死後世界観を描き出してきた。これは、きわめて妥当な指摘である。死後世界についての人々の信念・イメージ、その有無や強度を把握することには根源的な難しさがつきまとう。

その一方で、心理学の関心が常に信念強度の正確な把握にあるかといえば、必ずしもそうとは限らない。信念強度や肯定率、それらの推移などの把握を目的とする社会調査とは異なり、心理学研究ではむしろ、死後世界観がどんな要因に規定され、また別の要因にどんな影響を及ぼしうるか、ということのほうが主題になりやすい。特性や態度と死後世界観との間に関連があると想定し、それを実際に検証できるのは、心理学研究の強みの一つだといえるだろう。前項で触れた、死後世界観尺度作成の試みは、今後そうした文脈の中で意味をもつはずである。

この尺度には、一点重要な問題が残されている。それは、「誰の死か」が明示されていないことである。死の人称という、ジャンケレヴィッチ（Jankélévitch 1966/1978）が明文化した考え方によると、自己の死は一人称、大切な誰かの死は二人称、そして他人の死は三人称の死として位置づけられる。このうち、一人称の死は否認される傾向にある（Becker 1973/1989）。人は、自分が死にゆく存在であることを、リアリティをもっ

てイメージするのが難しい。これまで作成されてきた死後世界観尺度の多くは、この一人称を前提としているか、あるいは人称を特定しないものとなっている（例：Burris & Bailey 2009）。しかしながら、本章を通して見てきたのは、二人称、つまり大切な誰かの死に直面したときこそ、死後の世界は必要とされるということである。こうした考えに基づいて、現在、前掲した死後世界観尺度を二人称に改定する作業を進めている。この二人称の死後世界観尺度に、もし惹句を付すことができるなら、マルセル（Marcel, G.）による、次のような劇中の台詞がふさわしいだろう。――「Aimer un être, c'est lui dire: Toi, tu ne mourras pas（人を愛するとは、相手に向かって〝あなたは決して死なない〟と言うことだ）」。

注記

＊1　ここでは被害者本人とその家族・遺族を総称して「被害者ら」と呼ぶ。なお本章では、死亡事件の被害者（故人）とその遺族に着目することとし、存命の被害者については取り上げない。

＊2　傍聴希望者の多い裁判であっても被害者らが優先的に傍聴できるよう裁判所が配慮すること、被害者らに裁判記録の閲覧やコピーを認めること、などが定められた。

＊3　訴えとは無関係の人々も少なからず含まれていたことがわかっている（例：田中 2007）。戦犯として処刑された人々は１９５３年に「公務死」と認定された。

＊4　精神科医の小此木（1979）は、霊魂の不滅や他界への信仰など、死後世界に対する人々の信念は、故人に対する思慕の表れだと述べている。

文献

Becker, E. (1973) *The Denial of Death*. Free Press.〔今防人（訳）（1989）『死の拒絶』平凡社〕

Burris, C. T., Bailey, K. (2009) What Lies Beyond: Theory and Measurement of Afterdeath Beliefs. *The International Journal for the Psychology of Religion*, 19, 173-186
白鷗遺族会（1995）『増補版 雲ながるる果てに——戦没海軍飛行予備学生の手記』河出書房新社
花山信勝（2008）『平和の発見——巣鴨の生と死の記録』方丈堂出版（初版刊行1949）
Jankélévitch, V. (1966) *La Mort*. Flammarion.〔仲澤紀雄（訳）（1978）『死』みすず書房〕
川村邦光（2015）『弔いの文化史——日本人の鎮魂の形』中央公論新社
岸本英夫（1973）『死を見つめる心——ガンとたたかった十年間』講談社
内閣府（編）（2006）『平成18年版犯罪被害者白書』佐伯印刷
波平恵美子（2004）『日本人の死のかたち——伝統儀礼から靖国まで』朝日新聞社
ＮＨＫ出版（編）、田中彰（監修）（1995）『アジア太平洋戦争　私の遺書』日本放送出版協会
小此木啓吾（1979）『対象喪失——悲しむということ』中央公論社
白岩祐子（2022）「司法と被害者——『忘れられた存在』からの脱却」法と心理学会（監修）『入門 司法・犯罪心理学』（pp.246-260）有斐閣
白岩祐子・堀江宗正（2020）「日本人の死後観——その類型と性差・年代差の検討」『死生学・応用倫理研究』25, 119-141
白岩祐子・唐沢かおり（2014）「犯罪被害者の裁判関与が司法への信頼に与える効果——手続き的公正の観点から」『心理学研究』85, 20-28
白岩祐子・小林麻衣子・唐沢かおり（2016）「〝知ること〟に対する遺族の要望と充足——被害者参加制度は機能しているか」『社会心理学研究』32, 41-51
田中日淳（編）、田原総一朗（監修）（2007）『日本の戦争——BC級戦犯60年目の遺書』アスコム

第16章　看護・臓器移植と宗教心理学

石井賀洋子

第1節　はじめに

筆者は看護師として経験を重ねる中で、多くの生と死の営みに直面してきた。病いが癒えるようにと祈る患者や家族の姿を目の当たりにしたとき、科学では説明できない、解決できないことが多くあることを感じていた。病いを抱える人々が何を求めているのか、それを理解するのはそう簡単なことではない。そこで、文化や宗教、生命倫理等の学びを深めることで、患者や家族に寄り添うことができるのではないかと考えるに至った。

のちに看護教員となり、「生と死」にさまざまな角度から向き合う講義を立ち上げることになったとき、臓器移植医療について学生とともに考える機会を得た。臓器移植を必要とする病いとはどういうものか、患者や家族はどんな状況に置かれているのか、知識として理解することはできる。しかし、実際に臓器移植にはどのような手続きが必要なのか、移植に関わる医療従事者やドナー（臓器提供者）・レシピエント（移植者）およびその家族の心理的負担がどのようなものか。当事者でなければ気づかない、知りえないことは多く存在する。縁あって臓器移植コーディネーターとして現場に立ち実情に触れたことで、臓器移植医療に関わる人々のそれぞれの立場に思いを寄せることができたと考えている。本章では、この経験をもとに、看護・臓器移植と宗教心理学について考えてみたい。

第2節　臓器移植医療を知る

1．臓器移植医療の背景

医学の進歩とともに、諸外国で移植医療が行われ始めたのは1960年代である。1963年にアメリカで世界初の肝臓移植が、1967年には南アフリカで世界初の心臓移植が行われている。日本では1968年に初の心臓移植が札幌医科大学で行われたが、脳死判定、移植患者選定などで社会の強い不信感を生んだ経緯があり、その後、日本の臓器移植医療は慎重な歩みとなっていく。1980年には心臓が停止した死後の角膜と腎臓の提供を可能とする、「角膜と腎臓の移植に関する法律」が施行された。その後、他国において腎臓以外の臓器不全の患者も救われている移植医療の実情から、日本国内でも脳死後の臓器移植の必要性が高まっていく。そして日本で初めての心臓移植が行われてから約30年が経過した1997年10月16日に、脳死後の臓器提供を可能にする「臓器の移植に関する法律（臓器移植法）」が施行された。だが臓器移植法は、脳死後に臓器を提供する場合、本人の書面による意思表示と家族の承諾を必須とするなどの厳しい制約があり、脳死後の臓器提供は当初の期待ほど増加しなかった。その後、2010年に改正臓器移植法が施行され、本人の意思が不明な場合でも家族の承諾があれば臓器の提供が可能となり、15歳未満の脳死臓器提供も可能となっていく。しかし実際には、全体の臓器提供件数は増加しているとはいえない状況が続いている。*1

2．脳死についての理解

ここで脳死についての理解が、国によって異なることについて触れておきたい。脳死とは、脳幹を含む、脳全体の機能が失われ、二度と元には戻らない状態である。このことから、世界のほとんどの国では、臓器提供とは関係なく、脳死は人の死として認められている。しかし、日本では「脳死での臓器提供を前提とした場合に限り脳死を人の死とする」と法律で規定している。脳死を人の死と受け止められるか否かは、個人により異なる。脳死を人の死として受け入れることに対する人々の思いが、臓器提供数に影響していると考えることができるだろう。*2

臓器移植医療への立場は、自身がドナーとして臓器を提供するのか、レシピエントとして臓器の提供を受けるのかによって大きく異なる。ドナーとなるのは、突然の事故や病気などで脳死状態であると判断された場合である。家族は、心の準備もできないまま、突然決断を迫られるのである。「キリスト教の信者は臓器提供に抵抗がない」「日本人は遺体を大事に思うから提供を嫌がる」等の話は、第三者の見解として耳にすることがある。しかし実際の現場は、緊急を要する場面である。個人的な経験では、そういった場面で宗教や信仰というものを実感することはなかった。ただし、家族からは「遺体に傷をつけるなんて嫌だ」「角膜を提供してしまったら、目が見えなくなって三途の川が渡れない」といった言葉を投げられることはあった。家族による臓器提供の意思決定には、日本人の宗教観、文化的背景が大きく関係していると思われる。臓器移植コーディネーターの役割は、そういった気持ちを深く受け止め、理解することから始まる。家族が臓器提供を決断するまでには、複雑な背景が存在することを忘れてはならないのである。

第3節　臓器移植の現場から

1. 臓器移植医療をめぐって

臓器移植とは、重い病気や事故などにより臓器の機能が低下した人に、他者の健康な臓器と取り替えて機能を回復させる医療とされている。臓器提供の種類には、腎臓や肝臓に代表される生体移植（健康な方からの臓器提供）、脳死下での臓器提供、心臓が停止した後の臓器提供がある。日常の生活を送る中で、臓器移植医療が身近な医療とはいいがたいうえに、臓器の提供を承諾してくれる第三者の存在が必要となる。[*3] この第三者の存在によって、臓器移植を必要とする人の「いのち」が左右されてしまうといっても過言ではない。

ドナーコーディネーターは、公益社団法人日本臓器移植ネットワークに所属する者と、日本臓器移植ネットワークおよび都道府県から委嘱を受けたコーディネーターが各都道府県に1～3名配置されている。1件の脳死臓器移植事案で、医師と看護師を含む多くの病院関係者やコーディネーターが関わることになる。[*4] 2010年に改正された臓器移植法では、本人の意思が確認できない場合でも、家族の同意があれば提供が可能となった。家族への意思確認に関しては、コーディネーターの有資格者が説明することと規定されているため、コーディネーターは24時間365日待機を求められるのが現状である。そして説明にあたるコーディネーターは、ドナーの家族それぞれの価値観を尊重し、臓器提供につなげる努力をする。その緊張感がもたらす心理的負担は、個人差があるとはいえ大きなものである。

病院で移植を待つ患者のケアにあたるのは、レシピエントコーディネーターである。レシピエントコーディネーターの活動の場は、主に移植を待つ患者が通院・入院する病院である。医療資格を有しており、移植を受けるために治療を受けつつ病院内で待機している患者やその家族の間に立ち、両者の支援を行う役割を担っている。移植手術を見届けて終わりではなく、手術後の療養生活にも大きく関わることになる。提供を待つドナーコーディネーター、移植を待つレシピエントコーディネーターともに、患者とその家族の思いをつなぐための努力は、今この時間も続いている。

2．臓器を提供すること、臓器移植を受けること

脳死か心停止かによって提供できる臓器は異なる。提供できる臓器に違いがあるのは、血流が止まった状

態から移植後に血流を再開して機能を発揮できる能力の違いによるものである。心停止後の臓器提供では血流の止まる時間は避けられず、提供できる臓器は、腎臓、膵臓、眼球に限られる。脳死後の臓器提供の場合は、提供するための循環管理を行うため血液の流れが確保できる。そのため、心臓・肺・肝臓・腎臓・膵臓・小腸・眼球の七つの臓器を最大11人に提供することができる。*5

「臓器を提供する」とは、「臓器移植を受ける」とはどういうことなのか。そこには、手術を受けなければ助からない「いのち」がある。そして、臓器提供の意思表示をしている人の存在がある。この両者をつなぐ役割を担うのが、臓器移植コーディネーターなのである。臓器移植医療の現場に立って、あらためて気づかされた現実である。

筆者が経験したドナーコーディネーターの視点から、その役割を考えてみる。ドナーコーディネーターは、ドナーとその家族に寄り添い、臓器提供の意思を確認し、提供がスムーズに進むよう支援する。臓器移植に際しては、もちろん手順がある。その手順を踏まえたうえで、提供を決断した家族の心情を思いやりながら、移植を実現させるという、緊張状態に身を置くことになる。細心の注意を払いながら進めることが求められるのである。

あるとき、講演会で脳外科医の臓器移植に対する思いを聞く機会があった。コーディネーターに対し、「脳死判定をするということは、治療を中止するということだ。そういう医者の気持ちを考えたことがあるのか?」と。筆者には、治療に携わる医師の叫びのように聞こえた。なぜかというと、筆者自身も同じような気持ちを抱いていたからである。誰もが治療を受け、回復するわけではない。治療という終わりのない状況を選択するのか、脳死という現実を受け入れるのか、その判断は重いものである。臓器提供のために、「いのち」を操作しているような感覚にとらわれることがあった。言葉にすることはためらわれたが、「自分はドナーコーディネーターとしてふさわしくないのではないか」という葛藤を抱えることになった。それでも、コーディネーターの存在を必要としている人々の役に立ちたいという思いに変わりはなかった。ドナー、レシピエント、またその家族一人ひとりに物語があり、価値観や倫理的感覚もみな違う。立場が違えば、当然のことながら考えも変わる。その複雑さを言葉にしようとするとき、今も悩んでしまう現実がある。

3. それぞれの思い

ドナー家族の思いについて触れたい。現在の法律では、本人の意思が不明であっても、家族の同意があれば脳死臓器提供は可能である。しかし、家族の中の一人からでも反対があれば、本人が臓器提供したいと意思表示していても提供に結びつくことはない。家族から提供を申し出られるケース、医療者から意思を確認するケースと、場面はさまざまである。医療者にとっても、家族にとっても、心理的負担の大きい場面であるといえる。

厚生労働省は、終末期の医療やケアを家族らで話し合うことをアドバンス・ケア・プランニング（Advance Care Planning: ACP）としてその普及・啓発を進めてきた。２０１８年11月には、よりなじみやすい言葉となるよう「人生会議」と名づけられている。*6 自らが望む人生の最終段階における医療・ケアについて、前もって考え、医療・ケアチーム等と繰り返し話し合い共有する取り組みであるが、臓器移植医療を終末期医療の選択肢の一つとして考えようという動きもある。この動きは、自分の人生の最期をどう迎えるかといったことに向き合うことでもある。臓器提供意思表示カードへの記載も、その一環と考えることができるだろう。

人生の最期をどう迎えたいかと考えるとき、信仰、宗教観、死生観が大きく影響する。臓器移植においても同様であり、尊重されるものである。家族が提供に同意したその背景を深く受け止め、その意思を遂げるために最善を尽くそうとするとき、そこにコーディネーターとしての個人的な想いが入る余地はないだろう。コーディネーターとして活動する前には、意識していなかった現実である。

レシピエントとして生きることについても触れたい。脳死臓器提供を受けることができ、元気に社会復帰ができたことに対して、感謝の気持ちを伝えていきたいと精力的に講演活動をしているレシピエントがいる。健康不安が消えることはなく、薬物投与による治療を続けながら検査データに一喜一憂する。移植を受けて終わりではないのである。誰かが亡くなったことによって、助かる「いのち」がある。この重い現実を抱えながら、レシピエントの方々は生活しているということを忘れてはならない。

臓器を提供するかしないかは、最終的には個人が決めるものであろう。移植を受ける立場においても同様である。何を支えに決断していくか、それぞれの立場を思いやりながら、自分のこととして考えられるような社会全体の取り組みを願うばかりである。

第4節　臓器移植医療と宗教の関わり

１９９７年臓器移植法が施行される以前、「脳死は人の死か」という議論が、さまざまなかたちで行われていた。医療従事者、生命倫理学者、哲学者、宗教者等、多くの分野の専門家が発言してきた経緯がある。その成果はマスコミを通して社会に知らされるものもあったが、法律が施行された後は大きく取り上げられることはなくなったように思われる。平子泰弘氏によると、25年ほど前から臓器移植法が議論される中で教団ごとの議論が起こり、改正臓器移植法案を契機に平成17（２００５）年より研究者が集い、情報収集と意見交換が続けられているという（平子 2020, p.14）。こういった宗教者の活動は、人々の死生観、宗教観等に影響を与えるものであるといえるだろう。人々の苦しみに寄り添おうとする宗教者の活動には、さまざまな医療現場や、災害現場等においても出会うようになった。しかし、医療従事者教育の場では、人を理解するという視点から心理学は必須の学びとされ、生命倫理や看護倫理といった分野も取り入れられるようになってはいるが、宗教について学びを深める環境は整っていないのが現実である。

ドナーやレシピエント、そしてその家族は、重い荷物を抱え、それぞれの日常を生きている。立場の違いこそあれ、厳しい状況に置かれた患者や家族が人を想う気持ちは同じである。支えとなるものが宗教であり、信仰である場合、その影響について軽々しく論じることはできない。宗教や信仰に対する価値観、死生観は、人々の選択に大きく関係すると考えられるからである。その事実を医療従事者がどこまで認識しているかは個人差があり、一律には扱えない複雑さがある。岸本英夫氏は「宗教とは、人間生活の究極的な意味をあきらかにし、人間の問題の究極的な解決にかかわりをもつと、人々によって信じられているいとなみを中心とした文化現象である」と定義している（岸本 1961, p.11）。宗教は、人々の生活に大きく関わっている現象であるといえる。臓器提供の意思決定にはさまざまな要因が関係しており、緊急事態ともいえる提供の現場に立っていると、宗教・信仰という言葉を意識する余裕がないと以前は感じていた。しかし、日本においてさまざまな国籍の人々が提供を希望するケースや、さまざまな背景の患者が希望をもって移植を待っている状況がある。よりよい選択をしてもらえるよう、寄り添う人々の決断の拠り所となる宗教・信仰という存在を、強く意識していくべきだと今は考えている。

第5節　看護・臓器移植と宗教心理学

治療という言葉には、多くの人々が病いを治すというイメージをもつのではないだろうか。看護師としての経験から、治療を受けて病いが治る人ばかりではないことは理解している。しかし、健康を取り戻し、健やかな日常生活を送ってほしいと願う気持ちは、誰でも同じであろう。臓器移植医療は、治療を中断する人がいる一方、治療を継続できる人が生まれるという、両極端な性質をもつ。臓器を提供するのか、提供を受けるのか、それぞれの立場で見えるものは異なるのである。この複雑な状況で、筆者自身、臓器移植コーディネーターとして最も違和感を覚えたことは、前節でも触れた「脳死は人の死であるのか？」という、臓器移植における根本的な問題であった。自分の大切な人が脳死状態であると告げられたとしても、身体は温かく、心臓の鼓動が聞こえる。今にも目を覚ましそうなその姿を目の当たりにして、受け入れられるのか。受け入れようと葛藤する姿を看護師として間近にし、病いをもつ人々、その家族の想いは多様であることを実感しているだけに、科学的な判断と相容れない感情が生まれてしまうのである。

臓器移植を前提とした脳死については、法律で規定されている事実に異を唱えるつもりはない。必要としている人がいる限り、移植実現に向けて努力することは当然の態度である。関係者は、みな使命感をもって、患者・家族のためにと活動している。そしてドナーの出現を待ち望むレシピエントの気持ちを想うとき、臓器移植医療は必要な医療であるという想いが強くなる。

こうした相矛盾する感情への困惑やそこから生じる葛藤を解消するための一つの手立てとして、iPS細胞に代表される再生医療は、今後発展が期待できる。健康な人の臓器と交換するのではなく、自身の細胞から組織や臓器を創り出し移植に利用することができるという医療の充実は、私たちに新たな選択肢をもたらしてくれるものである。

看護は、人の最期を看取るという大切な役割をもっている。看取りに至るまでには、さまざまな物語がある。宗教、信仰に助けを求める人、心理的ケアを受けることで救われる人、対処方法は幾通りもある。こういった人々の心理過程を実証研究で明らかにすることは、臓器移植医療を取り巻く人々にとって重要なことであろう。これまでの経験を振り返って、臓器提供システムの充実は、提供を決断した家族に対する究極のサポートになるのではないかと考えるようになった。移植医やコーディネーターの対応一つで、自分たちが下した決断に、傷ついた思いを抱くからである。人々の思いに寄り添うために何ができるのか、あらためて自分自身に問い直している。そして医学だけでなく、宗教心理学等さまざまな角度からの研究が継続され、実情を明らかにすることで、国民一人ひとりが自分のこととして臓器移植医療のあり方を考えられるような社会となることを願っている。

あなたなら、あなたの家族なら、どうしますか？

注記

＊1 公益社団法人日本臓器移植ネットワーク公式ホームページ 臓器移植解説集「臓器移植概要 歴史と法律／移植医療の歴史」https://www.jotnw.or.jp/explanation/01/03/（2022.8.30 閲覧）。

＊2 同「脳死について／脳死とは」https://www.jotnw.or.jp/explanation/03/01/（2022.8.30 閲覧）。

＊3 同「臓器提供について／臓器提供の種類」https://www.jotnw.or.jp/explanation/02/02/（2022.8.30 閲覧）。

＊4 同「移植医療を支えるしくみ／移植医療に関わる人々」https://www.jotnw.or.jp/explanation/05/03/（2022.8.30 閲覧）。

＊5 同「臓器提供について／脳死後と心停止後の臓器提供の違い」https://www.jotnw.or.jp/explanation/02/03/（2022.8.30 閲覧）。

＊6 厚生労働省公式ホームページ 政策について「『人生会議』してみませんか」https://www.mhlw.go.jp/stf/newpage_02783.html（2022.8.30 閲覧）。

文献

平子泰弘（2020）「僧侶の視点から考える生命倫理と宗教心理学研究」『宗教心理学研究会ニューズレター』30, 14-15
岸本英夫（1961）『宗教学』大明堂

第17章　アルコール依存（精神保健福祉）と宗教心理学*1

岡田正彦

第1節　臨床におけるライフヒストリー

私は、以前からヘレン・ケラー（Keller, H. A., 1880-1968）とサリバン（Sullivan Maccy, A., 1866-1936）に興味・関心があり、自分も（その適性の可否は別にして）障害児者にとってサリバンのような存在になることができたらと考え、当初は社会福祉学を専攻していた。しかし、ヘレン・ケラー（Keller 1958/1979）が40代に記したその著書『私の宗教』に目を通したとき、もちろん、サリバンらを最も大切な恩人としながらも、その中でヘレンが賞賛していたのはスウェーデンボルグ（Swedenborg, E., 1688-1772）にほかならなかった。私は、ヘレンをして、『私の宗教』という一冊の書籍を執筆させるに至ったスウェーデンボルグに興味・関心を抱くようになった。また、アメリカの精神科医ヴァン・デュセン（Van Dusen, W.）の提案（「彼が描いたものは人間の心の内部を描いたもっとも価値が高く、かつもっとも納得できる描写として残りつづけるものといっていい」〈Van Dusen 1974/1985, p.97〉とのヒント）を参考に、社会福祉学を修めた後、宗教学へ転向し、その領域に足を踏み入れていくことになった。私は、社会福祉学を専攻していたときからそうであったが、宗教学へ転向してからも、アプローチの方法は心理学的手法と相性がよく、宗教学研究室においても宗教心理学に関心の比重を置き、「スウェーデンボルグの世界観」への宗教心理学的アプローチを試みていた。その過程の中で、指導教官の影響もあって、精神科領域に足を踏み入れていくことになり、社会福祉学を専攻していたときには夢にも思っていなかった精神科病院を、私の臨床現場として選択し、現在に至っているのである。

したがって、私は臨床一筋ということもあり、本書において諸先生が触れられているような「自分がたどってきた研究史（研究におけるライフヒストリー）」を記すことはできないので、以下、私がたどってきた臨床経験について触れていきたい。

まず、私が宗教学を修めて最初に赴任した臨床現場は、精神科医療相談室であった。当時（昭和62〈1987〉年）は、いまだ「精神衛生法」（のちに「精神保健法」を経て「精神保健及び精神障害者福祉に関する法律」に改正）の時代で、精神保健福祉士や公認心理師といった国家資格制度も確立されていない環境であった。そのような状況下、精神保健福祉も心理臨床も混沌としており、当時無資格の私のもとに来談した、主に「精神分裂病」（現在、「統合失調症」と病名を変更）に罹患された本人ならびにその家族が私のクライエントとなった。精神科医療相談室には、日々、さまざまな問題が持ち込まれ、相談員というのは名ばかりの私は、一人職場で、手探りの状態で、本人ならびにその家族と一緒に考え、行動し、あらゆる問題に対峙し、それらの解決を試みようと、なりふりかまわない実践を展開していった。

このような精神科医療相談室での「よろず屋」的な臨床の日々が約4年間続き、その後（平成3〈1991〉年）、縁あって、アルコール専門病棟に赴任した。振り返ってみるとここでの臨床経験が一番長く、約25年間従事した。アルコール専門病棟では、アルコール依存症に罹患された本人ならびにその家族が私のクライエントとなった。アルコール依存症に罹患された本人ならびにその家族の支援は、夢にも思っていなかった職業人生での選択肢であったが、約四半世紀を費やすに至り、アルコール臨床は、私にとって必然とも思える出会いとなっていった。

このような臨床経験が生涯続いていくのではないかと思っていた矢先、平成28（2016）年、精神科緊急・救急病棟への異動となり、約3年間、時間に終わりのないスーパー救急の臨床現場で奮闘していたところ、平成31（2019）年、医療観察法病棟への異動となり、現在は触法精神障害者の支援に携わっている。

もはや根拠法も、約30年以上基盤としてきた「精神保健及び精神障害者福祉に関する法律」から「心神喪失等の状態で重大な他害行為を行った者の医療及び観察等に関する法律」へと移行し、支援の目的も大きく変遷していったが、以下、アルコール臨床をはじめさまざまな精神保健福祉的な臨床経験についても現在進行形でまとめながら、そこに共通しているテーマについても触れ、精神保健福祉領域での「宗教が拓く心理学の新たな世界」を模索していきたい。

第2節　体験的アルコール臨床論

周知のとおり、WHO（世界保健機関）はその憲章において、従来の「健康の定義」、すなわち「身体的」「精神的」「社会的」な状態に加えて「スピリチュアル（spiritual）」な状態も考慮する必要があるということが、平成10（1998）年同執行理事会にて討議され、平成11（1999）年同総会で提案されている。

このWHO憲章における「健康の定義」の改正案には賛否両論があり、日本においては、厚生労働省も、実証性を重視する各種関連諸学会でも、むしろ困惑しながら、事態の推移を見守っていたのではないであろうか。

しかし、私は、この改正案に共感を抱き、私が志向してきた立場を肯定された気持ちになった。その理由は、かつて私が従事していたアルコール臨床に端を発する。

アルコールによって生じるさまざまな問題を見聞きすると、「本人の意思が弱い」「精神力がない」「だらしがない」「倫理的・道徳的欠陥者」等々とアルコールによって問題を起こした本人のせいにされてしまうことが多いのが現状である。場合によっては、「家庭がうまくいっていないからだ」「家族が本人を甘やかしているからだ」等々と配偶者（とりわけ妻である立場の方が多い）や両親（とりわけ母である立場の方が多い）等の家族が責められることも少なくない。

しかし、アルコール関連問題が生じる場合、アルコール依存症が起因しているのかもしれない。アルコール依存症は、いうまでもなくれっきとした病気で治療の対象である。

主症状は、コントロール障害（Loss of control）で、素因（アルコール依存症になりやすい体質）に環境要因（長期大量飲酒）が加わると発症のリスクが高まる。疾患部位は脳で、素因をもった方が、長期にわたって大量に飲酒し続けると、脳が器質的に変化してしまい、アルコールに対するブレーキが壊れてしまったかのように、飲酒し続けてしまうのがこの病気の本態である。このような状態がひどくなり、飲酒しては酔いつぶれて寝て、また目が覚めると再び飲酒しては酔いつぶれて寝て、といったような繰り返しが48時間以上にわたって続く場合を、連続飲酒発作と称する。

また、連続飲酒発作が生じた後、身体も衰弱して飲酒できなくなってしまったり、何らかの理由で急に飲酒を断ち、血中からアルコールが離脱していくと生じるいくつかの症状群、たとえば、イライラ、不安、発汗、手指の振戦、幻覚妄想、けいれん発作（アルコール離脱けいれん）等を離脱症状（退薬症候群）と称する。

臨床的には、上述の連続飲酒発作と離脱症状が認められれば、アルコール依存症とアセスメントし、それに基づいた支援を展開して差し支えないと思われる（国際基準は表1参照）。とくに連続飲酒発作は、脳の器質的変化に基づくコントロール障害の延長線上に生じる症状なので、飲酒し続けているかぎり、この症状の苦しみからは解放されない。したがって、アルコール依存症からの回復に必要な支援は断酒なのである。

しかし、アルコール依存症に罹患すると「渇望」と称されるような病的飲酒欲求が生じ、一度断酒を決意し、断酒継続を実践しようと努力したとしても再飲酒してしまう人が多いのも実状で、経験的にはアルコール専門病棟へ入退院を繰り返される方々も多数存在した。アルコール依存症は、それほど回復が難しい病気

表1　アルコール依存症の診断ガイドライン（ICD–10）

（World Health Organization 1992/2005を参考に作成）

現在使用されているWHO（世界保健機関）の「国際疾病分類第10版（ICD-10）」の「F1x.2　依存症候群」を参考にしたアルコール依存症の診断ガイドラインは以下のとおりである。

アルコール依存症の確定診断は、通常過去1年の間に、以下の項目のうちの3項目以上が該当した場合に実施すべきである。

①飲酒したいという強い欲望あるいは強迫感がある。
②飲酒の開始、終了、あるいは飲酒量に関して、その行動を統制することが困難。
③飲酒を中止もしくは飲酒量を減量したときの離脱症状の出現。また、それを軽減するか避ける意図で飲酒する。
④はじめは少量で得られた飲酒の効果を得るために、飲酒量を増やさなければならない耐性の証拠。
⑤飲酒のために、それに代わる楽しみや興味を次第に無視するようになり、飲酒せざるをえない時間や、その効果からの回復に要する時間が延長する。
⑥明らかに有害な結果が起きているにもかかわらず、飲酒し続ける。たとえば、過度の飲酒による肝障害等。

なお、APA（アメリカ精神医学会）の「精神疾患の分類と診断の手引き（DSM-5）」では、それまで使用されていた「アルコール依存症」という病名は使われなくなり、「アルコール使用障害（Alcohol Use Disorder）」に改訂されるに至っている。

なのである。

既述したとおり、アルコール関連問題が生じる場合の多くは、本人の意思とか精神力の問題ではなく、アルコール依存症という病気の症状によるものなのである。したがって、自分の意思や精神力で断酒を試みたとしても、うまくいかないことが多いのは当然のことなのである。回復を支援するためには、自分の意思や精神力に頼らないで断酒していく方法を身につけてもらうことが重要なポイントとなってくる。そして、断酒を念頭にアルコール臨床を展開していくためには、AA（Alcoholics Anonymous）等のセルフヘルプグループ（以下、SHG）との協働が欠かせない。

AAとは、1935年に、アメリカ・オハイオ州アクロン市において、2人のアルコール依存症者、すなわち、ビル（Bill Wilson：株のブローカー）とボブ（Bob Smith：外科医師）が出会い、彼らによって創設されたアルコール依存症からの回復のためのSHGである。以後、AA

は、各国から受け入れられ、日本においても、昭和50（1975）年、東京で初めてAAのミーティングが日本語で実施され、今や多くのアルコール専門医療機関へ、AAのメッセージが運ばれるに至っている。SHG、とりわけその原型としてのAAの意義は、それまで、家族からも見捨てられ、社会からも排除され、頼みの綱の精神科医からも匙を投げられていたアルコール依存症者の回復のモデルが、現前の事実として提示されたことにある。

今やアルコール専門医療の中で、AAをはじめとしたSHGは、通院・抗酒剤（や断酒補助剤等の薬物療法）と並ぶ断酒の三本柱の一つに数えられ、なくてはならない存在になっている。

AAの特徴は、無名性を重んじることと、個人の回復のガイドラインとして「12のステップ」が、グループを健全に維持していくためのガイドラインとして「12の伝統」が存在することである（表2参照）。この特徴は、のちに誕生するさまざまなSHGに影響を与え、この特徴を備えているSHGを「12ステップグループ」（Katz 1993/1997）と称している。

「12のステップ」が個人の回復のガイドラインであるならば、「12の伝統」は、決して組織化されないAAという共同体を健全に維持していくための安全弁であるといえよう。しかも、伝統1にも記されているとおり、「全体の福利」が最も優先されなければならず、「個人の回復」は「一体性」にかかっているということなので、グループの健全な維持と個人の回復は表裏一体で、「12のステップ」と「12の伝統」は車の両輪のごとくお互いが補完し合う関係にあり、両者とも相互にとても重要な役割を担っているのである。「12のステップ」と「12の伝統」は、AAの心臓部であり、その要といっても過言ではない。そして、次節でも触れるが、AAでは、回復の原理として「スピリチュアリティ（spirituality）」（「霊性」「精神性」を指す）が重要視されており、外すことのできないテーマとなっているのである。

そのため、アルコール臨床を長く続けてきた私としては、本章の冒頭にも触れたとおり、実現はされてい

表２　AA12のステップ・AA12の伝統

AA12のステップ

1. 私たちはアルコールに対し無力であり、思い通りに生きていけなくなっていたことを認めた。
2. 自分を超えた大きな力が、私たちを健康な心に戻してくれると信じるようになった。
3. 私たちの意志と生きかたを、**自分なりに理解した**神の配慮にゆだねる決心をした。
4. 恐れずに、徹底して、自分自身の棚卸しを行い、それを表に作った。
5. 神に対し、自分に対し、そしてもう一人の人に対して、自分の過ちの本質をありのままに認めた。
6. こうした性格上の欠点全部を、神に取り除いてもらう準備がすべて整った。
7. 私たちの短所を取り除いてくださいと、謙虚に神に求めた。
8. 私たちが傷つけたすべての人の表を作り、その人たち全員に進んで埋め合わせをしようとする気持ちになった。
9. その人たちやほかの人を傷つけない限り、機会あるたびに、その人たちに直接埋め合わせをした。
10. 自分自身の棚卸しを続け、間違ったときは直ちにそれを認めた。
11. 祈りと黙想を通して、**自分なりに理解した**神との意識的な触れ合いを深め、神の意志を知ることと、それを実践する力だけを求めた。
12. これらのステップを経た結果、私たちは霊的に目覚め、このメッセージをアルコホーリクに伝え、そして私たちのすべてのことにこの原理を実行しようと努力した。

(AAワールドサービス社の許可のもとに再録)

AA12の伝統

1. 優先されなければならないのは、全体の福利である。個人の回復はAAの一体性にかかっている。
2. 私たちのグループの目的のための最高の権威はただ一つ、グループの良心のなかに自分を現される、愛の神である。私たちのリーダーは奉仕を任されたしもべであって、支配はしない。
3. AAのメンバーになるために必要なことはただ一つ、飲酒をやめたいという願いだけである。
4. 各グループの主体性は、他のグループまたはAA全体に影響を及ぼす事柄を除いて、尊重されるべきである。
5. 各グループの本来の目的はただ一つ、いま苦しんでいるアルコホーリクにメッセージを運ぶことである。
6. AAグループはどのような関連施設や外部の事業にも、その活動を支持したり、資金を提供したり、AAの名前を貸したりすべきではない。金銭や財産、名声によって、私たちがAAの本来の目的から外れてしまわないようにするためである。
7. すべてのAAグループは、外部からの寄付を辞退して、完全に自立すべきである。
8. アルコホーリクス・アノニマスは、あくまでも職業化されずアマチュアでなければならない。ただ、サービスセンターのようなところでは、専従の職員を雇うことができる。
9. AAそのものは決して組織化されるべきではない。だがグループやメンバーに対して直接責任を担うサービス機関や委員会を設けることはできる。
10. アルコホーリクス・アノニマスは、外部の問題に意見を持たない。したがって、AAの名前は決して公の論争では引き合いに出されない。
11. 私たちの広報活動は、宣伝よりもひきつける魅力に基づくものであり、活字、電波、映像の分野では、私たちはつねに個人名を伏せる必要がある。
12. 無名であることは、私たちの伝統全体の霊的な基礎である。それは各個人よりも原理を優先すべきことを、つねに私たちに思い起こさせるものである。

(AAワールドサービス社の許可のもとに再録)

ないものの、WHO憲章における「健康の定義」の改正案には、個人的には共感しており、私が志向してきた立場を肯定された気持ちになったのである。

第3節　精神保健福祉におけるスピリチュアル・ペインとそのケア

私が四半世紀従事してきたアルコール臨床の現場でも、既述したとおり、AAの「12のステップ」と「12の伝統」は、治癒のないアルコール依存症からの回復のための両輪であった。もちろん、AAは宗教ではない。SHGである。しかし、前史は、オックスフォードグループ運動[*2]にまで遡ることができ、AAの「12のステップ」と「12の伝統」には、宗教性を帯びた文言が登場し、AAのバイブルともいうべき『アルコホーリクス・アノニマス（無名のアルコホーリクたち）』の中には、無神論者や不可知論者の章もわざわざ設けられている。また、AAメンバーは霊的な成長を求めていることからも、「スピリチュアリティ」は、やはり重要なテーマになっているのである。WHOの健康概念をめぐって、「スピリチュアリティ」が議論されたことは既述したとおりであるが、1935年に創設されたAAが、当時、すでに霊的な成長を求めていたという事実は、WHOの健康概念を先取りしていたといっても過言ではない。そして、AAが霊的な成長を求めているのは、その共同体に集うアルコール依存症者本人たち、そしてその家族には、「スピリチュアル・ペイン（spiritual pain）」が存在しているからであり、AAではそのケア（spiritual care）が実践されているといえよう。

このように考えると、「スピリチュアル・ペイン」は、終末期医療の現場にだけ適用される概念ではなく、私が携わってきた精神保健福祉領域でも存在し、重要なテーマの一つになると思われる。

たとえば、平成31（2019）年から私が関わり始めた医療観察法病棟では、「心神喪失等の状態で重大な他害行為を行った者の医療及び観察等に関する法律」に基づき、重大な他害行為（殺人、放火、強盗、強制性交、強制わいせつ、傷害）を行った対象者が入院している。心神喪失等の状態で、何もわからないまま、幻覚や妄想に支配され、最愛なる家族を自分の意思に反して傷つけてしまったとしたら、また究極的には殺めてしまったとしたら、その遺族にも、対象者本人にも深く残る「スピリチュアル・ペイン」には、対象者、あるいは遺族にしかわからない、計り知れないものがあると推察される。

翻って、第1節において述べた、私が携わってきた各種臨床は、精神科病院といえども、まったく異なる領域である。当然、私が各臨床現場で支援させていただいた本人ならびにその家族の疾患や障害、その背景、そしてその生きづらさ等々は、すべて異なっていたわけであるが、上述してきたようなそれらの臨床経験から見えてきたテーマは、本人ならびにその家族に深く残る精神保健福祉領域での「スピリチュアル・ペイン」と称される共通の痛みであり、そのケアが究極的な支援となっていくことである。

WHOは、現時点では、従来の「健康の定義」の中に、「スピリチュアル」な状態を加えることはできていないが、今後、「宗教が拓く心理学の新たな世界」を考えたとき、「健康の定義」にはもちろん、アルコール臨床を含む精神保健福祉領域のさまざまな生きづらさの中にも、「スピリチュアル」な視点を取り入れていく必要があるのではないだろうか。また、アルコール臨床の中で「スピリチュアリティ」に重きを置いているAAと自然にコラボレーションできている臨床現場と同様に、「宗教が拓く心理学の新たな世界」では、抵抗なく「スピリチュアリティ」が共通言語となることが求められよう。

注記

＊1　第1節は本章の趣旨に沿って岡田（2015）を要約・再構成したものである。第2節・第3節の執筆にあたっては、

アルコホーリクスアノニマスワールドサービス社（2001）および葛西（2007）を参考にした。

＊2　１９２１年、ルター派の牧師であるフランク・ブックマン（Buchman, F. N. D., 1878-1961）が創始した福音伝道運動。のちに（１９３８年以降）、道徳再武装（Moral Re-Armament: MRA）と称され、２００１年にＭＲＡは、名称をイニシアティブズ・オブ・チェンジ（Initiatives of Change: I of C）に変更した。

文献

アルコホーリクスアノニマスワールドサービス社（著）、ＡＡ日本出版局（訳編）（2001）『アルコホーリクス・アノニマス』ＡＡ日本ゼネラルサービスオフィス

葛西賢太（2007）『断酒が作り出す共同性――アルコール依存からの回復を信じる人々』世界思想社

Katz, A. H. (1993) *Self-help in America: A Social Movement Perspective*. Twayne.〔久保紘章（監訳）（1997）『セルフヘルプ・グループ』岩崎学術出版社〕

Keller, H. A. (1958) *My Religion*. Swedenborg Foundation.〔柳瀬芳意（訳）（1979）『わたしの宗教』静思社〕

岡田正彦（2015）「日本心理学会第78回大会公募シンポジウム『宗教心理学的研究の展開（12）―宗教心理学とできること―』に参加して」『宗教心理学研究会ニューズレター』21, 15-18

Van Dusen, W. (1974) *The Presence of Other Worlds: The Psychological/Spiritual Findings of Emanuel Swedenborg*. Swedenborg Foundation.〔今村光一（訳）（1985）『霊感者スウェーデンボルグ――その心理学的・心霊科学的探求』日本教文社〕

World Health Organization (1992) *The ICD-10 Classification of Mental and Behavioural Disorders: Clinical Descriptions and Diagnostic Guidelines*.〔融道男・中根允文・小見山実　岡崎祐士・大久保善朗（監訳）（2005）『ＩＣＤ-10 精神および行動の障害――臨床記述と診断ガイドライン 新訂版』医学書院〕

第18章　発達障害と宗教心理学

森　マミ

第1節　はじめに

スクールカウンセラーとして学校現場で働いてきた筆者は、不登校の背景に多く存在する発達障害圏の子どもたちやその保護者と向き合ってきた。発達障害者支援法（２００５年）を受けて特別支援教育（２００７年）がスタートしたが、文部科学省の調査（２０１２年）では、特別な支援が必要な子どもは通常の学級に約６・５％いるとされる。発達障害は、日本ＬＤ学会編『発達障害事典』では「広く、何らかの発達の偏りや遅れなどが通常低年齢から見られ、日常生活や社会生活で制限を受ける者」（拓植 2016, p.2）とあるが、法制上の定義（発達障害者支援法による）も学術的定義（ＤＳＭ-５等）もまだ確立されてはいない。

発達障害はグレーゾーンの幅が広く、確定診断が難しい。障害像や発達像がつかみにくいため、障害受容がより困難となる。先に筆者は『大人になった発達障害の仲間たち』（森 2019）で、４人のストーリー〈診断あり〉〈グレーゾーン〉〈診断へのアクセスの失敗〉〈未診断でもＯＫ〉を通して、大人になって幸せになるために、発達障害にどう向き合っていけばよいかを問いかけた。次節では、その中の一人、綾ちゃんのストーリーを紹介する。[*1]

第2節　綾ちゃんのストーリー

〈診断へのアクセスの失敗〉によって二次障害を発症した綾ちゃんは、自閉症スペクトラム障害、注意欠如多動性障害、境界知能が疑われる中学生だった。いじめがきっかけで不登校になったが、小学5年生ごろから勉強がわからなくなったと言っていることから、不登校の原因には学習不振もあり、さらにその背景には深刻な注意欠如の問題があったと思われる。また、友だちができなくて、遠足に行って一緒にお昼を食べる人が見つからず、お弁当をそのまま持ち帰ったこともあったという。しかし児童相談所の嘱託医は問題ないと温かく両親を励ました。

なんとか私立高校に進学するが、やはり友だちができずに寂しかったのだろう、ネットで知り合った中年男性とホテルに行ったことが発覚し退学。その後、専門学校に入学したが休学ののちに退学。挫折を重ねる中で、特性や適性についての助言は得られず、一方で、対人関係の寂しさは続いた。綾ちゃんは他者の意図やパーソナルスペースが理解できない傾向があった。SNSで知り合った男性と一緒に住むつもりで家を出たが、関係はすぐに破綻した。「二度とストーカーはしません」と指印が押された誓約書をのちに母親が綾ちゃんのバッグの中に見つけたという。やがて天井の向こうから声が聞こえ始める。「仕事もしないで！」「死ね」。統合失調症の発症である。症状は悪化し、閉鎖病棟に入院した。発症直後、「幸せになりたい」とすがり付くように言っていた綾ちゃんのストーリーはどこへ向かうのか。

第3節　2種類の「特別」

綾ちゃんが中学生のころにはまだ特別支援教育は始まっていなかった。しかし確定診断の難しさや支援体制のなさと同程度に問題だったのは、親が抱く「差別」への恐れだったと思う。特別支援教育では「あなたは特別な存在ではない」と明確に伝える必要があるという。特別ではない……うん？　関連著書の中で初めて目にしたときはとても驚いた。

筆者はクリスチャンで、人は神様から無条件に愛されている「特別な存在だ」という世界観の中で生きてきた。キリスト教では、弱さや罪とどんなに格闘してもこれにうち克つことのできなかった人間が、ありのままで赦され受け入れられる。そんな自分自身を知れば知るほど、他者を見下したり差別したりすることができない。本来的には、「特別」に愛されることは「差別」とは無縁だ。金子みすゞの詩の中の一節「みんなちがって、みんないい」は、学校教育の中では浸透しているものと思っていた。しかし、自分は障害者じゃないから「特別扱い」はされたくないと、支援を提案されても拒む子どもたちもいる。差別への恐れは「みんなと同じ」であることを強いる。「特別扱い」されたくないと言うときの「特別」は、他者より価値の低い不幸な自分という響きの差別言葉なのだ。

差別への恐れは、おそらく知的障害のある人たちが受けてきたひどい歴史に端を発している。綾ちゃんの二次障害の背後には、優生思想のようなものを生み出す人間の罪が横たわっているように思う。キリスト教の枠を超えて、「愛されている特別な存在」という価値観が「障害受容」につながるのではないかという思いは拙著の中では追究できなかった。そこで、障害受容についての先行研究を読みあさった。受容、とくに親の障害受容は、その子どもが公の支援を受けることにつながるかどうかの切実かつ緊急のテーマなのである。

第4節　障害受容と価値観の転換

「障害受容」という概念は、リハビリテーションの分野で１９５０年代に提唱された。人生の途中で事故や病気などで身体に障害をもつことになった人が早期に機能訓練を受けるために、専門家が検討すべき課題として取り上げたものである。上田敏（1983, p.209）の「障害の受容とはあきらめでも居直りでもなく、障害に対する価値観（感）の転換であり、障害をもつことが自己の全体としての人間の価値を低下させるものではないことの認識と体得を通じて、恥の意識や劣等感を克服し、積極的な生活態度に転ずることである」という定義が、今もあらゆる障害受容の基盤になっているという。発達障害の領域でも２０００年代初頭には「障害受容」という概念が定着した（中田 2017）。

「障害受容」には三つのモデル――「段階説」「慢性的悲哀説」「折衷説」――があるとされる。段階説モデルには複数の説があり、その中でドローターら（Drotar et al. 1975）の5段階説〈①ショック、②否認、③悲しみと怒り、④適応、⑤再起〉が最もよく知られている。慢性的悲哀説（Olshansky 1962）は、親の感情は段階的に変化するのではなく、その内面には「絶えざる悲しみ」が長期的に存在しているというものである。折衷説は、中田（1995）が提唱したモデルで、肯定と否定の両面感情が状況によって現れ方を変えながら続いていく（＝螺旋形モデル）というものである。

先述の上田（1983）の定義は、段階説の一つである。受容理論のルーツともいえるライト（Wright 1960）らによるものなのだが、受容の本質を「価値の転換」であるとし、その内容を成し同時にそれを促進する因子として、四つの側面〈価値の範囲の拡大〉〈障害の与える影響の制限〉〈内面的価値のほうがより重要〉〈比較価値から資産価値への転換〉があげられている。この「価値観の転換」は「段階説モデル」の最終段階に位置するもの、つまり障害受容のゴールだとされた。

上田（1983）の定義が障害受容の王道だとされてはいても、価値観に言及した研究は少ない。その中で、要田（1989）は、ダウン症児M子の母親のインタビュー事例から、「人間の価値とは何か」という価値観の変化に力点を置いて母親の心の変化を捉え、親の障害児受容過程を〈葛藤・受容・変革〉の3段階に分けた。自己憐憫や子どもの拒否（第一段階）から、母を慕う子どもの笑み等で自分との絆が形成されるにつけわが子は受け入れられる状態（第二段階）へ、そこから障害があってもいいのだという障害そのものを受容する価値観（第三段階）へ進むとし、最終段階を「障害を劣等と捉えない障害者観」とした。

第5節　障害受容批判と研究法の課題

1990年代後半から2000年代初頭には障害受容論そのものに対しての批判が起こる。そもそも障害は受容されなければならないのか、母親の重すぎる役割論への懐疑等が提起された（中田 2017）。また、障害は社会が受容すべきであるとする「社会受容」論の南雲（2002）や、障害受容を前提とする支援者側の問題を分析した田島（2009）等があげられる。

「折衷説」を提唱した中田（1995）は、独自の手順によって選んだ9本のレビュー論文を詳細に分析していて、その中で障害受容研究の方法論についても触れている。「段階説」も「慢性的悲哀説」もどちらも臨床経験から構築された仮説なのでモデルの実証性を検証する必要があること、質的研究と量的研究の両方による体系的な研究を目指したいこと等があげられている。さらに他の論文も合わせて課題を整理すると、障害の種類と程度、確定診断の難易度、告知の様相とそれに続く支援の状態、親の年齢や思想、親子各々のライフステージ、父母の差異、地域の文化や理解等を細かく分類して研究する必要があるという点があげられる

（中田 2017）。

第6節　お母さんたちの声

より普遍的な知見を得るための方法論を追求しつつ、隣の一人のための研究でもありたい。再び綾ちゃんの前に立ち、身近な人（障害のある子どもをもつ母親）の声を聞くために、知人十数名に自由記述アンケート

表1　障害受容のきっかけ・気持ち

グループ	母(年齢)		子(年齢と診断名)	キーワード	宗教
即時納得群 （[H]と[L]は即時納得でもある）	A	36	1　染色体異常他	●離婚　■お子さんのもっているものがある	神道・仏教
	B	28	3　ASD	●まず全力で夫を説得、やっと受け入れてもらう	キリスト教
	C	44	6　ADHD	●夫「誰にも言うな」。支援依頼できず孤独と葛藤	神道・仏教
	D	33	8　ASD他	●差別　■受容を深めた価値観＝聖書から	キリスト教
	E	35	13　ADHD	●周囲から引かれた目線、辛い、「死にたい」（子）	無宗教
	F	41	14　ASD	●無理解にショック　■回復＝そのままでいい	無宗教
支援成長群	G	34	6　LD、境界知能	●身内から辛い思い　★妊娠中の自分を責めた	無宗教
母性決意群	[H]	50	13　ASD	●支援者の対応悪い、「永遠に子どもの味方になろう」	無宗教
	I	54	21　（精神障害）	●いじめ、症状悪化、「私が変わるしかない」	神道・仏教
説得告知群	J	41	10　ASD	心理士「障害に近いグレー」、2人目の医師からの告知	キリスト教
	K	38	11　ADHD	馬鹿にしているのかと激怒（母）、何度も言われて	イスラム教
モヤモヤ群	[L]	61	29　ADHD	●パワハラ、社会人になってから診断、適応に困難さ	仏教
	M	未記入	未確定診断	いまだはっきりした診断名はない	キリスト教

※年齢＝診断時、●＝他者からの苦しみ、■＝価値観の転換・深化を表現、★＝自責の念
ＡＳＤ＝自閉症スペクトラム障害、ＡＤＨＤ＝注意欠如多動性障害、ＬＤ＝限局性学習障害

を依頼して次の問いかけをした（２０２０年11～12月実施）。「発達障害だと受け入れようと思ったときは、診断からどのくらいたっていましたか。そのときの、きっかけ・出来事・状況等、あなたの気持ち・考え・価値観等について教えてください」。

受け入れようと思った契機だけに焦点を当てると、「発達・心理面に心配な点があり診断にはすぐに納得した」という「即時納得群」が６人（Ⓗと Ⓛを含めると８人）、「サポートが得られて子どもが楽しそうにしている姿を見て」という「支援成長群」が１人、「母として私が変わるしかない、永遠に子どもの味方になろう」という「母性決意群」が２人、「複数の専門家（教師・医者・心理士）から説得・告知を受けて」という「説得告知群」が２人、「社会人になってから診断がついたが対応に戸惑っている、いまだ診断名がはっきりしない」という「モヤモヤ群」が２人、という結果だった。

第７節　他者と比較しない自分の価値

直接的な質問ではなかったにもかかわらず、パワハラや冷やかな視線に涙した母子等「他人から負わせられる苦しみ」（南雲 2002, p.4）についての記述が多数見られた。またアンケートでは、家族への説明に奔走した母、「誰にも言うな」と命令する夫と孤独に闘っている母親の姿等、家族の無理解に苦しんだ記述も見られた。その背後には綾ちゃんの両親と同じ偏見や差別への恐れがある。綾ちゃんはこの《差別という悪魔に打たれた》と表現してもよいくらいである。しかしながら、はたして差別はなくなるものだろうか？　少なくとも他者は変えられないし社会もすぐには変わらないだろう。それならば、内在的存在価値を信じて支援にアクセスする道筋を拓きたい。

母親Ｆの記述には、周囲の無理解に苦しんだ子どもがフリースクールで「ありのままの自分でいい」ということを学び「自信を取り戻していった」とある。その言葉には、他者と比較しない自己の存在に関する価値観（資産価値）が含まれている。母親HとIには、「ありのままのわが子を受け入れよう」とする覚悟や相当な努力が見られた。

母親Aの子どもは重症心身障害だったが、「あるとき、医療ケースワーカーに『お母さんが仕事をやめられてお子さんに尽くされてもお子さんのもっているものがあります』と言われ私の気持ちは固まりました」という。〈子どものもっているもの〉とは、たとえそれが重度の障害であろうと、この世に生を受けた意味と使命であり個々の「ミッション」とか「天分」のことなのだろう。同様に母には母の個としての使命があるという意味合いの言葉が続く。その言葉はシンプルだが、深い。仕事を続ける決心とともに、新たにミッションとしての「親を選びなおし、引き受けなおす作業」（松倉 2000, p.53）に母親Aを導いたのだ。

母親Dの記述は、「受け入れようと思った気持ちをもっと深めたきっかけは、聖書の言葉『私の目にはあなたは高価で尊い』、『この人が罪を犯したのでもなく両親でもありません。神のわざがこの人に現れるためです』を知ってから、高価で尊い特別な存在として受け入れることができた。また障害は神様のご計画や目的があるのだと前向きに考えられた」という気持ちの深化についての内容だった。これは母親Gの「妊娠中、つわりがひどくほとんど食べられなかったので自分のせいだと責めていました」という自責の念を温かく包んでもくれる価値観ではないだろうか。

第8節　差別にうち克つ価値観とは（宗教心理学というグラウンドにて！）

岩井（2011, p.247）は、「他者との比較によって自己の価値を計るような行為とは距離を置き、人格的価値を磨き己の内在的価値を確信しているような人物は、障害者であっても健常者であっても、突出した自我の強さを持つ『尊敬されるべき人物』であり、すべての障害者の目標として強いられるべきものではない」といっている。確かに強いられるべきではないし、それは自己完結的に自我の強さがなせる業ではないと思う。しかし差別や偏見に対峙するには、内在的価値という視座からの研究が必要なのではないか。まだまだ公立学校における人権教育は「みんなちがって、みんないい」まで成熟していないのが現状だ。宗教心理学というグラウンドが担える役割があると思う。

前節で取り上げた母親たちの声——「ありのままでいい」「この世に生を受けた意味と使命がある」「（障害は）罪を犯した結果ではない」——や、差別や偏見を生じる人間の姿やそれと対極にある価値観の背景には宗教的世界観が存在する。特定の宗教の枠を超えて、無宗教と自認する人も含めてそれぞれの障害者観や価値観についての記述を寄せ集め、対象を当事者や保護者に限定せず広く多くの人に問いかけてみてはどうだろう。「発達障害圏の子どもや親にとっていかなる考えや価値観がより障害を受け入れやすく（受け入れがたく）すると思うか」。キリスト教の神の愛、儒教の仁、仏教の衆生《しゅじょう》救済の大慈悲のような（大谷 1993）宗教的価値観が障害受容の促進要因になりうるかどうかを調べると同時に、障害受容に影響を与えていると思われる負の要因（スティグマの現状）を自由記述等により抽出し整理してみたい。さまざまな宗教心理学の研究者たちの協働が、より謙遜で精査された研究を拓いていけるのではないだろうか。発達障害圏の人や親にとってはその研究そのものが不条理な現実の中での優しい語りかけとなり、綾ちゃんにはストーリーの再構成の機会となることを願ってやまない。

第9節　おわりに（ライフヒストリー）

「幸せになりたい」と言った綾ちゃん。幸せになってほしい。しかし、大人になって幸せになるために何が必要なのかを、綾ちゃんを含め発達障害圏の子どもの親たちに伝えきれない面接場面が筆者にはいくつもあったように思う。すでに述べてきたように、周囲だけではなく当事者やその保護者自身にも障害に対する差別や偏見、または心の傷があるからだ。特性に関するわかりやすい説明は工夫できる。しかし、「差別や偏見を生じる人間の罪の姿や深い心の傷」にまで触れるのは、深層心理学の理論や技術でも間に合わず、宗教的世界観が必要だと感じてきた。筆者には二つの枷がある。一つは心理士としての枷。中立であるべきと自らの価値観を語らないのが常になった。もう一つは自分の信仰にかけた蓋。とくに公教育の場では注意深く自分の宗教的世界観を抑えてきた。本当は、「自分はバカだから本が読めない」と言う学習障害の子どもには、「本がうまく読めなくても、君は世界中に一人しかいない特別な使命をもって生まれてきたんだよ」と励まして支援を勧めたかった。「いつも悪いことばかりして！」と叱られがちの衝動性の高い少年には、「どんな罪を犯しても、赦されるんだよ」という福音を伝えたかった。宗教心理学は、二つの枷から解かれ、人は幸せになるために生まれてきたのだという世界観を自由に広げられる舞台なのだ。

注記

＊1　綾ちゃんのモデルは実在するが、複数のエピソードを合わせた架空事例である。今回そのストーリーを紹介するにあたり、関係者にはあらためて掲載許可を得た。

文献

Drotar, D., Baskiewicz, A., Irvin, N., Kennell, J., Klaus, M. (1975) The Adaptation of Parents to the Birth of an' Infant with a Congenital Malformation: A Hypothetical Model. *Pediatrics*, 56, 710-717

岩井阿礼（2011）「障害受容概念と社会的価値――当事者の視点から」『淑徳大学研究紀要』45, 239-250

松倉真理子（2000）「ソーシャルワークにおける『ストーリー』の思考――『障害児の親』プロトタイプと『障害受容』の困難さをめぐって」『ソーシャルワーク研究』26, 224-231
森マミ（2019）『大人になった発達障害の仲間たち』いのちのことば社
南雲直二（2002）『社会受容［障害受容の本質］』荘道社
中田洋二郎（1995）「親の障害の認識と受容に関する考察――受容の段階説と慢性的悲哀」『早稲田心理学年報』27, 83-92
中田洋二郎（2017）「発達障害における親の『障害受容』――レビュー論文の概観」『立正大学心理学研究年報』8, 15-30
Olshansky, S. (1962) Chronic Sorrow: A Response to Having a Mentally Defective Child. *Social Casework*, 43, 190-193
大谷藤郎（1993）『現代のスティグマ――ハンセン病・精神病・エイズ・難病の艱難』勁草書房
田島明子（2009）『障害受容再考――「障害受容」から「障害との自由」へ』三輪書店
柘植雅義（2016）「発達障害」日本LD学会（編）『発達障害事典』（pp.2-3）丸善出版
上田敏（1983）『リハビリテーションを考える――障害者の全人間的復権』青木書店
Wright, B. A. (1960) *Physical Disability: A Psychological Approach*. Harper & Row.
要田洋江（1989）「親の障害児受容過程」藤田弘子（編著）『ダウン症児の育児学』（pp.35-50）同朋舎出版

第19章　心理臨床と宗教心理学

河村従彦

第1節　筆者の研究史

キリスト教に基づく対人援助を行う中で、心理臨床の必要性を痛感するようになった。本来の順序からすれば、臨床心理学のさらにその先に宗教性が存在すると理解するのが自然である。大学院で心理臨床を学んでいたときに、お世話になった先生からこのように言われた。「あなたは宗教家なのに、どうしてここにいるのですか」。その先生は精神分析の専門家で、臨床でも活躍しておられる方である。この発言はおそらく、心理臨床が届かない領域は宗教がカバーできる可能性があるという意味だったのではないかと思う。しかし筆者の研究史は方向性が異なる。まず宗教があって、その現象を記述するために臨床心理学の知見を採用したという意味で逆である。

キリスト教の対人援助の現場は、人間理解が不足していたといわざるをえない。そのため、信徒あるいはクライエントに適切な援助ができなかった反省がある。人間科学の発展が不十分であった時代は致し方なかったとはいえ、この半世紀、臨床的・学究的な発展は目覚ましいものがある。それにもかかわらず、その知見を正しく援用しなかったばかりか、どちらかというと宗教性とは相容れないという理由で、宗教は心理学と没交渉の姿勢をとってきた。たとえば、メンタルなハンディを負った信徒やクライエントに、心理学には救済はないという前提で、信仰で治すことを勧めてきた一方で、精神科の医師からは、教会に行くと、患

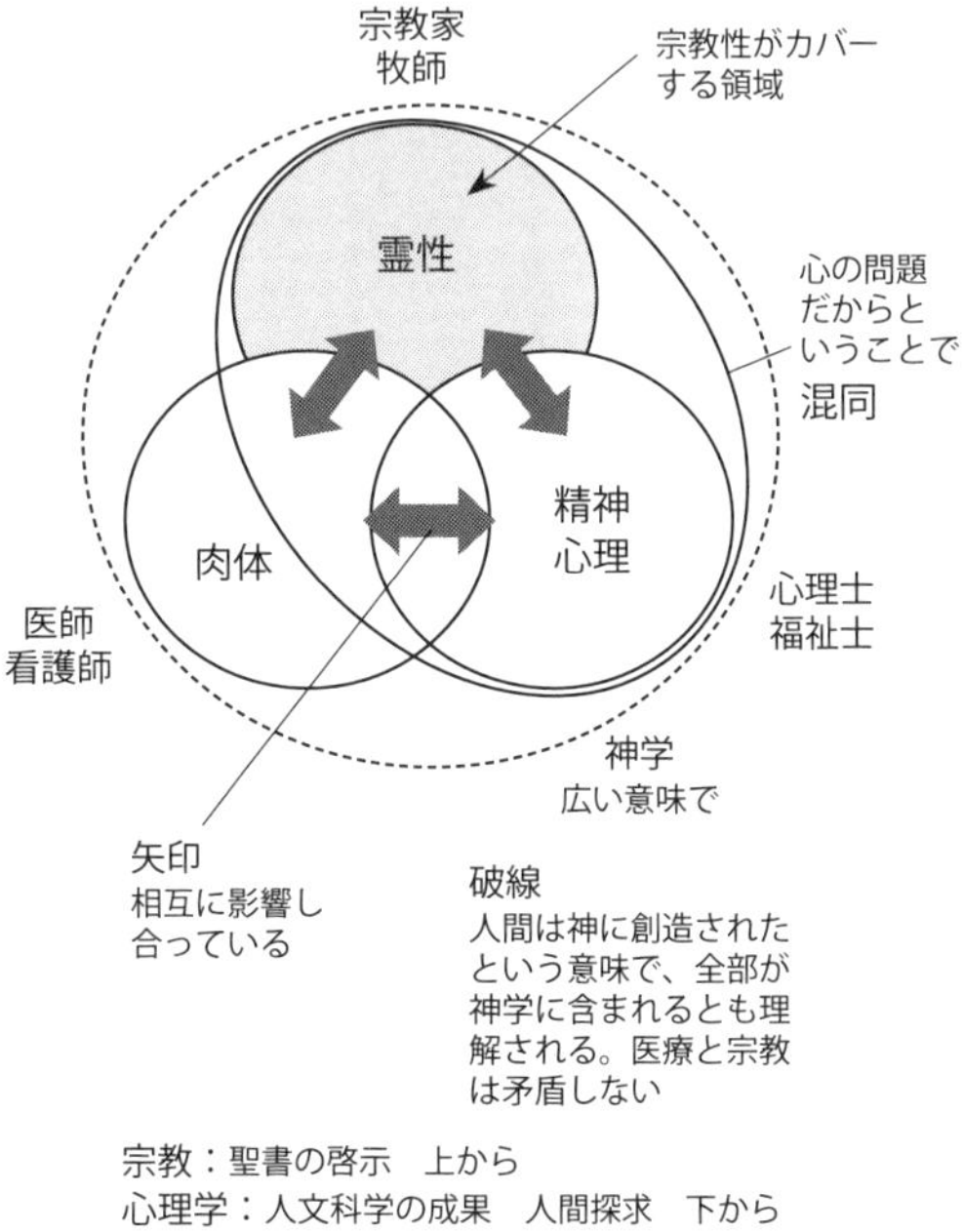

図１　肉体・心理・霊性の関係
（河村 2013, p.12 より改変）

者やクライエントの症状が悪化するといった批判も出た。

逆に振れた現象もあった。キリスト教に基づく対人援助に限界を感じたキリスト教専門職の中には、無自覚・無批判に心理学を取り込んだ人もいた。その結果、両者の異同も、それぞれの守備範囲も明らかにされないまま、キリスト教は心理学に引っ張られ、牧会や司牧がカウンセリング的色彩を帯びることになった。もちろんこれが間違いだったとは思っていない。

たとえば守備範囲の違いとして、「心」という用語の定義がある。キリスト教で「心」というのと心理学で「心」というのとでは意味が違う。「いやし」という用語も同様で、日本語の聖書で「いやし」と訳されている原語は、セラピーの語源であるθεραπεύωだが、その内容は病気が治るという意味よりも幅が広い。（医師が）治療する、手当てする、看病する、という意味に加えて、奉仕する、仕えるといった意味もある（織田 2008）。このことから、「いやし」という言葉がイメージするcureよりも、careの意味が中心となっていることがわかる。意味が正しく理解されないまま、病気が治ることに特化して聖書の文脈を読んできた面がある。

筆者が理解する肉体・精神・霊性の関係を図にまとめたので参照されたい（図１）。

宗教をベースにした援助に心理臨床が必要だと感じた理由がいくつかあった。第一に、対人援助の現場で、宗教的知見だけで対応できないことが多かったことである。ドラッグなどの依存症の問題、親子関係を含む人格形成の問題などはその一例である。第二に、宗教性による人格の回復を謳いながら、筆者自身がそうならないことに悩んだことである。この問題は、宗教の枠の中で一定の解決の方向性が見えたものの、宗教用語を使って説明しても水掛け論になるだけで、それ以上の展開は期待できなかった。宗教は、ある種の絶対性をもつからである。それで、宗教現象を心理学の用語で説明したらどうなるか考えることにした。それができれば、宗教の限界を感じている人に一筋の可能性を提示できるだろうし、他方、臨床心理学をフィールドにする人に、宗教現象の意味を説明できるのではないかと思ったからである。第三に、キリスト教の対人援助で心理学を援用するようになったものの、宗教と心理学の関係について納得のいく説明がなされていないことに危機感を抱いたこともあげられる。

このような問題意識をもって、臨床心理士の資格を取得することを目指して大学院に進学した。論文のリサーチをしていくうちに、一つの研究に出会った。神表象理論（God Image Theory）である。神表象理論はキリスト教と心理学の双方に関わり、人間がどのようなイメージで神を内在化させているかという宗教的テーマを心理学的手法で研究する、希有な学問領域である。

神表象理論はアメリカにおいて1970年前後から始まった。その草分け的存在であるリズート（Rizzuto, A.）は、アルゼンチン出身で、アメリカで臨床活動を行った女性の精神科医である。リズートはフロイト（Freud, S.）の宗教論に批判的検討を加え、対象関係論に立つウィニコット（Winnicott, D. W.）の中間領域の概念を援用して独自の神表象理論を構築した。*The Birth of Living God*（Rizzuto 1979）は、神表象研究では必ず参考文献に載る重要な文献となった。

リズートらによる神表象研究は、患者へのインタビューを記述したものだったが、その後、統計分析を取り入れた量的研究が主流となり、21世紀初頭まで、神表象と他の諸要素との関連を検討した論文が次々と発表された。並行して、神表象を測定する尺度も開発された。たとえば有名なものとして、ローレンス（Lawrence, R.）がリズート理論を参照して開発したGod Image Inventoryがある（Lawrence 1997）。一時期、内在化された神表象を測定する尺度として盛んに使われた。

このように神表象理論は、精神分析理論、対象関係論、アタッチメント理論を背景に研究が進んだ。ところが、わが国においては未検討であり、その存在を二、三の研究者が紹介するにとどまっている。

第2節　宗教における実証的心理学研究の課題

宗教現象を心理学の手法で説明しようとするとき、いくつかのことが問題となる。たとえば臨床心理学の尺度開発では、質問項目は通常インタビューなどの予備調査を行ったうえで作成する。ところが神表象研究では、聖書に書かれている概念をどのように取り込んでいるかを言語で記述するため、質問項目の中に、ある程度聖書の記述を入れ込む必要がある。しかも、適切に回答してもらうために、「神は愛である」といった抽象的な言い方ではなく、「一日が終わるとき、ホッとする」などの日常表現に改める必要も出てくる。さらに臨床心理学研究は、人間の現象を集めて原則を導き出す下から上への方向性をもつのに対し、キリスト教は神の啓示という上から下への方向性を含んでいることから、両者の折り合いがつきにくい。他の研究者にも検討してもらったが、納得のいく結論には至らず、一部曖昧さを残したまま研究を進めざるをえなかった。

もう一つは、宗教的な構成概念を実証研究に用いてよいかという問題である。神表象を測定する尺度を開発する際に、聖書学者であるカページ（Coppedge, A.）の神役割理論（Roles of God; Coppedge 2001）を援用した。

神役割理論とは、聖書本文を分析し、神がどのような役割で表現されているかをまとめた理論である。カページは「神は権力をもつ王である」「神は厳しい裁判官である」「神は愛にあふれた父である」など、八つの役割が描かれていると結論づけている。

宗教現象と心理学研究の折り合いをどのようにつけるかという問題をクリアするために、このたびの研究では「操作的定義」を行った。操作的定義とは、理論的な内実を吟味し、十分な検討を経て妥当な構成概念に集約していく方法をとることができない場合、実践的かつ具体的な運用場面を想定して、概念を実際的に定義する心理学研究の有効な手法である（渡邊 1996, p.126）。たとえば、「無意識」は理論的な概念規定をすることは難しいが、「操作的に定義する」ことによって構成概念化できるとする。

以上2点が、宗教と実証的心理学研究に折り合いをつけるために苦労した点であった。

第3節　わが国における神表象研究の概要

神表象理論はわが国では研究が行われていないため、日本をフィールドにした実態調査から始めることにした。まず神表象を測定する尺度を開発した。質問項目を作成、予備調査を実施、因子分析を行った結果、2因子が抽出された（神イメージ尺度日本版。以下、ＧＩＳＪ）。

第二段階では、ＧＩＳＪを用いて量的分析を行った。カトリック、聖公会からプロテスタント諸派まで、キリスト者を対象に広範なアンケート調査を実施し、キリスト者が内在化させている神表象の実態を把握することに努めた。さらに相関分析を行い、基本的信頼感、自尊感情、社会性などとの関連を検討した。その結果、肯定的な神表象を内在化させている人は、基本的信頼感、自尊感情、社会性が肯定的であるとの相関が見られた。さらに、エリクソン（Erikson, E. H.）の心理社会的発達段階との関連、ボウルビー（Bowlby, J.）の

表1　GISJ　2因子の因子分析結果（河村 2015）

	質問項目	イメージ	F1	F2	共通性
第1因子：　親しい存在　(α＝.95)					
22	神は善だから、わたしは神を信頼すれば安心だ	牧者	**.79**	-.03	.63
8	自分にとって神は羊を大切に守る羊飼いのような存在である	牧者	**.79**	-.04	.63
7	神はわたしにとって知恵のある王（君主）のような存在で、頼りになる	王	**.77**	.18	.62
13	神は憐れみふかく、罪・失敗を赦し、心を聖くしてくれる方である	祭司	**.76**	-.06	.59
6	自分にとって神は愛に満ちた父のような存在である	父	**.76**	-.05	.59
10	神は人生の師であり、真理を教えてくれる方である	教師	**.75**	.04	.56
2	自分は功績を上げなくてもありのまま神に受け入れてもらえると実感している	父	**.75**	-.13	.58
5	神は親しい友だち、良い相談相手であり、正しいことを教えてくれる	友だち	**.74**	.07	.54
19	神にとってわたしは子どものような存在なので、一日を終わる時も安心だ	父	**.74**	-.09	.56
17	神は救い出す方、力強い存在である	救出者	**.74**	-.02	.55
20	自分は神との間にはギクシャク感がなく、和解していると思う	友だち	**.72**	-.09	.53
1	神はわたしの心を聖くしてくれる方である	祭司	**.72**	.04	.51
11	自分は神から、従業員ではなく子どものように扱われている	父	**.68**	.00	.46
4	自分はかつて迷っていたが、今は帰るべきふるさとにいる感じがする	牧者	**.66**	.03	.44
14	神は近くにいる親しい友だちみたいな存在である	友だち	**.63**	.06	.39
16	神は創造者、宇宙の源であり、わたしを創造した方である	創造	**.62**	-.05	.39
第2因子：　厳しい存在　(α＝.72)					
21	自分にとって神は、細かいルールで監視する厳しい裁判官のような存在である	裁判官	-.10	**.72**	.54
12	神は義なので、一日を終わる時、不安になる	裁判官	-.02	**.60**	.37
18	神はわたしのミスを簡単には赦さない存在だと思う	裁判官	-.12	**.59**	.37
15	神はわたしにとって支配的な権力者である	王	.28	**.56**	.38
3	神はあまりに偉すぎて、とても近づきにくい存在だ	王	-.19	**.49**	.29
9	神は絶対権限をもって、わたしの全部を要求してくる方である	王	.41	**.49**	.39
	因子間相関		F1	F2	
		F1		-.06	

※主因子法／プロマックス回転。　n＝444

愛着との関連、土居健郎の甘えの心理との関連も検討した。

第三段階では、質的分析を行った。神表象が変化した人を対象に、半構造化面接とM-GTA（修正版グラウンデッド・セオリー・アプローチ）を用いて、変化のプロセスについて検討した。その結果、神表象が変化する前に、例外なく人生の重大なイベントがあることがわかった。また神表象が変化した後は、それまでと異なるレベルの自己認識に至っていた。このように神表象の変化は、生き方やアイデンティティに影響を与えていることが明らかになった（河村 2015）。ここでは詳細は省略する。

第4節　宗教と心理学の臨床的課題

人間が内在化させている神表象とその人の生き方の間に相関があるとすれば、そのことを臨床に使えるのではないかというのが次の課題である。相談室を訪れるキリスト者クライエントの多くは、ネガティブな神表象を取り込んでいる。「なぜこの方は、神をこんなに怖い存在として取り込んでいるのだろうか？」といった具合である。神表象を取り込むプロセスは、幼少期の親の養育態度にも影響される。したがって、内在化されている神表象を検討することによって、人格形成のあり方を見直すこともできるし、臨床のプロセスで神表象が修正されれば、心理的治療効果も期待できる。神表象理論の臨床モデルの構築が、今後の課題である。

冒頭で述べたように、わが国においては、キリスト教と心理学が没交渉だったり、逆に心理学を無自覚・無批判に取り込んでいたりという混乱が見られる中で、神表象理論は、実証的な心理学研究法を用いて宗教にアプローチできる数少ない領域である。日本では手つかずのままであり、次の研究者にはさらに丁寧な実証研究を重ね、臨床に資する知見を提出してほしい。

文献

Coppedge, A. (2001) *Portraits of God: A Biblical Theology of Holiness*. InterVarsity Press.

河村従彦（2013）『神さまイメージ豊かさ再発見』イムマヌエル綜合伝道団出版事業部

河村従彦（2015）「日本人キリスト者の神表象研究――Wesley理論に基づく教会教育の視点から」東洋英和女学院大学大学院人間科学研究科人間科学専攻博士後期課程博士論文

Lawrence, R. T. (1997) Measuring the Image of God: The God Image Inventory and the God Image Scales. *Journal of Psychology and Theology*, 25, 214-226

織田昭（編）（2008）『電子版　織田昭新約聖書ギリシャ語小辞典』日本コンピュータ―聖書研究会

Rizzuto, A.-M. (1979) *The Birth of the Living God: A Psychoanalytic Stusy*. The University of Chicago Press.

渡邊芳之（1996）「心理学的測定と構成概念」『北海道医療大学看護福祉学部紀要』3, 125-132

第20章　子ども（乳幼児期）と宗教心理学

辻本　耐

第1節　仏教学から心理学へ

筆者の実家は浄土系（浄土真宗）の仏教寺院である。しかも長男であったため、幼いころよりお寺の後継者として育てられた。不思議なもので、いつの間にか自分でもそういうものだと思うようになり、大学卒業後は就職せず、仏教系の大学院に進学して研鑽を積むことにした。大学院に進学した当初、重箱の隅をつつくようにテキストを読んでいく講義に戸惑いながらも、仏教を本格的に学ぶのはそれなりに楽しかった。

しかし、しばらく大学院生活を続けていくうちに大きな転機が訪れた。たまたま受講していた集中講義の内容が、社会心理学の観点から宗教（性）を捉えようとするものだったのである。経典や論書といったテキストを中心に学んできた筆者にとって、調査や実験によって得られたデータに基づく心理学の方法論はとても斬新であり、魅力的に思えた。この講義を受けてから、心理学を勉強したいという思いが膨らんでしまい、結局、在籍していた大学院を退学して、心理学の研究室がある別の大学院に入り直してしまった。

専門を心理学に移してからも、僧侶であることが影響しているためか、筆者の関心は人間の死生に関わる問題が中心であった。この死生の問題は本書のタイトルにある「宗教」と密接に関連している。そこで、「子どもと宗教」というテーマを考えるにあたり、筆者が幼児期の子どもを対象に行った「死の理解」に関する研究を紹介したいと思う。そして、ここで認められた子どもの反応を手がかりとして、子どもの宗教性発達について論じていきたい。

第2節　子どもを対象とした調査の難しさ

一般的に、幼い子どもは死を理解するだけの認知能力をもっていないと思われているかもしれない。しかし、当時4歳であった筆者の長男から「死んだらどうなるの？」と、しきりに尋ねられたことがあった。この彼からの問いかけをきっかけとして、幼い子どもであっても死に関心をもち、子どもなりに死を理解しようとしているのではないかと思い、このテーマの着想に至った。

研究テーマは決まったものの、幼い子ども相手に、「死」という否定的かつ抽象的な内容を調査するにあたってさまざまな苦労があった。まずは調査を受け入れてもらえる施設を探さないことには何も始まらない。急いで研究計画書を作成し、それを片手に近隣の幼稚園や保育園を片っ端からまわることにした。しかし、どこの施設でも、調査内容に「死」が含まれていることを理由に、ことごとく調査を断られてしまった。それでも粘り強く半年ほど探し続けて、ようやく二つの幼稚園から調査の許可をもらうことができた。すぐにでも調査を始めたいところであったが、筆者にとって幼い子どもを調査対象とするのは初めての経験であったうえに、「死」に関する内容をどのように測定すればよいのか手探りの状態であった。そのため、予備調査として、先行研究（Wenestam 1984）を参考に、描画法を試してみることにした。お絵描きならば子どもたちにもなじみがあるだろうし、ある程度の人数を集めて一斉に行えば、一度に多くのデータを収集できるという下心もあった。しかし、実際には私の思惑どおりにはいかなかった。子どもたちに死をテーマにした絵本を読み聞かせた後、「(この絵本について) 自由に絵を描いてください」と指示したのであるが、誰一人として絵を描こうとはしなかった。子どもたちは周りの友だちがどんな絵を描くのだろうかと気になる様子で、周囲をキョロキョロと見回しているだけであった。そうしているうちに、一人の男の子が赤いクレヨンをおもむろに手に取ってネコを描き始めたところ、他の子どもたちも一斉に赤いクレヨンでネコを描きだしてしまった。

結局のところ、予備調査は赤いネコの絵を20枚ほど回収して終了した。この苦い経験を踏まえて、複数の子どもたちを同時に調査した場合、お互いの存在が気になってしまうこと、描画のような自由度の高い調査方法ではかえって子どもは答えにくいことがわかった。したがって、その後の調査では、子ども一人ひとりに対して面接を行い、子どもが答えやすいクローズド質問（「はい・いいえ」や「AかB」といった選択式で答えることができる質問方法のこと）を中心に調査を組み立てることにした。

第3節　幼児期における子どもの死の理解

子どもの死の理解に関わる研究は、死の概念に焦点を当てた認知発達研究において取り組まれてきた（Harris & Giménez 2005）。この死の概念とは、死の生物学的な特徴を表したものであり、子どもが死を理解しているかどうかを測定する際の指標となっている。代表的なものとして、機能停止（finality・nonfunctionality）、不可逆性（irreversibility）、普遍性（universality）の三つがある。機能停止とは生命に特徴づけられた機能が停止すること、不可逆性とは生物はひとたび死ぬと生き返らないこと、普遍性とはすべての生物に死が訪れることを意味している。そして、子どもはこれらの概念を5歳から7歳ごろにかけて徐々に理解していき、9・10歳までには理解し終えるといわれている（Speece & Brent 1984）。

5歳から7歳ごろにかけて子どもが死を理解していくのであれば、幼児期はその発達過程を検討するうえで重要な時期といえる。最初の調査として、筆者もこの時期の子どもがこれらの死の概念を理解しているかどうか確認することにした。年少児（3・4歳児）、年中児（4・5歳児）、年長児（5・6歳児）に対して聞き取り調査を行い、クローズド質問によって機能停止、不可逆性、普遍性を測定した。質問内容は、不可逆性であれば「死んだ人は生き返りますか？」といったように、死の概念を反映させたものを用いた。筆者は、年少児から年長児へと学年が上がるにつれて、正答率も上がっていくものだと考えていた。ところが、普遍性については年少児・年中児で1、2割程度、年長児で5割の正答率であったが、機能停止と不可逆性の正答率はすべての学年で8、9割という結果であった。こういった傾向は先行研究（例：Rosengren, Gutiérrez, & Schein 2014）でも指摘されていたが、年少児であっても、考え込んだり、迷ったりすることもなく正しい選択肢を選んでいく様子には、正直なところ驚いた。

それでは、この結果を踏まえて、3・4歳児であっても死の一部の側面をすでに理解していると結論づけてもよいであろうか。伝統的に、どのような測定方法や質問内容であれ、その研究で用いられた測定方法によって「理解している」と評価された場合、それは大人と同等の理解であることが前提となっている。しかし、簡便な回答方式であるクローズド質問のみで評価された理解が大人の成熟した理解と同等だと判断するには早急とも考えられ、測定方法をさらに工夫する必要があるように思えた。そこで次の調査から、クローズド質問の回答に至った根拠を問う理由づけ質問（「なぜそう思うのか？」）を加えることで、より詳細に子どもの理解を評価することにした。

調査対象は、年中児と年長児で、測定した死の概念は先ほどと同じ三つの死の概念であった。機能停止については、身体機能の停止（以下、機能停止①）と認知機能の停止（以下、機能停止②）に分け、機能停止①では「死んだ人は、お話ししたり、お散歩をしますか？」、機能停止②では「死んだ人は、ものを見たり、お話を聞いたりしますか？」と尋ねた。不可逆性については、「死んだ人は生き返りますか？」、普遍性につい

表1　クローズド質問に正答した場合と適切な理由づけをした場合の人数分布

N		機能停止① クローズド質問正答	機能停止① 理由づけ質問適切	機能停止② クローズド質問正答	機能停止② 理由づけ質問適切	不可逆性 クローズド質問正答	不可逆性 理由づけ質問適切	普遍性 クローズド質問正答	普遍性 理由づけ質問適切
年中児 48	度数	39	11	38	5	39	14	22	10
	%	81.3	22.9	79.2	10.4	81.3	29.2	45.8	20.8
年長児 49	度数	42	17	36	18	40	22	21	13
	%	85.7	34.7	73.5	36.7	81.6	44.9	42.9	26.5
全　体 97	度数	81	29	74	25	79	39	43	23
	%	83.5	29.9	76.3	25.8	81.4	40.2	44.3	23.7

ては、「人は誰でも死にますか?」と尋ねた。理由づけ質問は、それぞれのクローズド質問の後に正答か誤答かに関係なく実施した。理由づけ反応が適切かどうかについての評価は、クローズド質問の回答と矛盾がないか、科学的（生物学的）であるか、または筆者（大人）が納得できる内容であるかなどといった点で判断された。

結果として（表1）、先ほどの調査と同様にクローズド質問における機能停止と不可逆性の正答率は高いものの、理由づけ質問において適切だと評価された反応は、ほとんどの概念で2割から3割程度と高くはなかった。つまり、幼児期の子どもは大人と同等の理解を有しているとはいえないが、クローズド質問のような簡便な測定方法を用いた場合、それに正解できるだけの理解の水準には達していることが示された。以上の結果を踏まえると、われわれが予想しているよりも幼い時期から、子どもは死の生物学的な特徴を理解しつつあるといえるのではないだろうか。

第4節　死の理解から宗教性発達へ

ここまで、筆者が行った子どもの死の理解に関わる研究を紹介してきた。ここで得られた反応をもとに、「子どもと宗教」について考えていきたい。クローズド質問に「誤答」であった場合の理由づけ反応を整理・分類したところ（表2）、機能停止①・②および不可逆性の理由づけ反応において、

表2　クローズド質問において誤答であった場合の反応から生成した理由づけカテゴリー

カテゴリー名	分類基準	反応例
死後の世界	現世ではない別の場所に行くといった表現	天国で……できる　天国に行って神様と相談して生き返る
つながり	死者を身近に感じるような内容	心の中で……できる　気持ちが伝わる
生まれ変わり	死んだ後に再び人間もしくは他の生物となってこの世に生まれること	お腹からまた生まれ変わる　人間から虫になったり、動物になったりして、また人間に戻る
経験・伝聞	過去の体験、または他者からの伝聞	死んだ人もニュースに出てた　誰かがそう言っていた
活動の継続	死後も動作すること、生の状態に戻ること	……する（できる）：お話する　元気だから
回　復	健康な状態に戻ること	熱が下がったから
特殊な状況	特定の対象に死の特性を当てはめる（当てはめない）特定の条件によって、死の特性を当てはめない	年寄りだけ死ぬ　赤ちゃんは死なない　病院行ったら生き返る　薬飲んで治ったら生き返る
病院への搬送*	病院への搬送	病院に行く
不　明	了解が不可能だったもの、具体的な内容に乏しく分類が困難であったもの	
DK**・反応なし	回答が得られなかったもの	

* “病院に行けば治る”といった反応は、「特殊な状況」に分類した。
** DK=Don't Know（「わからない」と回答）の略。

「死後の世界」「つながり」「生まれ変わり」といった「死後の生」に関わる反応（宗教的な反応）が認められた。クローズド質問に答えられなかった子どもが少数であったため、反応数はそれぞれ2例ずつの計6例とわずかであったが、生物学的な死の理解の文脈においてこういった反応が認められたことは興味深い。不可逆性を例にとると、「死んだら生き返る。なぜならば天国で生き返るから」といったように、クローズド質問に誤答であったとしても、その理由づけとして成立しており、内容的にも矛盾していない。しかし、生物学的な死の理解という観点では、クローズド質問に誤答した時点で、その子どもは死を理解していないと判断されてしまう。こういった反応を示した子どもは死を理解していないのだろうか。

スピースとブレント（Speece & Brent 1992）は、5歳から10歳までの子どもを対象に死の理解を調査したところ、9・10歳の年齢群において機能停止と不可逆性の正答率が低くなっていることを見出した。そこで、ブレントら（Brent et al. 1996）は幼児期から青年期にかけての死の理解の発達的変化を検討し、年齢が上がるにつれて機能停止と不可逆性の正答率が下がる一方、理由づけ質問において非自然的（宗教的）な説明が増えたという結果を報告している。前述したとおり、子どもは9・10歳までにすべての死の概念を理解するとされているが、この時期は、先ほどのスピースとブレント（Speece & Brent 1992）が報告した年齢と一致している。つまり、子どもは9・10歳ごろまでに死の生物学的な側面を理解し、その理解を基盤として宗教的な考えをもつようになると考えられる。ブレントとスピース（Brent & Speece 1993）はこういった発達過程を「2段階モデル」と名づけている。これら二つの考え方は、一見すると相反するように思えるが、われわれの中で矛盾することなく共存し、文脈によっていずれかの概念が活性化されて、使い分けられている（Harris & Giménez 2005）。現在、この宗教的な反応は、非肉体的連続性（noncorporeal continuity; Rosengren, Gutiérrez, & Schein 2014）、または、形而上学的概念（metaphysical conception; Harris & Giménez 2005）と呼ばれ、新しい死の概念として注目されている。

第5節　乳幼児期における宗教性発達

以上のとおり、死の理解と宗教性発達は相互に関わりながら生じることが示唆されている。今後、児童期前後の死の理解を調査するならば、宗教性発達も合わせて捉えていく必要があるだろう。それでは、子どもの宗教性をどのように測定すればよいのだろうか。欧米では、子どもの宗教性発達を検討する際に、伝統的に「神の概念（God concept）」が用いられてきた。ピアジェ（Piaget, J.）の発達理論における神の概念は、擬人化された具体的な存在（雲の上に居る大人）から、抽象的な存在（力・光・愛）へと移行すると考えられている。そのため、具体的操作期以前の子どもは、神という抽象的な存在を受け入れることができず、神を親と類似した人物を指す言葉だと思っているとされている。多くの先行研究がこの理論に基づき、子どもに神の絵を描かせたり、手紙を書かせたりといった方法によって、具体的な神から抽象的な神への発達を明らかにしてきた。

それから2000年代になると、人間の認識に関する研究が拡張され、子どもが神に人間的な性質を帰属させるかどうか（人間と神を区別し、超自然的な性質を帰属させるかどうか）を確かめるための研究が行われるようになった。その先駆的なものとして、心の理論課題（誤信念課題）を用いたバレットら（Barrett, Richert, & Driesenga 2001）の一連の研究がある。ここでは、子どもは石の入ったクラッカー箱を提示され、「お母さんと神様はこの箱の中身を見ずに何が入っているのかわかりますか？」と尋ねられた。その結果、ほとんどの3・4歳児は母親と神のどちらにも誤信念を帰属させなかった（両者とも石だと思っている）。ところが、母親に誤信念を帰属させるようになる5・6歳ごろになっても、神に誤信念を帰属させなかった（母親は箱の外見にだまされてクラッカーと思っているが、神様は何でもお見通しだから石だと思っている）と報告している。このほかにも、知覚（Richert & Barrett 2005）や不老不死と全知全能（Giménez-Dasí, Guerrero, & Harris 2005）などに関する研究があり、数はまだ十分とはいえないものの、子どもが神の超自然的な性質を理解するようになるのは5歳前後であるという結果が得られている。しかし、神の概念は、ユダヤ教やキリスト教、イスラム教といった一神教圏では有用であるが、宗教風土が複雑な日本を含めた一部のアジア地域などでは適用することが難しい。測定方法に制限のある小さな子どもに対して、神の概念に頼らずに宗教性を捉えていく手法を確立していくことが大きな課題だといえよう。

第6節　おわりに

前述したとおり、死の理解の文脈において宗教性発達は避けて通れない問題となっている。そのため、宗教系と非宗教系の学校に通う子どもの死の理解を比較したり（Bering, Blasi, & Bjorklund 2005）、実験の導入に宗教的な物語を提示する（しない）といった条件を設けたりする（Harris & Giménez 2005）などといった取り組みもなされている。子どもが死を理解していく5歳から7歳という時期は、神に超自然的な性質を帰属させる年齢と一致する。筆者の研究において認められた宗教的な反応もこの年代の子どもからであった。ブレントら（Brent et al. 1996）は9・10歳ごろから宗教的な考えが生じると指摘しているが、より早い時期からの調査が必要だと思われる。今後、わが国でも、「生物学的な死の理解」と「宗教性発達」を合わせて調査するような研究が行われ、子どもの宗教性発達に関わる新たな知見、新しい宗教心理学が生み出されることに期待したい。

文献

Barrett, J. L., Richert, R. A., Driesenga, A. (2001) God's Beliefs versus Mother's: The Development of Nonhuman Agent Concepts. *Child Development*, 71(1), 50-65

Bering, J. M., Blasi, C. H., Bjorklund, D. F. (2005) The Development of "Afterlife" Beliefs in Religiously and Secularly Schooled Children. *British Journal of Developmental Psychology*, 23(4), 587-607

Brent, S. B., Speece, M. W. (1993) "Adult" Conceptualization of Irreversibility: Implications for the Development of the Concept of Death. *Death Studies*, 17(3), 203-224

Brent, S. B., Speece, M. W., Lin, C. G., Dong, Q., Yang, C. M. (1996) The Development of the Concept of Death among Chinese and U.S. Children 3-17 Years of Age: From Binary to "Fuzzy" Concepts? *Omega-Journal of Death and Dying*, 33(1), 67-83

Giménez-Dasí, M., Guerrero, S., Harris, P. L. (2005) Intimations of Immortality and Omniscience in Early Childhood. *European*

Journal of Developmental Psychology, 2(3), 284-297

Harris, P. L., Giménez, M. (2005) Children's Acceptance of Conflicting Testimony: The Case of Death. *Journal of Cognition and Culture*, 5(1-2), 143-164

Richert, R. A., Barrett. J. L. (2005) Do You See What I See? Young Children's Assumptions about God's Perceptual Abilities. *The International Journal for the Psychology of Religion*, 15(4), 283-295

Rosengren, K. S., Gutiérrez, I. T., Schein, S. S. (2014) Children's Understanding of Death: Toward a Contextualized and Integrated Account: IV. Cognitive Dimensions of Death in Context. *Monographs of the Society for Research in Child Development*, 79(1), 62-82

Speece, M. W., Brent, S. B. (1984) Children's Understanding of Death: A Review of Three Components of a Death Concept. *Child Development*, 55(5), 1671-1686

Speece, M. W., Brent, S. B. (1992) The Acquisition of a Mature Understanding of Three Components of the Concept of Death. *Death Studies*, 16(3), 211-229

Wenestam, C.-G. (1984) Qualitative Age-related Differences in the Meaning of the Word "death" to Children. *Death Education*, 8(5-6), 333-347

第21章　学習（行動分析学）と宗教心理学

中尾将大

第1節　はじめに――学習とは？

学習の定義は「経験によって行動の基礎過程に生ずる比較的永続的な変化」とされる（今田 1996）。生体は何のために経験を積み、行動を変容させるのか。ヒトを含む生体は、自分の意志とは関係なく、この世に誕生する。「私は生まれた」を英訳すると「I was born」と受身形である。生まれることは自分の意志とは関係がないだろう。しかし、生まれてきた以上は「生存」が大切な目的となる。まさに「生きるために生きる」のである。生まれ落ちた環境下で生体は生き残るためにさまざまな情報を得て、経験を重ね、日々の生活を営む。それは文明社会になっても変わらない。そこから、筆者は「学習の定義」を変えてみた。筆者は学習を「環境への適応システム」と捉える。そして、今日まで生体の「環境への適応と不適応の心理学」をテーマとして研究をしてきた。まず、筆者の学習・行動科学研究の足跡を紹介する。次に、どんな経緯で宗教心理学（宗教的行動）研究へと導かれたかを述べる。

第2節　「条件反射」の実験研究――刺激間の関係性と無関係性

筆者は最初に、動物を用いた条件反射の実験研究に取り組んだ。学部生であった1990年代後半は、各心理学研究室に動物実験施設があり、研究の主力を担っていた。条件反射は生体行動の基本となる現象である。原理は次のとおりである。条件刺激（conditioned stimulus: CS）を提示した後に時間を空けずに無条件刺激（unconditioned stimulus: US）を対提示する。この手続きを数試行繰り返すと、やがて、無条件刺激に対して惹起していた反応が、条件刺激に対しても惹起するようになる。条件刺激をベル、無条件刺激を餌とするとわかりやすい。この場合、ベル（CS）は餌（US）の到来を知らせる確実な信号となる。しかし、CS提示後にUSの到来をランダムに設定する場合はどうか。つまり、CSの提示後にUSが到来する場合と、USが到来しない場合、そして、USが単独で到来する場合が混合した条件である。この条件では、CSはUSの到来を確実に知らせるものとなりえない（Truly Random Control Procedure：TRC手続き＝条件刺激〈CS〉と無条件刺激〈US〉がバラバラに提示され、必ずしも対になっていない手続きのこと）。アメリカの心理学者R・レスコーラ（Rescorla, R. A.）の研究から、TRC手続きを受けた動物は当初はCSに対して反応を示すが、やがてCSに対する反応は消失してしまう（中尾 2000）。TRC手続きによる条件反応の消失現象の解釈には当時、二つの説が存在した。一つは「初期条件づけと消去」である。条件づけ初期に成立したCSとUSの連合がその後、消去（一度形成された条件反応が消失する現象）していく説である。一方は「無関係性の学習」である。「無関係性の学習」とは生体はCSとUSとが関連がないことを学習したとの説である。筆者はこの現象に興味をもち、どちらの説が有効か、検証することにした。卒業研究でラットを用い、1日30分の飲水が可能な状況に置いた。そして、喉の乾いたラットは実験装置の中で5分間飲水ができ、その間のリッキング（水の出るノズルを舐めた回数）をベースラインとした。条件づけを実施する日とリッキングのみ実施する日を交互にして、刺激提示時のリッキングの抑制率（条件刺激提示中にどれだけノズルを舐める行動が抑制されるかを示す指標）を測定した。もし、CSに対して恐怖条づけがついたら、CS提示中のリッキングは抑制される。また、CSには純音（たとえば時報の音）、USには電撃（電気ショック）を用いた。しかし、「電撃」をUS

に用いたことがその後の筆者の研究を大きく変えてしまうことになった。実験の結果、ＣＳに対する恐怖反応は消失しなかった。当時はＣＳに対する条件反応は消失するとの前提に立っていたので、実験は失敗と結論づけた。今、振り返るとＵＳを電撃にしたことが大きな要因だったと考える。ＣＳに信憑性があろうとなかろうと、電撃は到来する。ラットにしてみれば、「とりあえず」でもＣＳに対して警戒すると考えられる。すると、反応が消えないことの説明がつく。これをきっかけに筆者は「理論ありき」の研究姿勢を改め、客観的観察とデータ重視の自然科学的姿勢をとるようになった。

第3節　ヒトの不適応行動の動物モデル研究――生理心理学への傾倒

修士課程に進学した後、テーマを変えた。「基礎研究を臨床や精神医学など応用分野へ発展させる研究をしてはどうか」と指導教官からアドバイスされた。そして、「ストレス」というテーマと出会った。折よく兵庫医科大学行動学研究室に席を置くこととなった。研究室にはさまざまな実験装置があり、どれも新品で輝いていた。とくに筆者はマウス用のシャトルボックス（部屋が間仕切りで二つに分けられており、床から電気ショックが提示される装置）と走行行動を観察する回転かごに関心を示した。1年目は研究室の実験補助をしながら、シャトルボックスの実験をした。朝から夜まで実験漬けの毎日であった。そして、2年目からマウスを用いて「活動性ストレス」実験を修士論文研究として始めた。活動性ストレスはストレス起因の疾患を実験的に研究する手法の一つである。この課題ではラットを側室の付いた回転輪に入れ、2～4日間、餌と水を自由に与え（馴化期）、次に24時間の絶食の後に1日に1時間だけ餌が与えられる制限給餌を3～10日間続ける。すると被験体は、①体重の減少、②摂食量の増加とその後の減少、③走行量の増加とその後の減少を示し、大部分は制限給餌期間の3～7日間以内に④胃潰瘍を発生させ、死に至る（Paré 1976）。当時、ヒトの慢性ストレスモデルの一つとしての活動性ストレスに注目し、系統差と病理の進行度合いとについて、C57BLマウスとBALBマウスを用いて検討した（中尾 2002）。実験1ではストレス耐性に関するマウスの系統差について検討し、実験2ではストレス暴露の日数を3レベルに分けて検討した。その結果、実験1では活動的なC57BLマウスと比較し、おとなしいBALBマウスのほうがストレス病理は重篤で、衰弱の度合いも重篤であった。一方、実験2では胃潰瘍や肝臓タンパク質の変化からストレス病理は徐々に生活体を蝕んでいくことが示された。以上から生活体の性格特性がストレスに与える影響や慢性ストレスの進行状況の一端を示した。筆者は医学部での研究活動から、これからは脳と心的活動の関係は重要になると考えるようになった。そこで、動物を用いて脳波測定が行われていた広島大学の博士課程に進学した。

第4節　ラットを用いた電気生理学的研究——ストレス状況下における生体の脳内活動

修士論文の研究から、生体の生理反応から多くの心理状態に関する情報が得られることを学んだ。しかし、解剖的手法ではストレスにさらされた「結果」しかわからない。博士論文では、ストレスにさらされている状況下で生体がどのように適応を図っているのか検討したかった。そこで、行動と同期して脳内活動の変化がわかる脳波を測定した。最初の1年は実験装置の開発と動物の外科的手術の技術を身につけ、さらに電気生理学の技術と知識を身につけるだけで精一杯であった。毎日、研究室に通い、朝から晩まで実験と勉強漬けであった。やがて、脳部位の一つである海馬に注目した。海馬はこれまで「記憶の座」としての研究が大多数であった（岡市 1995）。しかし、近年の活動性ストレス研究から死に至ったラットの海馬を解剖したところ、神経細胞の萎縮が見られた（Lambert et al. 2000）。ストレス暴露後、海馬の器質的異常はヒトでも確認されている（Bremner 2002/2003）。以上から、海馬は記憶のほかに情報処理や運動制御を担っている可能性が示唆された。そこで、被検体が死亡しない程度の活動性ストレス事態を考案し（自由摂食時の85％に体重を減少）、走行中の行動パターンと海馬の脳波を測定し、両者の関係を検討した。その結果、走行の増大と同期して海馬脳波の活動は活発化した。しかし、走行が減少しても海馬脳波の活動は継続して活発化することが新たに示された。つまり、走行行動が収まっても、脳内活動は行動とは別に活動し続けたということが明らかにされた。これは脳内活動の異常活性化の基礎となりうる知見であり、ストレス暴露後の海馬の器質的異常を引き起こしたことを裏づける結果となった。心理的に苦しい状況をなんとか制御しようと脳から指令を出し、行動を起こさせていたが、それが功を奏さず、破綻していくさまを示している。また、ヒトが心理的に追い詰められ、やがて心身のバランスを崩壊していくさまと似ている（中尾 2007）。この論文は当時、記憶一辺倒であった海馬研究に新たな一面を投げかけた。

第5節　家族の死と直面する――宗教的行動の研究へ

大学院修了後、筆者は京都大学医学部医学研究科にPD（ポストドクター）として赴任した。ところが、そのころ2歳年上の姉が重い病いに倒れた。そして、治療の甲斐もなく、姉は当時1歳の息子を置いて旅立ってしまった。家族の面倒を見るために筆者は医学部を去った。この経験を通じて「人生の理不尽さ」について考えるようになった。姉の葬儀を終え、筆者は菩提寺の住職と会った。住職は「お姉さんはきっと、極楽浄土におられますよ」と告げられた。今のところ、科学は死を解決できていない。不老長寿、永遠の命は実現できていない。人はいつか必ず死ぬ。そして、自分の死をコントロールできない。筆者には目に見えない「極楽浄土」は信じられなかった。だが、姉は死んだらどうなるのかと悩んでいた筆者には、住職の一言でホッとしたのである。老・病・死という現代科学も解決が難しい問題に対して、宗教はそれなりに回答を与えてくれる。人間の苦しみを癒してくれるのだろう。すると、宗教的行動を研究する価値はあると思った。応用行動分析学では、人間行動に焦点を当てて研究がなされてきた（杉山 2005）。筆者は宗教的行動を行動分析学で捉えていくことを思いついた。しかし、宗教的行動に関する研究はほぼ皆無といってよいほどであった。宗教的行動についてB・F・スキナー（Skinner 1953/2003）は「組織による信者のコントロール」ということを述べるにとどまっていた。

第6節　宗教的行動の分析——写経行動の理論行動分析の試み

筆者の菩提寺で毎月写経会が開かれる。そこで調査を実施し、写経行動の理論行動分析を試みた（中尾・井上 2009）。15名の参加者（平均年齢67・3歳〈47～83歳〉：女性14名、男性1名）を対象とした。行動分析学では個々の反応を「オペラント反応（operant responce）」、先行刺激を「弁別刺激（discrimination stimulus）」、後続刺激を「強化子（reinforcer）」と呼び、これら三つの事象間の関係性を3項目随伴性と呼ぶ（嶋崎 1996）。また、この3項随伴性と同一の関係を先行刺激（antecedent）、行動（behavior）、結果事象（consequence）の頭文字をとってABC分析と呼ぶこともある（図1）。人はどのようなことがきっかけで写経行動を行い、どのような強化子（好子）を得て、その行動を持続させているのか検討した。その結果、弁別刺激（SD）「写経を始めた動機」について、一番多い回答は「実両親を早くに亡くした」「母に勧められた」など肉親との死別であった（40％）。次に「友人に勧められた」など、友人や家族の勧め（27％）であった。続いて先祖供養、写経への興味（い

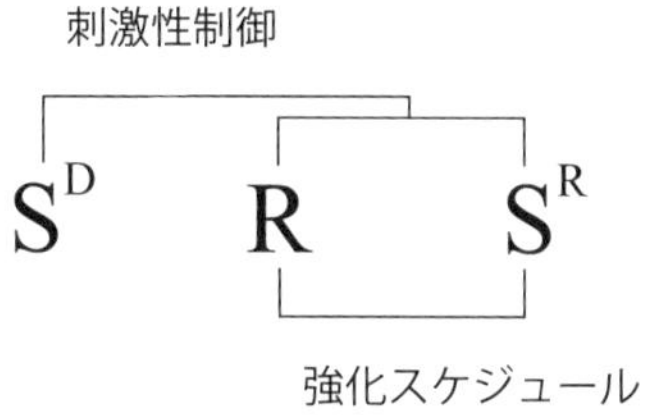

※SDは弁別刺激、Rは反応、SRは強化子（好子）を示す。

図1　ABC分析の模式図
（嶋崎 1996より改変）

ずれも13%）であった。次に反応（R）の写経行動は、書き写す経典は般若心経に限定せず、多岐にわたった。最後に強化子（SR）は、最も多い回答は「自分自身が落ち着いた」「心が安らぐ」に代表される精神的落ち着き（40%）であった。続いて「気持ちがやさしくなり、同居している嫁との仲も良くなったように思う」「ふだんの行いに関して何か人のお役に立つことはないかと考えるようになった」など人間関係の改善（27%）があげられる。以上の結果から、肉親との死別など理不尽で統制不可能なライフイベントに対して、宗教的行動はその心理的苦痛を和らげる効果をもたらすという一端を示した。

第7節　結びに代えて――宗教的行動研究の可能性

心理学は哲学者アリストテレス（384-322 B.C.）を祖とする（今田・宮田・賀集 1996）。ストア派の哲学者で、ローマ皇帝であったマルクス・アウレリウス（121-180 A.D.）は「今、ここを生きる」ということを述べている。ヒトはいつか死ぬ。これは真実である。アウレリウスもその著書『自省録』の中でたびたび、死について述べている。その一端を以下に示す。

「あらゆるものは本性的に死ぬものである」（岸見 2019, p.87）

筆者は「家族の死」という経験を通じて「死」について考えるようになった。しかし、いくら考えても誰もが死からは逃れられないという事実は変わらない。翻って、「生きる」ということを考えた。生きることについて、アウレリウスの言葉を引用する。

「たとえお前が三千年生きながらえるとしても三万年生きながらえるとしても、覚えておけ。何人も今生きている生以外の生を失うのではないこと、今失う生以外の生を生きるのではないことを。だから、もっとも長い生、もっとも短い生も同じことだ。今はすべての人に等しく、したがって失われるものも等しい。かくて、失われるものは束の間のことであることは明らかだ。過去と未来のことを失うことはできないからである。持っていないものをどうして彼から奪うことができるだろうか」（岸見 2019, p.89）

こう考えると、人生をどれだけ長く生きたかは問題ではない。過去は「すでに生き終えて」しまって、どこにもない。未来も、誰にもわからないので「不確かなもの」である。明日のことも、想像しているとおりになるとは限らない。人は「束の間のこの今」だけを生きているとアウレリウスは述べている（岸見 2019）。ならば、生を充実させることであろう。日々の生活を味わい尽くして死を迎える。今、この瞬間を味わって精一杯生きるならば、「人生は質である」といえる。これまで述べてきた、学習や応用行動分析は「今、ここを生きる」ことを教えてくれる、いわば「生」の心理学である。宗教的行動はとくに「人生の理不尽さ」に立ち向かう術を教えてくれるだろう。宗教と心理学（科学）が協力し、補い合うことで人生をより善く生きるヒントや具体的な方略が示されていくと思われる。

また、筆者の私見ではあるが、（筆者も含め）これまで宗教心理学はいきおい、宗教にまつわる人間の内面の変化や宗教的行動の結果、到来する好子（メリット）に焦点が当てられてきたと思われる。応用行動分析学の視点からあらためて宗教的行動を眺めるとき、「環境と行動との関わり」という視点が見出される。たとえば先に紹介した写経行動であるが、家族との死別など理不尽なライフイベントと遭遇したときに写経行動が選択されることが示された。これをさらに環境を含め巨視的に観察すると、「困ったときの神頼み」あるいは「他力本願」というわが国において長い年月をかけて習慣づけられてきたある意味でのルール、規範が背景に存在することに気がつく（ルール支配行動）。それは先人が考え出した、理不尽なライフイベントから身を守るための「セーフティネット」なのかもしれない。あるいは、「人生の理不尽さ」からくる苦悩から人間を解き放つための社会的システムともいえるだろう。人々に宗教的行動を惹起させる環境要因とは何か。それを明らかにすることは、宗教的行動の意味や役割を明らかにすることにつながるのかもしれない。そして、「環境との関わりの中で見られる宗教的行動」というマクロ的視点を、宗教心理学に加えることになることだろう。

文献

Bremner, J. D. (2002) *Does Stress Damage the Brain?: Understanding Trauma-Related Disorders from a Mind-Body Perspective.* W. W. Norton & Company.〔北村美都穂（訳）（2003）『ストレスが脳をだめにする――心と体のトラウマ関連障害』青土社〕

今田寛（1996）『学習の心理学』培風館

今田寛・宮田洋・賀集寛（編）（1996）『心理学の基礎（改訂11版）』培風館

岸見一郎（2019）『マルクス・アウレリウス　自省録』ＮＨＫ出版（「１００分de名著」テキスト）

Lambert, K. G., Gerecke, K. M., Quadros, P. S., Doudera, E., Jasnow, A. M., Kinsley, C. H. (2000) Activity-stress Increases Density of GFAP-immunoreactive Astrocytes in the Rat Hippocampus. *Stress*, 3, 275-284

中尾将大（2000）「初期条件づけの自発的回復」１９９９年度　関西学院大学文学部学士論文

中尾将大（2002）「マウスの activity-stress に関する実験的研究」２００１年度　関西学院大学大学院文学研究科修士論文

中尾将大（2007）「ラットの回転輪走行に関する生理心理学的研究――海馬脳波を指標として」２００６年度　広島大学大学院生物圏科学研究科博士学位請求論文

中尾将大・井上徹（2009）「日本人における『写経行動』に関する調査的研究（1）」『大阪大谷大学紀要』43, 140-150

岡市広成（1995）『行動の生理心理学』ソフィア

Paré, W. P. (1976) Activity-stress in the Rat: Frequency and Chronicity. *Physiology & Behavior*, 16, 699-704

嶋崎まゆみ（1996）「ＳＳＴにおける刺激性制御——弁別学習の２つの機能と多項随伴性」『行動科学』35, 17-25

Skinner, B. F. (1953) *Science and Human Behavior*. The Macmillan Company.〔河合伊六他（訳）（2003）『科学と人間行動』二瓶社〕

杉山尚子（2005）『行動分析学入門——ヒトの行動の思いがけない理由』集英社

第22章　青年期のアイデンティティと宗教心理学

杉村和美

第1節　はじめに

アイデンティティとは、「自分がどのような人間であり、この社会で何をして生きていくのか」という問いについての個人の自覚（あるいは答え）と、その自覚へと向かう意識的・無意識的な営みを指す（Erikson 1968/2017）。この自己理解の問題は、人の生涯を通じて繰り返し立ち現れるが、認知発達、身体的成熟、社会的役割の変化を経験する青年期にとりわけ顕著になる。

アイデンティティの問題は、身体的変化、進路決定、対人関係の熟考（たとえば、誰とどういう友情関係を結ぶのか）、所属集団と自分の関係性の理解（たとえば、自分はどの民族集団の一員なのか）といったさまざまなきっかけによって立ち上がってくる。それらのうち、世界中の多くの文化圏で青年がアイデンティティの問題に取り組むきっかけになるのが宗教である。本章では、日本人青年のアイデンティティと宗教の関連について調査を行った立場から、第一に筆者がアイデンティティ研究を進める中でどのようにして「宗教」と遭遇したかについて、第二に日本人青年の宗教意識をどう理解したらよいかという問題について、第三に日本人青年のアイデンティティと宗教の関連を検討した筆者らの研究の成果と意義についてまとめる。

第2節　「宗教」との遭遇

日本の若年層（18～39歳）で特定の信仰をもつ人は2割足らずであり（小林 2019）、多くの青年において宗教はアイデンティティの形成とは関わりをもたないと考えられてきた。しかし、本当にそうなのだろうか。現に筆者は、「家の宗教」は仏教で、葬儀以外にそのことを意識することはほとんどない一方で、自身のアイデンティティに悩み続けてきた過程で常に宗教が頭の片隅にあった。「正式に」宗教に触れることはなかったが、何かしら自分を超えた大きな存在を想定しなければ、自分自身の悩みは解決されないと感じてきた。

そのような筆者にとって、アイデンティティを測定するために欧米で広く用いられてきた面接法（アイデンティティ・ステイタス面接：Marcia 1966）の次のような質問項目は、ピンとこないものであった。


あなたは、何らかの宗教的な好みをもっていますか。

あなたはかつて教会で積極的に活動していましたか。

現在はどうですか。

あなたは自分の宗教的信念を疑ったり、変えようと思ったことはありますか。

両親はあなたの宗教的信念についてどう思っていますか。（Marcia & Archer 1993, pp.296-297）

すでに何らかの宗教教団に所属し、日常的に具体的に宗教を意識していることを前提とした尋ねぶりなのである。前提のない者（筆者）は、これに対して「考えたことはない」と答えるしかない。実際、本法を日本に導入する際に、宗教は多くの青年がアイデンティティを形成するうえで重要ではないとの理由で除外されている（無藤 1979）。しかし筆者自身は、この世界で生きていくうえで超越的な存在が必要ではないかと感じている。筆者のアイデンティティにおいて「宗教的なこと」が重要であったとしても、この聞き方ではそれをすくい取れないのである。このように筆者は、自身がアイデンティティの研究を進め、かつ自分自身のアイデンティティについて迷い考える中で、宗教と遭遇した。

第3節　日本人青年の宗教意識を理解する

アイデンティティ・ステイタス面接に対する違和感は、その後20年間はそのままであったが、アイデンティティと宗教性の国際共同研究をきっかけに少し変化してきた。この共同研究で、宗教心理学者である本書の編者の一人、松島公望氏に協力を依頼し、氏とさまざまな討議を重ねる中で、この違和感の正体が少しずつ見えてきたのである。

ステイタス面接を含め従来のアイデンティティ研究が扱ってきた宗教は、日常的に宗教を意識することが多いキリスト教文化圏のものである。これに対して、多くの日本人、とりわけ青年ともなると、彼らは日常的に宗教を意識することは少ない。この基本的な文脈の違いこそが「自分の宗教的信念を疑ったことはあるか」といった質問に対する強烈な違和感の正体だったのである。日本の青年の多くは、そもそも日常的に「宗教」について考えることがないし、それにまつわる何かを考えたとしても、それを「宗教について考えている」と意識化することは少ないであろう（杉村・松島 2018）。そのため、「何らかの宗教的な好みをもっていますか」という一番はじめの質問に対して「宗教について考えたことはない」と答えて終わってしまう。しかし、それをもって日本人青年のアイデンティティにとって宗教は重要ではないとはいいきれない。

では日本人青年はどのようなかたちで、宗教、あるいは超越的な存在を意識しているのだろうか。それをすくい取る手立てはあるのだろうか。それらを考える鍵となったのは、スピリチュアリティという概念、およびスピリチュアリティの一つである宗教的信念の諸側面への理解であった。宗教性とスピリチュアリティの境界線を明確に引くことは難しいが（Oman 2013）、宗教性はどちらかといえば制度化され、組織化され、外から見えるかたちとして存在する宗教の側面を、スピリチュアリティは主に個人的・主観的・内面的に存在する宗教の側面を指す（Hill & Pargament 2003）。スピリチュアリティは、動機、認知、情緒的な要素を含む多次元的な概念であるが、その一つに宗教的信念がある（Burg, Mayers, & Miller 2011）。宗教的信念は、人が超越的な存在をどのようなものとして認識し、そうした存在と人間や世界との結びつきをどのように考えているかという、認知的な要素に属する（Saroglou 2011）。この信念は、とりわけ青年期に発達するとされている（Fowler 1995）。

宗教的信念は、文化と宗教によってきわめて多様なかたちをとる。それゆえに日本の宗教的文脈に即した信念を捉えることが可能である。日本人青年の宗教意識を理解するうえでは、特定の信仰を有するなど日常的に宗教を意識する青年だけでなく、日常的に宗教を意識することが少ない青年までを視野に入れた概念を用いることが有効である。つまり、神仏概念を文字どおり厳格に解釈し認識する信念である「語源的信念（literal religious beliefs）」から、より柔軟で個人化された方法でそれらを認識する信念である「表象的信念（symbolic religious beliefs）」までのグラデーションを想定した概念である（Duriez, Soenens, & Beyers 2004; Saroglou 2011; Wulff 1997）。とりわけ後者の信念は、自然界に存在する神秘的諸力の存在を認める日本人の宗教的自然観に根差したものである（西脇 2004）。宗教的自然観まで含めることで、日本人青年のアイデンティティにとって宗教が重要であるかどうかをより的確に見極めることができると考える。

表1　アイデンティティ・ステイタス（Crocetti, Rubini, & Meeus 2008より作成）

	達成	早期完了	モラトリアム	拡散	探索的モラトリアム
コミットメント	高	中程度～高	低	低	高
深い探求	高	低	低～中程度	低	高
コミットメントの再考	低	低	高	低	高

第4節　日本人青年のアイデンティティと宗教の関連

宗教的信念を語源から表象までの幅をもって概念化することで、多くの日本人青年が「宗教について」考えたことはないとしても、日常生活の中に浸透した宗教の存在に少なからぬ影響を受けながらアイデンティティを形成していくことを明らかにすることができるのではないか。このように考え、筆者らは青年のアイデンティティと宗教的信念の関連を検討する研究を行った（Sugimura et al. 2019）。

大学生969名（うち22%が特定の信仰をもち、その79%は仏教徒）を対象としたこの調査研究では、アイデンティティを、ユトレヒト版アイデンティティ・コミットメント対処尺度（Utrecht-Management of Identity Commitments Scale: U-MICS; Crocetti, Rubini, & Meeus 2008）によって、宗教的信念を宗教意識尺度（西脇 2004）によって測定した。U-MICSは、アイデンティティ・ステイタスの考え方を発展させた測定尺度で、三つの次元を測定する。青年が人生の重要な選択（この研究では、学歴や専門性を表す「教育」と親友との関係性を表す「対人関係」）を決定し、それに積極的に関与し、そこから自信を得ている程度である「コミットメント」、自身のコミットメントについて、人と話したり、情報を求めたり、思いを巡らせたりするなどして精査している程度である「深い探求」、現在のコミットメントに満足できず別のものを探している程度である「コミットメントの再考」である。三つの次元それぞれの得点を量的に把握することに加え、得点の組み合わせによって現在のアイデンティティの発達状態を、達成、モラトリアム、早期完了、拡散、探索的モラトリアムの五つのステイタスに分類することもできる（表1）。

宗教意識尺度は、三つの次元からなる。「神仏の関与的存在」は、神仏観念に相当し、神仏が自己に対して関与しつつ存在していることを示す（項目例：神や仏はいると思う）。「宗教肯定」は、宗教一般について肯定的な態度を示す（項目例：宗教は、心の平安や幸福をもたらしてくれると思う）。「自然・神秘」は、宗教的自然観の一部であり、生命を含めた自然界に存在する神秘的諸力への信念を示す（項目例：大自然――大空、海、山々など――には何か神秘的な力があると思う）。このうち、神仏の関与的存在と宗教肯定は語源的信念に、自然・神秘は表象的信念に対応する。

結果は、アイデンティティと宗教的信念に確かに関連があることを示しており、その関連には信仰の有無による違いは見られなかった。具体的には、三つの信念のすべてにおいて、達成の青年が最も得点が高く、拡散の青年の得点が最も低かった。達成の青年は、コミットメントと深い探求の得点が高い。したがって、日本人青年が自身のアイデンティティの問題に取り組む際に、宗教的信念の問題に出会う傾向があることを意味している。また、興味深いことに、次に得点が高かったのは探索的モラトリアムの青年であった。探索的モラトリアムの青年は、コミットメントの得点が高く、すでに自分自身の教育や対人関係について考えることを通してアイデンティティを明確にしている。宗教は、現在の自身のアイデンティティにとって必須ではない（あるいは、なかった）かもしれない。しかし、同時にコミットメントの再考の得点が高いことから、自身の現在のアイデンティティに疑いを感じている。その迷いの中で、教育や対人関係とは異なる人生の重要な側面があることに気づき、人生の新たな意味を求めようとして、宗教に接近している可能性がある。

この研究から、信仰の有無にかかわらず、日本人青年が自身のアイデンティティと向き合う中で、何らかのかたちで宗教と出会うことが明らかとなった。宗教意識尺度は、特定の宗教教団に所属し、日常的に具体的に宗教を意識していることを前提としたものではない。また、宗教に関する「信念」を捉えているので、宗教的実践の頻度や教団への所属意識を問うものでもない。さらに、意識せずとも日本人の日常生活に深く浸透する宗教的自然観も含み込んでいる。こうした切り口から青年に問いかけることで、アイデンティティと宗教の関連が見えてきたのである。このことは、宗教は日本人青年のアイデンティティにとって重要ではないとする過去の見解を覆す、重要な成果だと考えている。

第5節　おわりに

「宗教」は人間と身近に深く関わる存在であることから、自分自身の生き方を考え、掘り下げていけば、「宗教」にぶつかる。しかし、日常的に宗教を意識することが少ない日本の青年に、他の文化圏、とりわけ一神教世界観が優勢な西洋文化圏と同じ切り口で問いかけても、自身のアイデンティティに宗教が関わっていることは意識されない。アイデンティティと宗教的信念の関連を見出した筆者らの研究は、切り口を工夫することの重要性を提起するものである。

ただしこの研究はあくまで出発点である。第一に、青年のアイデンティティと宗教的信念を別々の概念として扱い、測定している。宗教との出会いをきっかけとして自身のアイデンティティに取り組んだり、宗教を自身のアイデンティティの中に位置づけたりする過程をより精緻に明らかにするには、アイデンティティ・ステイタス面接（その近年の展開であるU-MICS）の宗教領域の質問項目を、日本人青年にも適用しうるものにしていく必要がある。日本人青年が超越的なものと自分自身との関わりを違和感なく考えることができる問いかけ方の工夫である。そうすることで、日本人青年一般において、また個々の青年において、宗教領域のアイデンティティと、教育、対人関係、進路、身体といった他の領域のアイデンティティがどのように関連し合いながら、アイデンティティ全体を成立させているのかを明らかにすることができる。

第二に、宗教との出会いは青年期にとどまるものではない。青年期以後も生涯を通じて、人は生きるうえでの根本的な不安や罪の意識と向き合うような経験をする。アイデンティティ理論を提唱したエリクソンは、宗教は、人が人生の最も絶望的な状況に際しても希望を失わず、肯定的な対処方法を見出すように支える、自分自身、他者、世界に対する基本的信頼感の源であるとしている（Erikson 1968/2017）。エリクソンの理論において、基本的信頼感は人生の最初期に養育者との関係性の中で育まれるとされているが、その関係性をも包み込む超越的な存在が発達全体を支えていることもまた、想定しているように思われる。その意味で、成人期や老年期のアイデンティティと宗教の関連を検討することは重要な課題である。

最後に、日本人青年のアイデンティティと宗教の関連を検討することには、実践的な価値があると考える。現代の日本社会は、グローバル化とその行き詰まり、競争と分断、経済的格差と不平等が広がっている。この社会でどのように生きていくかを考えようにも、先が見えないばかりか、考える機会さえ奪われているのである。青年が、従来の経済成長、社会的安定、物質的豊かさのみを前提とした生き方ではなく、それらに左右されない生き方、そしてアイデンティティのあり方を求めようとしたとき、宗教やスピリチュアリティは重要な役割を果たす可能性がある。人生の重要な選択肢の一つとして宗教（あるいはスピリチュアリティ）があり、その視点から自分自身を捉え直したり構築したりできるのだと提案し、ともに模索していくことができるかもしれない。これは今後の日本社会において大人が取り組むべき重要な課題ではないだろうか。

文献

Burg, S., Mayers, R. A., Miller, L. J. (2011) Spirituality, Religion and Healthy Development in Adolescents. In. B. B. Brown, M. J. Prinstein (Eds.), *Encyclopedia of Adolescence: Vol.1. Normative Processes in Development* (pp.353-359). Academic Press.

Crocetti, E., Rubini, M., Meeus, W. (2008) Capturing the Dynamics of Identity Formation in Various Ethnic Groups: Development and

Validation of a Three-Dimensional Model. *Journal of Adolescence*, 31, 207–222

Duriez, B., Soenens, B., Beyers, W. (2004) Personality, Identity Styles, and Religiosity: An Integrative Study among Late Adolescents in Flanders (Belgium). *Journal of Personality*, 72, 877-910

Erikson, E. H. (1968) *Identity: Youth and Crisis*. Norton.〔中島由恵（訳）（2017）『アイデンティティ――青年と危機』新曜社〕

Fowler, J. W. (1995) *Stages of Faith: The Psychology of Human Development and the Quest for Meaning* (paperback ed.). HarperCollins.

Hill, P. C., Pargament, K. I. (2003) Advances in the Conceptualization and Measurement of Religion and Spirituality: Implications for Physical and Mental Health Research. *American Psychologist*, 58, 64-74

小林利行（2019）「日本人の宗教的意識や行動はどう変わったか――ＩＳＳＰ国際比較調査『宗教』・日本の結果から」『放送研究と調査』69(4), 52-72

Marcia, J. E. (1966) Development and Validation of Ego-identity Status. *Journal of Personality and Social Psychology*, 3, 551-558

Marcia, J. E., Archer, S. L. (1993) Identity Status Interview: Late Adolescent College Form. In J. E. Marcia, A. S. Waterman, D. R. Matteson, S. L. Archer, J. L. Orlofsky (Eds.), *Ego Identity: A Handbook for Psychological Research* (pp.303–317). Springer.

無藤清子（1979）「『自我同一性地位面接』の検討と大学生の自我同一性」『教育心理学研究』27, 178-187

西脇良（2004）『日本人の宗教的自然観――意識調査による実証的研究』ミネルヴァ書房

Oman, D. (2013) Defining Religion and Spirituality. In R. F. Paloutzian, C. L. Park (Eds.), *Handbook of the Psychology of Religion and Spirituality* (2nd ed., pp.23-47). Guilford.

Saroglou, V. (2011) Believing, Bonding, Behaving, and Belonging: The Big Four Religious Dimensions and Cultural Variation. *Journal of Cross-Cultural Psychology*, 42, 1320-1340

杉村和美・松島公望（2018）「『日本人における宗教性およびアイデンティティと主観的幸福感の関連』プロジェクト研究成果報告書　日本人の宗教性はアイデンティティ発達とどのように関わるのか」

Sugimura, K., Matsushima, K., Hihara, S., Takahashi, M., Crocetti, E. (2019) A Culturally Sensitive Approach to the Relationships

between Identity Formation and Religious Beliefs in Youth. *Journal of Youth and Adolescence*, 48, 668-679
Wulff, D. M. (1997) *Psychology of Religion: Classic and Contemporary* (2nd ed.). Wiley.

第23章　自然と宗教心理学

西脇　良

第1節　はじめに

過日、ある民間放送局の早朝の歌番組で、若き合唱団が「美しき天然」（武島羽衣作詞・田中穂積作曲）を歌っているのを視聴し、筆者はいささか驚いてしまった。詩が発表されたのは１９０１年、作曲はその翌年という明治時代の唱歌が、１００年を経た今も高らかに歌い上げられている、という事実に対してである。ちなみに作詞者の武島羽衣は、滝廉太郎作曲「花」の作詞でも有名な国文学者・武島又次郎（1872-1967）のペンネームであり、「美しき天然」は、彼自身が共編者である『新編小学国語読本 高等小学校児童用 巻二』（1901）に、教材として掲載されたものである。歌詞は4番まであるが、四季折々の自然の情景をうたいつつ、自然を「音楽」「織物」「うつしえ」「建築」に喩えて、各末尾を「神の……の尊しや」の語句で締めくくる、という構造をとる。「神の御手の尊しや」（1番）、「神のたくみの尊しや」（2番）、「神の力の尊しや」（3番）、「神の御業の尊しや」（4番）、という具合である。「天然」とは、「人為の加わらない自然のままの状態。また、人力では如何ともすることのできない状態。自然」（広辞苑第6版）、のことであり、今でいう「自然」の意である。いわゆる唱歌等が現代に歌い継がれること自体は驚くに値しないのかもしれないが、「神の御手の尊しや」と、何のてらいもなく歌い上げる様子に、いささかドキリとしてしまったのである。

心理学の一部門としての宗教心理学に関心を寄せる者としては、このような、「神」の表出が堂々となされ、また「天然」のうちに神を見出すという自然観が、現代に歌い継がれる唱歌の内にも見られることに、注目せざるをえない。

第2節　研究の契機

筆者が「自然観」の問題に取り組み、その成果物として『日本人の宗教的自然観』（西脇 2004）を著したのは、自然観に直接の関心があったからではない（下町や町中に育った筆者にとって、自然はむしろ苦手でさえあった）。そうではなく、人々が日常営んでいる文化の中に隠れている宗教性への関心からであった。冒頭に紹介した「美しき天然」等の唱歌への親しみも文化の一つであるが、文化における宗教性を探究しようとすれば、どうしても人々の「自然観」の問題に取り組まざるをえない、という考えに至ったのである。

研究の発端はこうである。カトリック系大学で必須科目となっている宗教科目（「キリスト教概論」「宗教学」等）を担当していた筆者は当時、宗教に特別な関心があるわけでもない学生らに、どのようにすれば宗教への関心をもってもらえるのかを模索していた。それは、（筆者自身カトリック司祭ではあるものの）いわゆる「宗派教育」をしたいということでも、宗教現象に対して社会学的関心を高めたいということでもなく、学生自身の、いわば「内なる宗教性」にどうすれば気づいてもらえるか、という模索であった。学生との対話はもちろん、学生が親しんでいる文化（ポップスや広告等）をそうした視点から眺めているうちに、どうも、彼ら自身の自然に対するイメージや見方の中に、宗教性と交差するもの、あるいは（宗教経験を含む）宗教性そのものが見え隠れしているのではないか、と考えるようになった。はじめは何となくの「ひらめき」のようなものであったが、徐々にそれは確信へと変化していった。この「内なる宗教性」への模索を経た小さな発見が、「宗教的自然観」研究に至る直接の契機となったのである。

この研究テーマを探り当てたこととの関わりで付言すると、筆者が大学院時代に教えを乞うた故・東洋先生（東大名誉教授・日本発達心理学会初代理事長）が、所属するゼミでしてくださったお話を今でもよく思い出す。一字一句とはいかないが、記憶する限り東先生は次のようなことを教えてくださった。「研究とは、広い海に魚を求めて網を降ろすようなものだ。『ここにいるか、あそこにいるか』とたずねた末に、魚群に行き当たる。行き当らないかもしれない。そうして、迷いに迷って探り当てたものこそ、オリジナルと呼びうる研究である」。このようなお話であった、と記憶している。先生のおっしゃるとおりであった。内なる宗教性を「ここか、あそこか」とたずねた末に、自然観に行き当たった、という次第である。

他方、思想史の領域では、自然観が宗教性を帯びるという論点は、むしろ「前提」でさえある。『日本人の心の歴史　上下巻』（唐木 1993〈原著刊行 1976〉）はその代表の一つであろう。また自然観そのものも注目され続けており、最近でも、民俗学の視点から各地方の独特の自然観を丁寧に取り上げた『自然観の民俗学』（安室 2016）、日本人の自然観の変遷を西洋および東洋との関連の中で眺望した『日本人の自然観』（鈴木 2018）、自然観のうち「自然愛」を取り上げて教育史の中に位置づけた『自然愛をめぐる教育の近代日本』（林 2020）などの研究が見られる。これら他領域の研究であっても、既成宗教であれ、宗教性であれ、関連を避けて論じられることはないし、避けることは不可能であろう。

自然観と宗教性との交差を指摘するさまざまな先行研究の中で、筆者の見方を代弁するかのような文章に出会ったことも、研究を進める動力源となった。家永三郎（1997〈原著刊行 1943〉）の「日本思想史に於ける宗教的自然観の展開」という論文である。該当箇所を引用したい。

宗教と云い、救いと云い、既成宗教のそれのみを指すとあらばそれにてやむ。若し真に日本人の魂に救いを与へたものを追求しようと云う意味に於ての日本宗教思想史を考える時、単に神道仏教基督教のみを取り上げて、それらより一層日本的であり一層深い境地に達したこともあるこの「自然」の救いを度外視するならば、我が国民の真の精神的展開を跡づけることは出来ないであろう。（家永 1997, p.148）

宗教性を問えば既存の成立宗教に行き当たり、自然観を問えば科学史・文学史・思想史に行き当たり、という具合に、心理学の領域に身を置いて研究しようとする者にとってはどれも門外漢であることを思い知らされていた時期であった。そのような折にこの文章に出会い、これほど自分の心中を言い当てたものはないと、当時いたく感動したことを覚えている。成立宗教の外に「宗教性」をたずね求めても何ら差し支えないし、むしろそうするべきだ、という確信を与えてくれたように思う。宗教性を対象とする心理学的研究において、成立宗教を対象としなければならないという「呪縛」から解放された、そうした思いにもなったのである。

第3節　自然観における宗教性

こうして、人々の自然観の中に宗教性を見出し、心理学的手法に基づいて明らかにする研究が開始された。拙著（西脇 2004）はその成果物であるが、今振り返れば、予備的研究の域を出ていないといわざるをえない。心理学領域での先行研究がほぼ見られない中、「自然観」「宗教性」「宗教的自然観」を定義し、自然体験に関する自由記述を含む質問紙調査を実施した、という意味では画期的といえなくもないが、全体として探索的な研究にとどまっている。その後、後続研究が実施され（西脇 2016）、宗教的自然観の核の一つをなすと考えられる内容を調査において再確認することができたが、その後の研究の蓄積もなく、系統的レビューやメタ分析にはほど遠い状況である。こうした状況にあることを前提に、拙著（西脇 2004）を振り返っておきたい。

表1　宗教的自然観の概念内容（西脇 2004, p.192）

宗教的価値対象（への認識） (1) 実在性を指して用いられる表現 （例：神、神々、仏、霊、霊魂） (2) 価値を指して用いられる表現 （例：大いなるもの、偉大なもの、人間の力を超えたもの、生命、永遠、無限）
自己認識および感情 (1) 自己の存在のあり方についての認識 （例：自己存在の有限性、無力さ、生きている喜び、自然に癒される自己） (2) 宗教的感情 （例：畏敬、神秘感、感謝、謙虚、懺悔）

自然観の中に宗教性が見られるというとき、上述のように「自然観」「宗教性」「宗教的自然観」といった概念の操作的定義が必要であることは論を俟たない。そこでまず、これらの概念構成に取り組んだ。これには、宗教学、哲学思想、文学研究などからの示唆を受けたほか、小学校および中学校の「学習指導要領」における「宗教的情操」概念にも着目した。なぜなら、指導要領に見られる宗教的情操概念には「主として生命や自然、崇高なものとの関わりに関すること」の表現に見られるように、自然と宗教的価値（「崇高なもの」）とが並置され、かつ、自然体験の中で宗教的価値が見出される、との意図が読み取れるからである。この表現が一般の読み手に決して奇異に映らない、というところに日本の宗教文化の基層が見え隠れするのである。

これらの文献研究に基づき、「宗教的自然観」を、自然を対象とする宗教的認識である「対象認識（対自然認識）」と、その結果として生じる宗教的な「自己認識（対自己認識）」とを包含する概念として定義した。そして、続く調査研究を念頭に、概念の具体的な（言語的）表現内容を想定した（表1）。なお、一般に自然観とは「自然に対する見方」を指すが、その自然認識が自己へと跳ね返り、自己認識ともなっていくことが文献研究からも明らかであり、そのプロセスをも含み込むことが重要である、と考えた。

調査研究は「予備調査」5本と「本調査」2本であったが、ここでは本調査2本（「宗教意識調査」および「自然観調査」）の概要、および相互の関連を調べた結果を示す。

宗教意識調査（中・高・大学生3930名を対象）では、三つの下位尺度から構成される「宗教意識尺度」を開発した。このうち重要なのは、宗教的自然観の一部と見られる下位尺度「自然・神秘」である。項目には「大自然——大空、海、山々など——には何か神秘的な力があると思う」「よく考えてみると、私が今ここで生きているということには、何か神秘的な力が働いていると思う」などが含まれる。前者は対象認識、後者は自己認識と考えられる。

自然観調査（中・高・大学生3446名を対象）は自由記述式で実施された。教示文「これまでの生活をふり返って、ふかく感動した、身近な自然体験を一つ、思い出してみてください」を自然体験の事例（空を見上げる、昆虫を捕まえる、森を歩く等）とともに示し、体験時期（選択肢を用意）、体験場所、体験内容を記述するよう求めた。とくに体験内容の記述は多岐にわたっていたため、結果の分析にあたっては次のようなコーディング方略がとられた。まず、各記述は「コードA（対自然認識）」「コードB（対自己認識）」「コードC（対人間認識）」に大まかに分類された（分類Ⅰ）。次に、各コード内でさらに細かく分類が行われ、最終的に（下位2層を含む）3層からなるコードに割り振られた（分類ⅡおよびⅢ）。コード数は全体で124であった。このうち、宗教的自然観に分類されたのは「対象認識（対自然認識）」で10コード、「自己認識（対自己認識）」で18コードであった。

次に、宗教的自然観（自由記述調査）と宗教意識（心理尺度調査）との関連を見るため、宗教意識尺度の下位尺度得点の平均値を基準に「高群」「低群」に分け、この2群に自由記述における宗教的自然観の出現比率の差が見られるかを調べた。ここでは、宗教意識尺度の下位尺度「自然・神秘」において両群の差が見られたものを示す（表2）。なお、「自然・神秘」得点との関わりは、宗教的自然観のうち「自己認識（対自己認識）」のみに見られた。

この結果から、自己をも含む自然界全体に神秘的力の存在をより多く認める者（「自然・神秘」高群）は、

表２　宗教意識尺度「自然・神秘」得点と宗教的自然観記述（対自己認識）との関連

（西脇 2004より付録7・付録10に基づき抜粋・整理）

（数値は記述の出現率＝%）

コード ⓐ	名称（分類Ⅱ）および解説 ⓐ	名称（分類Ⅲ）ⓐ	自然・神秘得点 高群 ⓑ（N=1687）	自然・神秘得点 低群 ⓒ（N=1295）	比率の差の検定結果	記述例
B-3-1	喚起感情（2）＝自然物・自然現象・自然風景に接することによって喚起された、宗教的な感情および情緒	神秘感	5.1	3.6	高群＞低群 *	「神秘的な感じがした」「ひきつけられるような」「幻想的な感じがした」など
B-3-8		申し訳なさ・罪悪感	0.3	0.0	高群＞低群 *	「ざんげしたい気持ちになった」など
B-7-1	宗教的体験＝自然物・自然現象・自然風景に接して、自己存在そのものの意味を考えたり、自然と自己との連続性を考えたりした体験に言及する語句や文。（神仏観念等の対象性は伴わないものの）自己の存在様式に言及する記述も、本カテゴリーに含める	小ささ・無力さ	5.4	3.6	高群＞低群 *	「自分が小さいと思った」「ちっぽけな存在だなと感じた」「自分の存在の小ささを感じた」「人間の無力さを感じた」など
B-7-3		存在の喜び	1.4	0.6	高群＞低群 *	「（自分が）生きているんだなぁと思った」「生かされているんだなぁと思った」「生きていてよかったと思った」など
B-8-1	神秘的体験＝自然物・自然現象・自然風景に接して、何らかの神秘的体験、およびそれに類する感動体験があったことを報告する語句や文	言語表現不可能性	2.7	1.1	高群＞低群 **	「言葉では言い表せないほどの（感動）」「“感動”という言葉では言い表せないくらい」「何も考えることができないほどだった」「一瞬言葉を失ってしまった」など

ⓐ記述の分類を表す。たとえば「B-3-1」とは、分類Ⅰ「対自己認識」（＝B）の下位である分類Ⅱ「喚起感情（2）」のうち、さらに分類Ⅲ「神秘感」であることを表す。

ⓑ宗教意識下位尺度得点が平均値以上であった群。なお、平均値は、学校×学年×性別ごとに分けた各群（19群）での値を基準とした。

ⓒ宗教意識下位尺度得点が平均値未満であった群。平均値の基準はⓑと同一。
* $p<.05$, ** $p<.01$

より少ない者（低群）に比べ、自然現象に接して、神秘的感情や、自然に対する申し訳なさを抱く傾向にあるほか、自己の小ささや無力さという存在様式に気づいたり、生きる喜びを感じたりする傾向にあることが示唆された。

とくに重要と考えられるのは、宗教的自然観の記述における「宗教的体験」のうち、「小ささ・無力さ」である。これは、宗教性の定義のうち「自己の有限性」の部分に相当するものと解釈できる（西脇 2004, pp.7, 309）。このコードに該当する記述の出現率は、全体では4・6％（14位）であるものの、この比率は宗教的自然観の中では最も高かった。すなわち、自然体験の中から生じる自己認識、自己の存在様式としての「小ささ・無力さ」の自覚が宗教性の重要な指標の一つであることが、実証研究レベルでも示された、といってよいだろう。

第4節　おわりに

以上、一般の人々の自然に対する認識や心情のうち、少なくとも一部は、宗教心理学の観点から見て「宗教性」の指標となりうるのではないか、ということを筆者の研究をもとに論じてきた。この論点は、たとえば各種の意識調査において、特定の成立宗教の「信徒である」と回答したり、「信仰をもっている」「宗教を信じている」と回答したりすることが明らかに少ない日本において、なおさら有力ではないかと思われる。

自然と接触したり体験したりしない者はいない。そもそも脳を含め自分の身体のすべてが自然の一部である。また、自然観の問題は、なにも日本に限った話ではなく、全世界共通の普遍的テーマである。と同時に、気候風土や人為との関わりで、その文化差も多様である。宗教的自然観が、乳児期から成人期に至るまでどのように変化していくのかと問うときには、発達心理学上の課題ともなる。さらに、理科教育の観点ばかりでなく、宗教的情操概念として「指導要領」に取り込まれるなど、道徳教育においても自然観はなおざりにできないテーマである。気候変動や災害までも含む「自然」という、ある意味ですべてを包摂してしまうこのテーマに、これからも地道に取り組んでいきたい、と考えている。

「自然」の語も多義的であるが、一方で、「宗教性」も揺らぎのある語である。これは、宗教や宗教性の定義が多様であることにのみに由来するものではなく、たとえば「日本スピリチュアルケア学会」の設立（2007年）に見るように、「スピリチュアリティ」なる概念が登場し、（その名を冠した社会的活動として）実社会に浸透しつつあることとも関連があるように思われる。もとより欧米の宗教心理学においては、両概念の関係性は常に検討課題となってきたわけであるが（Paloutzian & Park 2013など）、日本においても、前述の学会のほか、たとえば鎌田東二（企画・編）による『講座スピリチュアリティ学』シリーズ（全7巻、鎌田 2014-16）の登場など、学際的かつ学問的探究も活発化しており、こうした「スピリチュアリティ」への注目は、心理学の立場からも決して無関心ではいられないだろう。

心理学では「宗教（religion）」と「宗教性（religiosity）」を区別する。religionは「仏教」や「キリスト教」など，組織化され制度化された集団としての「宗教」と結びつく傾向にあるが，religiosityはそうではなく，むしろ個人内の心性の一部として理解されている。とすれば、個人の心性としての宗教性と、同様に個人の心性として想定されているスピリチュアリティ（spirituality）とは、どこでどのように区別されるのか。この問題は、神仏概念がなくとも成立する、個人の「宗教性」の一指標としての宗教的自然観を扱うとき、より根本的な問いとなってくるのである。

たとえば何らかの自然体験をしたある人が、その体験を「人間の力を超えた何か大いなるもの／いのち／宇宙とのつながりを感じた」と表現したとしよう。するとそれは、体験者の「（宗教性の表れとしての）宗教的自然観」であるのだろうか、それとも、自然体験によって喚起された体験者の「スピリチュアリティ」が表現されたものであるのだろうか……。

もちろん、宗教心理学の立場をとるか、スピリチュアリティ研究の立場をとるか、その立ち位置によってその答え方は異なってくるであろう。しかしながら、どの立ち位置に身を置こうとも、互いに無関心でいるわけにはいかない。こうしてこれからも、自然―宗教性―スピリチュアリティの三者は、宗教心理学の決して看過することのできないトピックスとなっていくであろう。

文献

林潤平（2020）『自然愛をめぐる教育の近代日本――自然観の創出と変容の一系譜』世織書房

家永三郎（1997）「日本思想史に於ける宗教的自然観の展開」『家永三郎集　第一巻　思想史論』（pp.80-153）岩波書店（原著刊行1943）

鎌田東二（企画・編）（2014-16）『講座スピリチュアリティ学　全7巻』ビイング・ネット・プレス

唐木順三（1993）『日本人の心の歴史　上下巻』筑摩書房（原著刊行1976）

西脇良（2004）『日本人の宗教的自然観――意識調査による実証的研究』ミネルヴァ書房

西脇良（2016）「自然体験の中での宗教心――宗教性の一指標として」松島公望・川島大輔・西脇良（編著）『宗教を心理学する――データから見えてくる日本人の宗教性』（pp.106-127）誠信書房

Paloutzian, R. F., Park, C. L. (Eds.) (2013) *Handbook of the Psychology of Religion and Spirituality* (2nd ed.). Gilford Press.

鈴木貞美（2018）『日本人の自然観』作品社

安室知（2016）『自然観の民俗学――生活世界の分類と命名』慶友社

第24章　社会心理学と宗教心理学

及川　晴

社会心理学では、実験的な手法によって社会に生きる人々の心の問題やその仕組みを明らかにしようとする。社会心理学では伝統的に、宗教の問題が幅広く扱われてきたが、２００1年9月11日を境に、世界はテロの恐怖に怯え、イスラム教に対する偏見を露わにする社会の抱える問題と対策に関心が寄せられるようになった。

大学時代を人種や宗教の多様性にあふれる、アメリカ・ネバダ大学リノ校で過ごした筆者は、宗教が人々の心や社会の基盤として深く根差していることを肌で感じていた。たとえ日常の喧騒に薄められていたとしても、有事の際には個人の信仰が浮き彫りになる。もっとも、現代の日本社会においては、宗教はあくまでも慣習にすぎず、ともすれば非科学的な妄想の類として扱われることも少なくない。

心の研究が進めば、いずれは宗教と科学の溝が埋まることになるのだろうか。そんな思いを胸に日本に帰国したころは、宗教が社会心理学の問題として扱われることはほとんどなかった。

東京大学大学院教育学研究科で、意志の力による自己制御、とりわけ抑制的なメンタルコントロールの研究に筆者が取り組んでいたころ、事件は起きた。２００1年9月11日、テロの恐怖は国境を越えて全世界に波及し、ふだんは自覚されることのない存在脅威、死すべき運命を自覚して生きることの影響、そしてその恐怖を緩和するための装置としての文化や宗教の役割が研究されるようになった。

第二の事件が起きたのは、筆者が博士号を取得し、東京の大学で職を得たころだった。２００9年、新型インフルエンザの拡大によって、世界は再び死の恐怖に怯え、厳戒態勢に入った。日本でも連日のニュース報道に国民は釘付けとなり、拡大する感染状況に固唾を呑んで見守る日々が続いた。しかし、ただ情報を把握するだけでは、存在恐怖を緩和することはできない。筆者が行った独自の調査によると、拡大する感染状況に対して、人々は回避的に反応した（及川・及川 2010）。状況は確かに把握できていた。たとえば、自分と同じ大学に通う他の学生の感染リスクについては、ほぼ正確に見積もることができていた。しかし、自分自身の感染リスクについての見積もりは一貫して低く、そのため、人込みを避けることや、手洗いの徹底、マスクの正しい着用などの予防行動に遅れが生じていた。

筆者が家族とともに京都に移り住んだころ、第三の事件が起きた。２０１１年3月11日に発生した東北地方太平洋沖地震による災害によって、日本から世界に向けて、恐怖の波が広がった。そして現在、世界は新型コロナウイルスの脅威に怯えている。

平和な暮らし、健康な暮らし、安全な暮らし、ふだんから当然のように享受している生活が脅かされるたびに、特定の宗教を信じていなくとも、基本的な信頼が踏みにじられた気になる。仏教哲学や瞑想、マインドフルネスや心理学など、存在脅威を緩和する方法に関心が集まる。

宗教は、社会や文化、集団やコミュニティなどの形成において、重要な役割を果たす。本章では、社会心理学の研究において、宗教がどのように扱われてきたかを概観したうえで、個人の意思決定や対人関係などの社会心理学的なプロセスの科学的な研究において、宗教を扱うことの重要性について解説する。

第1節　社会心理学における宗教

現代人の多くは科学を理解しているが、それでも神への信仰、とりわけ世界に意味を与える概念への信仰をもち続けている人も少なくない。現在では、社会心理学において宗教が扱われることは少ない。しかし、20世紀初頭、社会心理学の初期の理論においては、宗教的な信仰を含む、共有された信念が個人や集団の行動に及ぼす影響についての研究が中心的に行われてきた。

宗教は、個人の幸福を促進するのか、あるいは阻害するのか？　社会心理学者は、長らくこの問題について議論してきた。個人的な信仰には、確かに有益な側面がある。しかし、宗教組織への参加やコミットメントは、宗教対立やテロ行為や戦争を導くこともある。

オルブライトとアッシュブルック（Albright & Ashbrook 2001）によれば、個人レベルでも集団レベルでも、宗教は人間の行動に多大な影響を及ぼす。信仰は概して健康によい。楽観性やレジリエンスを高め、うつ病、薬物乱用、自殺、その他の危険行動のリスクを減らす。宗教はまた、同じ価値観を共有する人々を結びつけ、社会への帰属意識と相互支援を促す。さらに、多くの宗教団体は、健康的な食事、定期的な運動、ストレス軽減など、地域社会によい影響を与える健全な生活を支援している。

しかし、世界規模で宗教的信仰が衰退するにつれて、無宗教であるという自己認識に対する社会的な規範も変化し、無神論者は急速に増加している。現在では、無神論はキリスト教とイスラム教に次いで、世界で3番目に大きい宗教的カテゴリーである。

宗教的信仰と行動の関係についての研究関心は衰退したが、2001年9月11日、アメリカ同時多発テロ事件によって、社会心理学における宗教研究の新しい時代が幕を開けた。テロリストは過激派イスラム教徒で構成されていたため、イスラム教がテロリズムに関連しているという認識が広がった。グリーンバーグら（Greenberg, Pyszczynski, & Solomon 1986）による、存在脅威管理理論に基づく一連の研究では、テロ行為の知覚が、宗教組織に対する偏見につながることが明らかにされている。

第2節　宗教や信仰を測定する

1．宗教的所属と宗教性の区別

心理学の父として名高い、ウィリアム・ジェームズ（James 1902）は、組織化された宗教と、個人的信仰、すなわち、文化や社会規範とは関係なく個人がもつ宗教的な信仰や活動を区別することの重要性を指摘している。

個人の宗教を定量化する方法には、少なくとも二つのアプローチが存在する。単純にどの宗教に属しているかを人々に尋ねることは、宗教を定量化する簡単な方法である。しかし、個人の宗教をよりよく反映しているのは、単なる宗教的な加盟組織よりも、個人的信仰のほうであるかもしれない。個人的な信仰を定量化するためには、人々が特定の宗教に関与する度合いを尋ねる必要がある。

2．宗教的所属を測定する

キリスト教徒、イスラム教徒、ユダヤ教徒、無神論者など、個人がどの宗教カテゴリーに属しているかを尋ねれば、宗教的所属を測定することができる。宗教的所属の測定は、国際的な調査などでも幅広く用いられる。しかし、このような単純なカテゴリー化を行う際には、特定の宗教カテゴリー内に存在する多様性を無視しないよう、注意する必要がある。たとえば、クリスマスしか祝わないカトリック教徒と、毎週教会に通うカトリック教徒とでは、同じカテゴリーに分類されても、宗教がそれぞれの人生に及ぼす影響はまったく異なるだろう。

カッツとハス（Katz & Haas 1988）も指摘しているように、社会心理学者はまた、自己報告の問題に常に注意を払ってきた。人は社会的望ましさに敏感であるため、汚名を着せられたスティグマ集団や、社会的マイノリティのメンバーとして識別されることを避けることを認識する必要がある。

3. 信仰心の深さ（宗教性）を測定する

個人が宗教にどの程度関与しているか、自らの生活に宗教をどれくらい取り入れているか、日常的に宗教についてどれくらい頻繁に考えるか、といったことを尋ねることで、信仰の深さ（宗教性）を測定することができる。宗教性とは、個人が日常生活において宗教を活用する頻度であり、社会心理学者の関心である、日常の行動や人間関係に、より深く関わる変数である。先述した2人のカトリック教徒の場合、宗教的所属よりも、信仰の深さを測定したほうが、意味のある比較が可能となる。

研究目的に応じた宗教性の側面を測定するために、これまでにさまざまな尺度が開発されている。たとえば、アルテメイヤーとハンスバーガー（Altemeyer & Hunsberger 2004）が開発した宗教的原理主義尺度は、宗教的な教義が人生に果たす意味の深さを測定するために使用される。オールポートとロス（Allport & Ross 1967）による宗教的志向性尺度は、宗教的信仰そのものを目標として宗教的信念や態度を大切にする傾向（内発的宗教性）と、日常を豊かにするための手段として宗教的信念や態度を利用する傾向（外発的宗教性）とを区別するために使用される。バトソンとショーンレイド（Batson & Schoenrade 1991）による探求尺度は、人生の矛盾、宗教的疑念、この世の悲劇などから生じる実存的問題に対して、宗教が心の支えとなる程度を測定するために使用される。ハンスバーガー（Hunsberger 1989）によるキリスト教正統派尺度、ピルツィンスキー（Pirutinsky 2009）によるユダヤ教正統派尺度、ジイとイブラヒム（Ji & Ibrahim 2007）によるイスラム教正統派尺度は、それぞれの宗教の教義を受け入れている程度を測定するために使用される。

社会心理学の研究では、宗教性の測定もよく使われるが、宗教的所属の測定にとどまることも多い。その理由の一端は、宗教についての仮説を積極的に検証しようとするよりも、宗教という要因を探索的に含める研究のほうが多いことにある。また、単に宗教的所属を尋ねたほうが、信仰の深さを測定するよりも、研究目的に応じた尺度の選択、得点化、分析などの手間を省略できる。宗教的所属と宗教性の測定には、それぞれ長所と短所があることを踏まえて、研究目的に応じた宗教の扱い方を検討する必要がある。

第3節　宗教と社会心理学的プロセス

1．宗教の功罪

オールポートは研究の初期から、宗教は向社会的な態度を導くことも、逆に反社会的な態度を導くこともあることを指摘していた。

> 逆説的なことに、宗教は偏見を導くことも、偏見を是正することもある（中略）。崇高な宗教的理想による恩恵は、同じ理想の名のもとに生じる迫害の恐怖によって相殺される。（Allport 1954, p.413）

宗教と偏見のような逆説的な関係は、集団プロセス全般に当てはまる。性格特性や幸福感などの個人内プロセスを扱う研究や、対人関係などの個人間プロセスを扱う研究においても、一貫しない結果に社会心理学者は悩まされてきた。

2．宗教と個人内プロセス

ブルーム（Bloom 2012）によれば、宗教は、さまざまな個人内プロセスと密接に関連する。一般に、宗教性が高いほど、幸福感が高く、生活満足度が高く、道徳性が高く、ストレス対処に優れ、薬物乱用や衝動性の問題が少なく、知能が高い傾向がある。同様の結果は宗教的所属でも観察されることがあるが、それは宗教自体の影響というよりも、集団への所属やコミュニティへの関与など、宗教的所属に伴う副産物としての恩恵である可能性が指摘されている。

サログロー（Saroglou 2002）が実施した、宗教性と性格特性の関係を扱った研究のメタ分析では、宗教性が高いほど、協調性や誠実性が高いことが示されている。ただし、宗教的原理主義の高さは、開放性の低さと関係する。宗教的所属を指標にした研究では、無宗教者はキリスト教徒と比較して、開放性を除くすべての性格特性（外向性、協調性、誠実性、情緒安定性）が低いことが示されている。

アルバートセンら（Albertsen, O'Connor, & Berry 2006）によれば、宗教に所属する者は、所属しない者よりも罪悪感を抱きやすい。一般に、宗教性は罪悪感や、性的衝動や敵意的衝動に対する抵抗感、恥知らずな言動を避ける傾向を高める。しかし、宗教性と罪悪感との関係は、状況を問わず一貫して現れるわけではなく、また、神の許しを信じる者に限定的であるとワトソンら（Watson, Morris, & Hood 1987）は指摘している。

3．宗教と対人関係（個人間プロセス）

人は家族との関係の中で社会化のプロセスをたどり、家族の宗教（または無宗教）と類似した人々との間で関係を形成する。そのため、宗教は対人関係や社会性に決定的な影響を及ぼす。もっとも、宗教は社会性を向上させることもあるが、社会性を阻害することもある。

宗教は、恵まれない人々への援助や、見知らぬ他人への配慮を促進する。また、宗教は、利他主義や共感性といった向社会的な特性を育む。しかし、宗教が向社会的な行動を導くのは、それが個人の評判に関わる状況に限定されるとノレンザヤンとシャリフ（Norenzayan & Shariff 2008）は指摘している。

多くの宗教は反社会的な行為を禁じているが、宗教的価値観に反する者に対しては排他的な側面がある。一般に、宗教的価値観に違反する者に対しては、信者は無宗教者よりも強い偏見を示す。とりわけ、宗教的原理主義が強いほど、偏見も強い傾向があるとアルテマイヤーとハンスバーガー（Altemeyer & Hunsberger 2004）は指摘している。オールポート（Allport 1954）によると、偏見と関連するのは外発的信仰であり、内発的信仰は偏見と関連しない。これはおおむね正しいが、ゲイの人々に対する偏見は、むしろ内発的信仰が強いほど強い傾向があることをウィートリー（Whitley 2009）は指摘している。

第4節　おわりに

本章では、社会心理学と宗教の関係、とくに科学的研究で宗教を扱うことの重要性について解説した。宗教的な信仰が世界的に様変わりしてきている現代社会において、社会心理学的な視点から宗教を研究することは、理論的にも応用的にも有益である。

社会心理学において、宗教が直接扱われることは多くはない。しかし、社会心理学の理論の多くは、宗教と密接に関わる。宗教の構成概念は、必ずしも特定の宗教的所属に固有のものではない。これからの社会心理学においては、宗教という枠組みを超えて、社会的な規範や文化的な慣習、個人的なイデオロギーが、個人内、個人間、集団内、集団間の心理プロセスに及ぼす影響に関する研究知見を統合していく必要があるだろう。

応用的な観点からも、宗教的所属と個人の信仰やイデオロギーを区別することは重要である。たとえば、すべてのイスラム教徒は、すべてのイデオロギーを共有しているわけではない。テロリストに関連づけられるなど、偏見の犠牲者になることを恐れて、宗教的所属を隠そうとする者もいる。宗教の教義と個人のイデオロギーの矛盾に悩む者も少なくない。このような問題に鑑みて、宗教的アイデンティティと、他の関連するアイデンティティの研究を推し進め、それらの独立性についての研究知見を、社会に還元できる知識として広めていくことが重要である。

文献

Albertsen, E. J., O'Connor, L. E., Berry, J. W. (2006) Religion and Interpersonal Guilt: Variations Across Ethnicity and Spirituality. *Mental Health, Religion & Culture*, 9, 67-84

Albright, C. R., Ashbrook, J. B. (2001) *Where God Lives in the Human Brain*. Sourcebooks.

Allport, G. (1954) *The Nature of Prejudice*. Addison-Wesley.

Allport, G. W., Ross, J. M. (1967) Personal Religious Orientation and Prejudice. *Journal of Personality and Social Psychology*, 5, 432-443

Altemeyer, B., Hunsberger, B. E. (2004) A Revised Religious Fundamentalism Scale: The Short and Sweet of It. *International Journal for the Psychology of Religion*, 14, 47-54

Batson, C. D., Schoenrade, P. A. (1991) Measuring Religion as Quest: 2) Reliability Concerns. *Journal for the Scientific Study of Religion*, 30, 430-447

Bloom, P. (2012) Religion, Morality, Evolution. *Annual Review of Psychology*, 63, 179-199

Greenberg, J., Pyszczynski, T., Solomon, S. (1986) The Causes and Consequences of a Need for Self-Esteem: A Terror Management Theory. In R. F. Baumeister (Ed.), *Public Self and Private Self* (pp.189-212). Springer-Verlag.

Hunsberger, B. (1989) A Short Version of the Christian Orthodoxy Scale. *Journal for the Scientific Study of Religion*, 28, 360-365

James, W. (1902) *The Varieties of Religious Experience: A Study in Human Nature*. Collier Books.

Ji, C.-H. C., Ibrahim, Y. (2007) Islamic Doctrinal Orthodoxy and Religious Orientations: Scale Development and Validation.

International Journal for the Psychology of Religion, 17, 189-208

Katz, I., Hass, R. G. (1988) Racial Ambivalence and American Value Conflict: Correlational and Priming Studies of Dual Cognitive Structures. *Journal of Personality and Social Psychology*, 55, 893-905

Norenzayan, A., Shariff, A. F. (2008) The Origin and Evolution of Religious Prosociality. *Science*, 322, 58-62

及川晴・及川昌典（2010）「危機的状況での認知、感情、行動の変化――新型インフルエンザへの対応」『心理学研究』81, 420-425

Pirutinsky, S. (2009) Conversion and Attachment Insecurity among Orthodox Jews. *International Journal for the Psychology of Religion*, 19, 200-206

Saroglou, V. (2002) Religion and the Five Factors of Personality: A Meta-analytic Review. *Personality and Individual Differences*, 32, 15-25

Watson, P. J., Morris, R. J., Hood, R. W., Jr. (1987) Antireligious Humanistic Values, Guilt, and Self Esteem. *Journal for the Scientific Study of Religion*, 26, 535-546

Whitley, B. E., Jr. (2009) Religiosity and Attitudes Toward Lesbians and Gay Men: A Meta-analysis. *International Journal for the Psychology of Religion*, 19, 21-38

第25章　質的研究（ナラティヴ心理学）と宗教心理学

古賀佳樹・川島大輔

第1節　はじめに

ここでは質的心理学（ナラティヴ心理学）と宗教心理学の関係について、質的研究法の習得を目指して学習を進めている第一著者（古賀）が、質的研究を用いてきた第二著者（川島）に対してインタビューを行うという形式をとる。具体的には、第一著者の問いに答えるかたちで、第二著者がこれまで行ってきた死生に関する研究について振り返る。そして、宗教や質的研究を用いてきた経緯や「宗教」を研究に加えることの必要性、さらに宗教心理学がどのような可能性を新たに拓くのかを語っていく。また、語られた内容についての省察を記述することで、解釈の方向性をいくつか提示する。

第2節　ある中堅研究者のライフストーリー

古賀：はじめにこれまでにどのような研究を行ってきたのか教えてください。

川島：はい。まず、大学院のときには高齢者の死生観の研究をしていました。対象は普通の高齢者一般ではなく、浄土真宗の僧侶の方、老年期にあるお坊さんにインタビューや質問紙による調査を行い、死生観と宗教がどのように絡んでくるのかという関連性についての検討です。その後に自殺予防の研究を始めたり、死別の研究をしたり、あるいは死生観やエンド・オブ・ライフについての研究を展開しています。ただし死生観そのものは、最近はあまり主たるターゲットではなく、人生の最後の締めくくりであるエンド・オブ・ライフに向けてどうするかといったときに死生観が絡んでくるとか、あるいは自殺予防といったときに死生観が絡んでくるといったかたちです。

古賀：なるほど、それでは研究の手法的にはどのようなものを取り入れてきたでしょうか。

川島：そうですね。まずは半構造化インタビューを行い、ＫＪ法で分析するというのがスタートでした。インタビューだけではなく質問紙もやっていたので、自由記述も質的にまとめるといったことをやったりしました。ほかには、「死にたい」というインターネット掲示板のブログを質的に解析したり、あるいはインタビューも一対一のインタビューというよりは、グループでやったりとかですね。その後フィールドワークや観察と、インタビューを合わせて実施したり、手法にしても徐々に広げていったと思います。分析法はＫＪ法や内容分析が中心でした。震災で家族を亡くされたご夫婦へのインタビューをした際には、ご夫婦の中での語りのズレを言説分析という方法で分析したこともありますね。

古賀：なるほど。私も半構造化インタビューとＫＪ法から質的研究を始めていて、最近では、対象者の時間的な変化や過去に起きたイベントとの関連に焦点を当てたいという思いがあったので、ライフライン法を用いたインタビューを実施しています。実際ライフライン法を用いたことで、対象者のこれまでの人生を詳細に引き出せたと思います。やはりこの手法の変化というのも、対象となるデータの特徴や、研究目的に合わせて手法を組み合わせてきた結果といった感じでしょうか。

川島：そういう感じですね。スタートはオーソドックスな半構造化インタビューとＫＪ法だったところから少しずつやり方のバリエーションが増えていきました。あとは、古賀君も使っているライフラインインタビューや自由記述データのテキストマイニングもやってきましたね。

質的研究と一口にいっても実にさまざまである。右の会話にあるようなKJ法や、言説分析、ライフライン法、テキストマイニングのほかにも、GTA（Grounded Theory Approach）、会話分析、エスノグラフィーなど多様な質的研究法が存在している。これらの研究法は、サトウ・春日・神崎（2019）の「構造—過程」と「実存性—理念性」の二つの次元で捉えると理解しやすい。これは、「構造を扱うのが得意なのか、過程を扱うのが得意なのか」と「実際に存在することを理解するのか、現象の背後にある本質的なことを理解するのか」の二つの軸で質的研究の方法を整理する枠組みである。「構造—過程」の軸で見てみると、KJ法やテキストマイニング、GTAなどは構造を捉えるのが得意な研究法で、ライフライン法や会話分析、言説分析などは過程を捉えるのが得意な分析といえる。また「実存性—理念性」の軸では、実存性を重視する研究法はKJ法、テキストマイニング、会話分析、理念性を重視するのがGTA、言説分析と捉えることができる。実際にそれぞれの研究法がこの枠組みどおりに用いられているわけではないが、自身の研究目的、対象などに合った研究法を選ぶうえでの一助となる捉え方だといえる。

第3節　宗教が必要になった経緯とは

古賀：先ほどの話を聞く限りだと、最初の研究がお坊さんを対象にしているということだったので、はじめから研究テーマに宗教が含まれていたのかなとも感じたのですが、いかがでしょうか。

川島：もともとはエンド・オブ・ライフケアに関することをやりたいと思って修士論文の計画を考えていました。しかし、なかなか病院に入って研究するのは難しいという話になったんですね。病気を抱えている患者さん以外では、高齢者が発達的には死に近いというかたちでターゲットになります。

ただ、どの高齢者に話を聞けばいいのかという話になったときに、それだけだと焦点がぼやけるということを、指導教員のやまだようこ先生（京都大学名誉教授）から指摘されて、どうしようかなと考えていたところで、たまたま知り合いに仏教的なホスピス（ビハーラ）に関わっている人やお坊さんがいたりしたので、やまだ先生との話し合いの中でお坊さんだったらいいんじゃないかということになったんですね。

お坊さんであれば死生についても語ってくれるだろうし、当然死生について語るときにまったく宗教や信仰みたいなものに触れないことはないだろうということです。まあ段階的にはかなり後になって宗教が入ったという感じですね。

古賀：最初から宗教を扱っていたわけではなくて、死生観について調べる中で宗教が必要になったんですね。

川島：はい、元から宗教があったわけではないですね。一貫して僕の以降の研究も全部、死生や自殺予防の話をしていくうえで、必要に応じて宗教やスピリチュアリティの観点が入ってくるという感じです。自殺予防はあまりそういうのがないし、反対に、ご遺族の研究になるとすごく絡んでくるっていうところがあるので、メインは死生とか自殺予防。それで研究するときに宗教が必要になってきたという感じでしょうか。

古賀：なるほど。ではそれらの研究を行ううえで、質的研究を用いてきたことの理由や、必要性について教えてください。

川島：やはり死生の問題に関わるとなったときに、実際にその人が……死「生」なので、どういうふうな人生を生きてきたのかっていうことを抜きに、最後のところだけ聞くというのはやはり少しおかしいだろうというふうになって。

ほかには理論的な背景にエリクソンというのがやはりあったので、そうすると今までの人生の中で、死というのがどう位置づけられるのか、その中で宗教とどう絡んでくるのかっていうのが問いでした。となると、質問紙では十分その豊かな意味をすくえないだろうということで、ライフストーリーに迫るのが最適だと思いました。インタビューの方法は言語的なデータを得るのでその分析法となると、質的な分析法……そういう流れでやってきたっていうのが一つですね。

研究を行ううえで、目的にアプローチするためには対象の選択、データの収取方法、さらにはデータを読み解くための理論、方法論の選択が重要になってくる。ここで近年注目されてきているのが、ミックスド・メソッド（混合研究法）のアプローチである。これは質的研究と量的研究を統合して行うことで、一つのアプローチからは得られなかったシナジーを得ることを目的とする方法である。統合の仕方はさまざまであるが（Flick 2007/2011）、以前の「質 vs 量」のような両立不可能的な考え方は減りつつあり、複数の方法を組み合わせることで、それぞれの研究方法の弱点や盲点を補い合うトライアンギュレーションの考え方などが主流になりつつある。また、質的研究だけで見ても、単一の研究法のみ用いるのではなく、多様な理論的アプローチとともにさまざまな研究方法を併用するブリコラージュの考え方も重要である。研究目的に合わせて、理論や手法を適宜組み合わせていく姿勢が研究実践における鍵だともいえる。

しかし、どのような場合でも複数の研究を混合して行えばいいというわけではない。右のインタビューでも死生観を調べるうえで質的研究や宗教研究を必要に応じて取り入れていることからもわかるように、用いる概念や研究法の適切性、複数の研究法を統合することのメリットについては慎重に吟味したうえで実施する必要がある。

第4節　宗教を取り入れることが専門領域にもたらすインパクト

古賀：次の質問です。宗教というものを研究に加えることによって、今回ですと死生観の研究に宗教を加えることによって、これまで足りなかった領域や、空白になっていた領域をどのように補うことができたのかというところを教えてもらえればと思います。

川島：うーん。冒頭でお話しした僧侶の死生観についての研究を考えると、宗教を取り入れる意義について話すのはなかなか難しいですね。死生観の研究自体がそんなにたくさんないというところと、お坊さんに調査を行ってるっていうことは心理学では珍しいことではあると思うんですが、それがどんな貢献……インパクトを与えたのかって、けっこう難しいと思いますね。死生観は宗教観と切り離せないので、その意味では欠かせない要素ですが。ただ特定の宗教、私の場合は浄土真宗に焦点化したわけですが、その死生観を丁寧に分析していくと、極楽浄土などの大きな文化の物語がいかに個人の死生観に関わっているのかがよく見えました。

また、自死や災害などで身近な人を亡くされた方への調査では、死別経験の意味づけ、とくに亡くなった人とのつながりを語ってもらううえで、宗教やスピリチュアリティはやはり欠かせないと思います。実際多くの人がそれについて触れたりしながら語りますが、そこでも特定の宗教教義というよりも、より大きな日本の文化に広く流布している宗教的な物語が深く関わっていると思います。ご遺族への調査では、特定の宗教宗派に焦点化して調査協力をしてもらっているわけではないため、宗教的なバックグラウンドは違うんですけど、やはりそういった宗教性、スピリチュアリティというのは語られます。その輪廻転生みたいな話や、生まれ変わりの話などですね。そうしたお話を聞くと、亡くなった人との関係を意味づけるというのは、やはり海外の報告、とくにキリスト教の文化圏の話とは少し違うかなと思います。そういう意味では、宗教が入ることで独自性みたいなことは出せたのかもしれません。

死生学の研究報告において宗教やスピリチアリティに触れられることは珍しくないが、たとえば、死別研究で、D・クラス（Klass, D.）によって提案された「継続する絆（continuing bonds）」という概念が近年大きな注目を集めてきた（Klass, Silverman & Nickman 1996）。そしてD・クラスは、この概念を提唱する根拠として、日本ではさまざまな宗教的儀礼、たとえば仏壇へのお参りやお盆などを通じて、故人とのスピリチュアルな絆が維持されうることを報告している。これは日本人にとってはさして驚くべき話ではないが、それまでの北米やヨーロッパでは、死別後には故人との関係性を絶つことが重視されており（絆の切断仮説とも呼ばれる）、そのパラダイム転換をもたらすきっかけの一つになったという意味において、この領域にもたらしたインパクトは大きい。この例と本書の趣旨をつなげれば、宗教という社会文化的文脈（context）との不可分な関係が明示されることで、個人内プロセスに偏向しやすい心理学の問題点が明らかになり、その脱構築を促したといえる。右のインタビューでも、死生と宗教やスピリチュアリティとの不可分性が強調されている。

第5節　宗教が拓く心理学の新たな可能性

古賀：では最後の質問です。宗教と心理学が結びついた先に新しい可能性が生まれるのか、あるいは新しい宗教心理学みたいなところを生み出すことができるのかについて、お考えをお聞かせください。

川島：とくに質的研究ということでは、社会学とかいろんな領域でも、この宗教に関して、あるいは死生の問題で宗教性がどう絡んでくるかっていうのはすでに数多く検討されているんですけれど。心理学は人の心に迫るということもありますが、方法論にうるさい学問だろうと思うので、そこから新しい可能性が生まれてくることはあるかもしれません。

つまり、心理学は方法論にこだわりをもって、きっちり論理立てて方法を組み上げ、それに基づき研究をするということを矜持としている学問だと思うんですね。そうすると質的研究でもそれは同じで、再現性ということとはちょっと違うと思いますが、どういう手続きでどういう計画でどういうふうなステップで解釈・分析までしていたのか、データをとって分析していたのかというのを書くように求められますよね。

そういったところは他の学問領域よりもかなり厳しいかもしれません。自由度が高いともちろんよい部分もある一方で、研究者次第になってしまう部分もあると思います。達人はうまくやれるけど、そうじゃないとやれないみたいなデメリットが出てくる。反対に、心理学の質的研究というのは、そこに関しては、達人じゃなくても実施できるというのを探して方法論を組み上げてきたというのがあると思います。

それで心理学が宗教に関わっていくことになれば、当然その方法論というのが明確になって、他の人もやりやすくなるということなので、新規の参入がしやすくなり、研究者の層も分厚くなる可能性はあるかもしれません。

それから心理学の強みというかこだわりというか、同じようにインタビューで宗教の語りを聞いたときに、やはり心理学はその人それぞれの心理に迫りたいという欲求が強いと思います。たとえば、社会学の場合は同じようなアプローチをとっていても、それぞれの語りから、より大きな社会っていうところに論を進めていくだろうと思うんですけど。心理学の場合にはやはり、それぞれの個々人の認識や行動、もちろんそこに何か普遍的なモデルや原理というものがあるっていうことも探求すると思うんですが、まずはそれぞれのナラティヴから心理を読み解いていく、ということへのこだわりはあると思います。

宗教心理学という学問領域の展開可能性もこの点にあるような気がします。つまり、今まで他の学問領域がやってきたやり方とは異なる「ものの見方」を提供することで、領域間のアプローチや関心事の相違と類似がつまびらかになり、そこでの対話を通じて、この宗教という現象についての研究全体が盛んになってくる可能性はあるかもしれないと思いますね。

右記のとおり、心理学の強みは方法論や手続きの明確性にある。これは質的研究においても同様で、いわゆる経験則や職人技といったとっつきにくさ、学びにくさを解消し、誰もが研究に参入できるようになることは心理学と宗教を結びつけることによって生じる新たな可能性であるといえる。一方で注意しなければならないこととして、誰もが参入できることと、簡単にできることは違うということを念頭に置いておく必要はある。とくに質的研究は、研究手法のほかにそれらの理論についても学ぶ必要性、研究に精通した指導者の存在、研究目的に合わせた研究法の使い分け等、修得にはきちんとしたトレーニングが必須である。

また、研究実施の姿勢についても考慮すべきことがある。質的研究で特徴的な考え方として省察（reflexivity）という概念があるが、研究者の行為や主観性も研究のプロセスとして取り入れるべきであり、そのうえで、自己省察が重要であるとしている（Flick 2007/ 2011）。先に述べた研究目的や手法、理論などについてきちんと省察することはもちろん、そもそもなぜ宗教を研究するのかといった問いについても研究の中で意識し、立ち止まり、多角的な視点から省察することが重要であるといえる。

第6節　おわりに

本章では、インタビューの形式で質的研究と宗教心理学についての語りを通して宗教心理学の今後の可能性について考察した。語りを聞き、考え方を提示し、解釈するというこの章の取り組み自体が一つの質的研究の実践例であるともいえるかもしれない。また、インタビューを行い協働で本章を執筆する行為も含めてエスノグラフィーと捉えることもできる。本章における行為が宗教心理学における展開可能性を示す一例になれば幸いである。

文献

Flick, U. (2007) *Qualitative Sozialforschung: Eine Einführung*. Rowohlt Taschenbuch Verlag.〔小田博志（監訳）（2011）『新版 質的研究入門――〈人間の科学〉のための方法論』春秋社〕

Klass, D., Silverman, P. R., Nickman, S. L. (Eds.) (1996) *Series in Death Education, Aging, and Health Care. Continuing Bonds: New Understandings of Grief*. Taylor & Francis.

サトウタツヤ・春日秀朗・神崎真実（編）（2019）『質的研究法マッピング――特徴をつかみ、活用するために』新曜社

第26章　数量的研究（心理統計）と宗教心理学

日原尚吾

第1節　筆者の研究史

筆者は学部学生のころから一貫して、青年期におけるアイデンティティ（「自分とは何者だろうか？」という問いに対する答えとしての、個人にとって重要で一貫した自己の自覚）を研究してきた。アイデンティティは、青年期において最も重要な発達的概念の一つと考えられている。アイデンティティ発達研究の中でも、筆者は、青年のアイデンティティ発達が自身を取り巻く社会文化と関わり合いながら進む過程を、数量的研究法を用いて研究してきた。具体的には、大きく2種類の研究テーマに分けられる。第一に、否定的アイデンティティの研究である。経済的な格差や社会の分断が急速に広がる現代社会において、社会の辺縁に置かれ、他者や社会に認められるような自分のあり方を見つけることができない青年は多い。そうした青年は、たとえば「貧乏人」や「負け組」のようなレッテルによって否定的なイメージを押し付けられることもある。こうした状況に置かれた青年は、自身のアイデンティティが定まらない不安定感や苦悩を解消しようとして、「自分はどうせ社会不適合者だ」のように社会的に望ましくない役割意識に基づく否定的アイデンティティを形成してしまうことがある。これまでの研究では、否定的アイデンティティを数量的研究法によって検討するための測定尺度を開発し、否定的アイデンティティ者が社会に対して反抗的な信念をもち、ひきこもりや自殺念慮などの多様な不適応を示すことを明らかにしてきた。

第二に、主に西洋文化圏の青年と比較して、日本人青年のアイデンティティ発達の様相がどのように異なるのか、または類似しているのかを、数量的研究法によって検討してきた。アイデンティティ発達に関する実証的研究は欧米が中心であり、文化的特徴が大きく異なるとされる日本において、アイデンティティ発達がどのような特徴を示すのかはよくわかっていない。日本の青年に対して教育的・臨床的に役立てられるような示唆を提供するためには、西洋文化の青年だけでなく、日本の社会文化で生きる青年のアイデンティティ発達を深く理解する必要がある。そのために、国際通用性の高いアイデンティティの測定尺度を用いて、日本人のアイデンティティ発達の特徴と、多様な適応・不適応指標との関連性を検討してきた。

以上のように、筆者のこれまでの研究では、数量的研究法を中心に用いてきた。数量的研究では、心理的な現象（たとえば、宗教性やアイデンティティの感覚）を心理学測定法によって数値化し、統計的分析を用いて傾向の把握を行う。数量的研究法は、質的研究法と比較して客観的で、想定されている集団へ結果をある程度一般化できるという利点があり、心理学研究でよく使用される。アイデンティティは抽象的で捉えどころのない構成概念であるため、アイデンティティ発達を専門としない研究者にとっては、面接調査を通した質的研究法によるアプローチが中心であると思われるかもしれない。しかし、実際は、数量的研究法を用いる場合が圧倒的に多い研究領域である。とくに近年では、高い妥当性・信頼性が確認された新しい測定尺度が相次いで開発され、膨大な数の研究が国内外で蓄積されてきている。また、面接調査を用いて自己語りを収集する研究においても、自己語りをいくつかの次元からコーディングして数値化し、統計的分析を通して数量的に検討されることが多い。筆者には、こうしたアイデンティティ発達研究の流れに従って、数量的研究法について学び、それを用いて研究してきたという背景がある。

第2節　「宗教」の数量的研究に取り組むきっかけ

「宗教」の研究に取り組むきっかけとなったのは、松島公望先生（東京大学）と杉村和美先生（広島大学）に声をかけていただき、宗教性とアイデンティティに関する共同研究プロジェクト（以下、日本人の宗教性―アイデンティティプロジェクト）に参加したことであった。このプロジェクトは、それまで日本のアイデンティティ発達研究において看過されてきた宗教性の問題が、実は日本人青年のアイデンティティ発達と密接に関わっているのでは、という問題意識に基づいて行われた。日本人の宗教性研究において数量的研究法に基づく知見の蓄積が不十分であったこと、そしてアイデンティティ発達研究で数量的研究法が主に使用されてきたことから、このプロジェクトでは数量的研究によるアプローチを採用することになった。筆者は、こうしたプロジェクトの目的に沿った調査データの統計的分析を担当した。

まずは日本における宗教性の測定指標の分析にとりかかることになった。とはいえ、はじめはそれほど困ることはないと思っていた。前述したように、筆者はアイデンティティ発達領域で数量的研究法を用いて研究を行ってきた。基本的な統計的分析の知識と技能をもっており、数量的研究法を用いて実際に複数の論文を執筆した経験もあった。数量的研究を用いた論文には、さまざまな論文で共通して使用される分析の流れがある。アイデンティティ発達研究でそれまで行ってきたように、データの分布や記述統計など基本的な情報の確認をした後に、因子分析によって因子構造の検証を行い、複数のグループ間（たとえば、宗教者と無宗教者）で因子構造の異同を確認して、その後は研究目的に沿って別の変数との関連性を検討する……という一連の流れに沿って分析を行うことで、スムーズに進むと考えていた。言い換えれば、それまで学んできた数量的研究法をそのまま機械的に適用することで宗教性研究を発展させることができるという、中途半端な理解からくる思い込みがあった。ところが、実際に統計的分析を開始してからは、日本人における宗教性の特徴とは何なのか、そもそも心理的な構成概念を数量的研究法によって扱うとはどういうことなのかということについて、深く再考させられることになった。

第3節　「宗教」の導入が明らかにした心理学領域における数量的研究の現状と問題

「宗教」に対して数量的研究法からアプローチしていくうえで見えてきたのは、この課題が、本来心理測定や統計的分析において考慮されるべき重要な問題にあらためて光を当てるということである。具体的には、日本人の宗教性―アイデンティティプロジェクトの宗教心理学者と議論しながら統計的分析を進めていく中で、それまで学んできた数量的研究法を機械的・形式的に踏襲していくことについて疑いが生じた。そして、数量的研究を行う際には測定対象の整理と対象者の明確化、現象に即した適切な統計的分析の選択が重要であることを再認識させられた。

宗教性を数量的研究法によって検討していく際に最も大きい問題となるのは、宗教性に関するいかなる心の働きを、誰に対して測定するのかということであろう。宗教性は、宗教に関する信念や知識、体験、行動などの多様な側面を含む複雑な構成概念である。また、宗教性のある側面に着目したとしても、宗教の種類やその中における細かい宗派や教派によって違いが想定される。さらにいえば、対象者を取り巻く文化において、宗教性がどのような特徴をもっているのかについても考慮する必要がある。たとえば、欧米のユダヤ―キリスト教圏において宗教的信念と行動は強く結びつく場合が多いのに対して、日本においては必ずしも明確に結びつくわけではない。実際に、キリスト教徒の自覚がなくても、教会でキリスト教式の結婚式を挙げる者は多い。つまり、宗教性に関するいかなる心の働きを、誰に対して測定するのかということを明確にして研究を進める必要があるのである。

測定の範囲や対象者を明確にした後に問題となるのが、適切な統計的分析の手法の選択である。筆者は、多くの場合、測定している構成概念を連続量とみなし、正規分布を仮定したうえで、独立変数と従属変数との間の線形的な関係性を検討してきた。しかし、前述したような宗教性の複雑性に直面して、測定対象の整理や対象者による適切な統計的分析の選択が必要であることを強く実感した。たとえば、少ない選択肢のリッカート尺度（質問文が自分にどの程度当てはまるのかを複数の選択肢から選ぶ回答形式）を使用して検討を行う場合には、連続量を前提とした分析の使用が適切でない可能性がある。そのため、連続量ではなくカテゴリー変数への適用を前提とした統計手法が有効である（たとえば、カテゴリカル因子分析など）。また、宗教について明確に意識することが少ないとされる日本人で宗教性を測定した場合、データの分布が正規分布から外れる可能性も想定された。そうした場合には、正規分布を前提とする分析を使用すると、分析の結果にバイアスが生じてしまう危険性がある。そのため、正規分布からのわずかな逸脱を補正できる推定（たとえば、頑健標準誤差を用いた推定）や、正規分布以外の多様な分布を前提とした分析（たとえば、一般化線形モデル）を用いた検討が有効と考えられる。

日本人の宗教性―アイデンティティプロジェクトでは、宗教性の複雑さを適切に捉えるために宗教性の階調性（グラデーション）を明確にしたうえで、対象者を一般大学生に焦点化した検討を行った。宗教性の階調性とは、日本の宗教性が、八百万《やおよろず》の神々という多神教を基盤に、時代の流れとともに仏教、神道、キリスト教、新宗教等を取り込んだ重層構造であるという理解に基づいている。具体的には、宗教教団や教義が強調されるユダヤ―キリスト教的な宗教性から、日本文化に浸透している宗教的な自然観（生命や自然現象に宿る神秘的な力への信仰）までの多様なレベルを測定することで、日本人の宗教性について包括的に捉えることに成功した。また、階調性の想定によって、これまで宗教性の特徴が不明確であった、一般の大学生においても宗教性の把握が可能になった。統計的分析の段階では、宗教性の尺度得点を連続量とみなしたうえで、データの分布を確認した。正規分布からの逸脱はわずかであったため、頑健標準誤差を用いた推定に基づいて因子分析を行い、一般大学生における宗教性とアイデンティティとの関連性について貴重な知見を蓄積することができた（Sugimura et al. 2019）。

宗教性を数量的研究法により検討するための以上のような工夫は、当初大学院生であった筆者には少し息苦しく感じられた。専門分野であるアイデンティティ発達やパーソナリティ領域では、すでに確立された測定尺度が存在し、統計的分析の手法もある程度ルーティン化されているため、統計的分析はもっとスムーズに進むからである。しかし、宗教性の数量的研究がかたちになりつつある今振り返ると、むしろ心理学領域の数量的研究で見落とされているさまざまな問題を浮き彫りにするものだという反省につながる。たとえば、心理構成概念の測定尺度を開発する研究では、他の構成概念との理論的差異が明確にされないために起こる測定尺度の氾濫や、サンプルの偏りによる妥当性検証の不十分さなどの問題が指摘されている（宇佐美 2016）。また、統計的分析の手法がある分野でルーティン化されている場合であっても、それが統計的・実践的に見て合理的でない「悪しき慣習」の可能性があることも問題視されている。数量的研究法は、数値という客観的なデータに依拠することによって少しずつ着実に知見を積み重ね、長期的には豊かな理解につながりやすい有力な方法である。しかし、心理構成概念という曖昧で複雑なものに対して適用していく場合、何を、どこまで、どのように検討するのかが明確かつ妥当でなければ、その強みは十分に発揮されない。長く数量的に検討されることが少なかった宗教性への着目は、心理学研究分野の数量的研究に横たわる問題に対して、研究者が真摯に向き合う機会を与えてくれるのである。

第4節　「宗教」によって見える数量的研究の展望

では、心理学領域における数量的研究の問題点は、実際にどのようなかたちで解消されうるのであろうか。

そのヒントは、まさに筆者が日本人の宗教性―アイデンティティプロジェクトの中で体験した、宗教心理学者との議論の中にあった。筆者がそれまでに身につけてきた数量的研究法の「ルーティン」に疑いをもち始めたのは、質的研究法が主流である宗教心理学をバックグラウンドとする研究者と議論する中で、人間が宗教と関わるそのありよう（言い換えれば、リアリティ）を大事にしたいという強いメッセージを受け取ったからである。宗教と関わる人間の姿を大事にするということは、宗教の問題が人々の生活の中でどのように表れており（測定対象の整理）、そこにどのような多様性があるのか（対象者の明確化）に注意を向けて研究に組み込んでいくことである。この考え方は、宗教心理学だけでなく、心理学研究全般にも当てはまる有用な視点である。心理学領域の数量的研究は、しばしば、人が置かれた文脈の情報や細かい意味を見落としていると批判されることがある。しかし、それは数量的研究法を機械的・形式的に用いてしまう悪しき慣習の過程で、その研究分野で大事にすべき人間の姿が見落とされる場合があるからではないだろうか。実際の心理的現象ではなく数量的研究法の適用にばかり目を向けると、研究結果のリアリティが失われてしまい、学術的にも実践的にも有意味なデータの蓄積にはつながりにくい。研究で扱う心理構成概念の十分な理解に基づいて、測定対象の整理と対象者の明確化を行い、それを的確に捉えられるように統計的分析を工夫して用いることが、心理学全般の数量的研究に必要とされている。

以上を踏まえて、筆者は、数量的研究法と質的研究法との統合的な研究プロセスが有効であると提案したい（図1を参照）。数量的研究法には、数値のデータに対して統計的分析を適用することで全体的な傾向を示すことができるという長所がある。一方で、質的研究法は、個別事例の複雑さを活かしたまま詳細に検討できる点が優れている。数量的研究法と質的研究法のどちらが優れているのかという議論ではなく、両研究法を相補的に活用して研究していくプロセスが重要なのである。具体的には、対象とする心理的現象が日常生活の中でどのように表れているのか、またそこにどのような多様性があるのかについて、質的研究法による

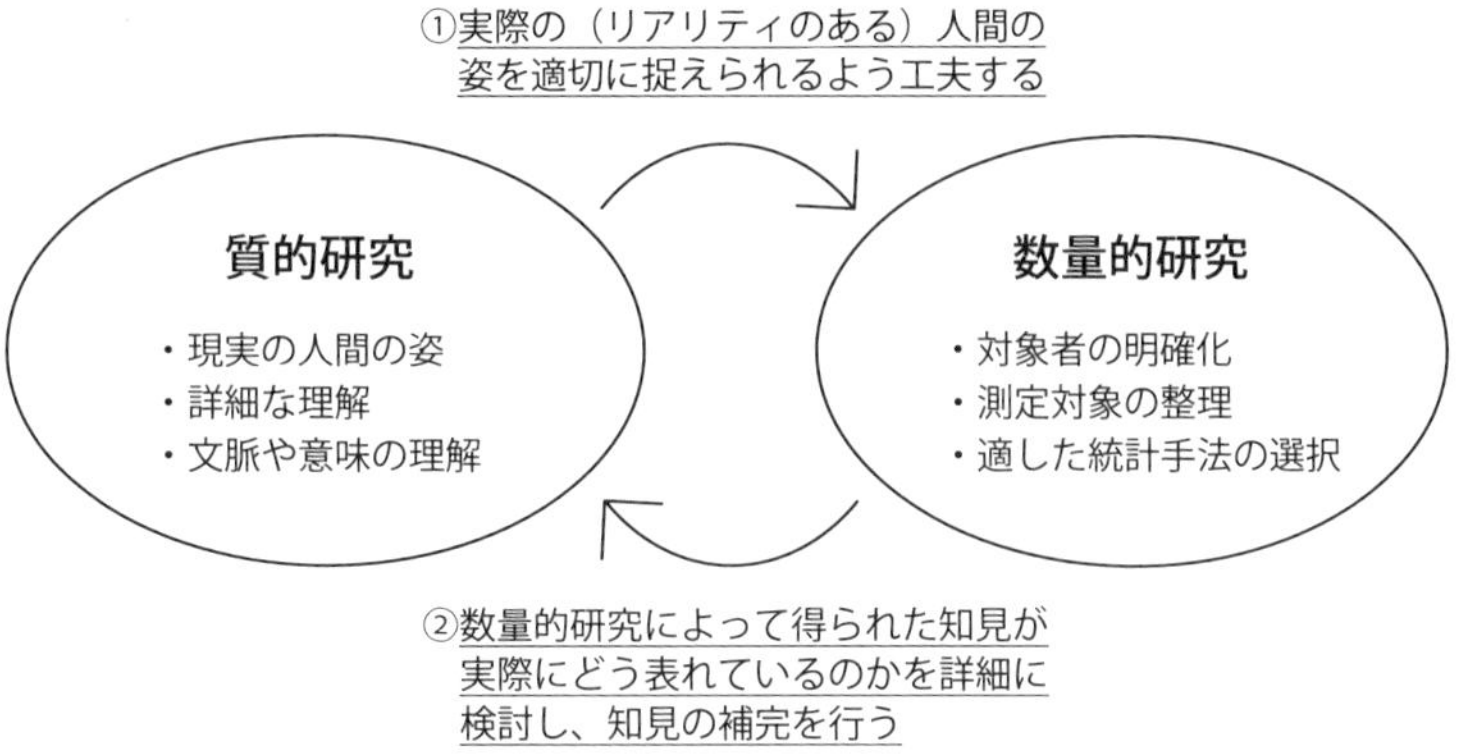
①実際の（リアリティのある）人間の姿を適切に捉えられるよう工夫する
質的研究
・現実の人間の姿
・詳細な理解
・文脈や意味の理解
数量的研究
・対象者の明確化
・測定対象の整理
・適した統計手法の選択
②数量的研究によって得られた知見が実際にどう表れているのかを詳細に検討し、知見の補完を行う

図１　宗教心理学の数量的研究が示唆する、今後の心理学研究に役立つ研究のプロセス

豊かな記述を蓄積することを通して理解を深める。その過程において、対象の心理的現象を扱う際に大事にすべき観点が見えてくる。たとえば、宗教性研究の場合、宗教性には信念や行動など多様なレベルでの表れがあり、そのあり方が教団や宗派によって大きく異なることが見えてくるであろう。数量的研究では、そうした観点を適切に捉えられるように、測定対象の整理や対象者の明確化を行うなど、心理測定や統計的分析を工夫して用いる（図1の①の過程）。こうして得られたデータや知見は、翻って、その後の質的研究にも寄与するはずである（図1の②の過程）。たとえば、質的研究で報告された知見が数量的研究において検証されなければ、その知見の一般性について疑問が生じるだろう。また、それまで想定されていなかった知見が数量的研究から得られた場合、その知見が具体的にどのように表れているのかを質的研究法によって確認できる。質的研究法の強みを認識することで、数量的研究をさらに発展させることができ、確かな知見の蓄積につながるはずである。

最後に、この枠組みに基づいた宗教心理学の今後の展望について考える。宗教心理学の数量的研究は、欧米のユダヤ―キリスト教圏においては膨大に行われてきたものの、日本ではほとんど実施されてこなかった。前述したように、日本の宗教性は多様な宗教を取り込んだ複雑な重層構造をしており、また日本人には明確に意識されることが少ないため、数量的研究法を適用することが難しかったのだと思われる。一方で、日本人の宗教性がこのようなあり方であることがわかったのは、質的研究がこれまで着実に積み重ねられてきたからともいえる。つまり、日本人の宗教性に関する研究は、数量的研究よりも質的研究が中心となって発展してきた歴史がある（例：岩井 2004）。この歴史によって、宗教心理学に数量的研究法を導入しようとする研究者は、「日本人の宗教性は数量的研究に適していない」「数量的研究でわかることはほんのわずかである」といった批判を受けるかもしれない。しかし、図でも強調したとおり、数量的研究と質的研究は確かな知見を蓄積するために相補的に用いるのが効果的である。宗教心理学における質的研究への「揺り戻し」の力の大きさは、単に研究を制限するだけではなく、数量的研究法を機械的・形式的に用いることを防ぐという意味でよい面をもつともいえる。そのように捉え直してみると、宗教心理学は、数量的研究法の適切な実践を展開していく素地が整った、今後の発展に大いに期待できる研究分野といえる。

文献

岩井洋（2004）「日本宗教の理解に関する覚書」『関西国際大学研究紀要』5, 79-89
Sugimura, K., Matsushima, K., Hihara, S., Takahashi, M., Crocetti, E. (2019) A Culturally Sensitive Approach to the Relationships between Identity Formation and Religious Beliefs in Youth. *Journal of Youth and Adolescence*, 48, 668-679
宇佐美慧（2016）「測定・評価・研究法に関する研究の動向と展望――教育測定・心理統計の専門家の不足および心理統計教育の問題の再考と『専門家による専門家の育成』の必要性」『教育心理学年報』55, 83-100

第27章　自文化中心主義と宗教心理学

——美しきフクロウが教えてくれること

イーリヤ・ムスリン

第1節　はじめに

2018年9月に起きた北海道胆振東部地震の直後、北海道のある神社に、夏を別の場所で過ごしていた守り神が例年より早く境内に戻り、神職や参拝者に余震などに対する安心感をもたらしてくれた、という内容のニュースを見た。この守り神とは、2羽の白くて美しい蝦夷フクロウらしい。

図1　蝦夷フクロウ

幼鳥のときは白っぽい身体で、
成長に伴って茶色い縞状の模様が現れる

私は宗教学者で、宗教を扱う心理学的研究に関心がある。そして、心理学者が宗教をどう捉えているのかといった、心理学者の宗教観を自身の研究の対象にしている。そのような研究をしていく中で、宗教についてのさまざまな論文を読んできた。宗教を対象とした心理学者の議論には、社会学や文化人類学の宗教に関する研究成果を読むことが多い宗教学者から見ると、きわめて基礎的な問題がつきまとう。というのは、たとえば、「神」という概念は宗教や文化によって異なり、同じ宗教でも時代や宗派、それを信じている社会層などによって異なることが多々あるが、このことは心理学的研究では忘れられがちであるように感じるからである。

それは、もちろん無理もない。心理学の専門家の中に宗教に関する社会学や文化人類学の研究を扱うコースを履修した方々は少ないであろう。また、特定の宗教の教義を細かく勉強されたことのある心理学者も比較的少ないだろう。宗教学者が心理学における実験や統計学的研究に詳しくないのと同様である。

第2節　世界的な研究権威への疑問

本章で指摘したいのは、心理学の分野における神概念や宗教の多様性に関する意識不足のもう一つの原因である。それは、アメリカの専門誌に載った研究が何事においても必ず参考になる標準的なアプローチで、全人類に通用する、事実に関する客観的な成果を提供するものだという、問題点のある評価である。というのは、心理学のみならず、どの分野にせよ、われわれ研究者や大学院生は、英語圏で出版される専門誌に掲載された論文に注目し、その中身を最先端で最も価値のある学問として認識する傾向がある。いや、それこそが科学だとさえ考えるのである。世界に対して研究成果を発信したければ、英語で論文を作成し、それをアメリカの専門誌に投稿しなければならない。そうしなければ、世界だけではなく日本国内でさえ、一流の研究者として認められない、あるいは研究に必要な助成金がもらえない、という雰囲気になっている。おまけに、アメリカの専門誌に掲載された尺度などに従わなければ、他国の研究者と自身の研究結果を比較することができないという問題も出てくる。日本での研究を含め、全世界の学問がさまざまな意味でアメリカを中心に公転しているといっても過言ではない。そこでわれわれも、宗教性のタイプや宗教的信仰と精神的健康、あるいは宗教とアイデンティティ、宗教と人格形成、宗教的信念と幸福・死への不安・意味など、さまざまな問題を研究しようとする際、まずアメリカの専門誌に目を向け、そこでの問題提起や研究方法、成果などを確認する。そして、上記の、学者として認められたい、研究に必要な資金を獲得したい、あるいは、世界に通用する結果を発表したいという現実的なニーズにかられて、われわれはアメリカの専門誌に掲載された問題提起や質問紙や尺度の構造などを模倣したりする。

それもそのはず、アメリカの専門誌は世界的な権威である。しかし、日本の宗教を研究対象にしつつ、アメリカなどの北米研究者のアプローチや方法の真似をしようとする場合は、われわれは大きな過失を犯さざるをえない。なぜなら、たとえば、アメリカの研究の中で利用された質問紙や尺度の内容に従いながら自らの日本についての研究を組み立てる場合、「神」と書いただけで、（対象者が日本のキリスト教徒ではない限り）われわれはすでにアメリカの研究と相容れない結果を得る方向に向かっているからである。なぜなら、アメリカの専門誌の中に出てくる「神」はフクロウでありえないからである。

西洋の研究者が宗教研究を行う際に頻繁にイメージするのは、人間の能力や道徳性をはるかに超える、全知全能で完璧な道徳者の神である。北米心理学の論文にその神のことがGodと書かれるのは偶然ではない。その言葉を見れば、まず頭文字が大文字であることに気づくことができる。この書き方にはわけがある。神は非常に尊く、強力であり、人間とはかけ離れた存在であるため、最大の敬意を示す必要があるわけだが、その敬意を神という名詞を大文字で書くことで表すのである。それから、英語などの印欧語の名詞には単数形と複数形があるが、ここで単数形の名詞が使われている理由は、神が唯一の存在だと信じられているからだ。英語の名詞には性別がないので、Godと書いても信仰対象の性がはっきりしないが、名詞に性の区別があるほかのほとんどの言語では、キリスト教の「神」は男性形になっている。つまり、異なる解釈をしている神学者や聖職者もいるとはいえ、西洋では神は人々からかけ離れた、人間をはるかに超える、唯一の存在、そして男性としてイメージされ、信仰されることが多い。

第3節　文化的相違に対する意識の重要性

しかし、日本では、フクロウのような動物のみならず、木々や稲などの植物（の霊）も人間も自然現象も神になりうる。前述したように、日本ではどうやら、人間に近い場所に住む（複数の）フクロウが身近な存在として拝まれているようである。これだけ神概念が違えば、アメリカの研究者の尺度の中に出てくる神像や神との関係などに関する質問項目が、日本でも同じ意味をもち、比較可能な研究結果を生み出すことは不可能である。このことは、落ち着いて考えれば誰もが簡単に理解できるが、それにもかかわらず、われわれはアメリカの専門誌の質問紙や尺度をそのまま受け入れ、日本の現実を捉えきれない、不正確でまぎらわしい、もっといえば、疑わしい研究に着手しがちである。

それには、上記の、アメリカの専門誌に対する職業的な依存や、最新で最も価値のあるとされるアメリカの学問に対する一種の崇拝ともいえる態度が関係していると思われる。そして、（昔「天主」などの単語が使われていたのに、現代において）Godが「神」と訳されるという言葉の問題、つまり、言葉による別概念の混同あるいは平準化の問題も関わっているように思われる。日本人心理学者がGodを「神」と訳して自分たちの研究をアメリカの質問紙や尺度に基づいて行う際に、アメリカの研究ツールが日本の宗教に当てはまらないこと、そして、「神」との関係などに関する質問項目に対する日本人対象者の回答（の意味）がアメリカ人のそれと必ずしも比較できないことに気づかない、もしくは失念している場合もあるのではないかとやや懸念する。

複数の神々あるいは祖先の霊など、唯一神ではない存在を信奉している人たちが世界中に大勢いるにもかかわらず、北米の心理学には、全人類の普遍的な心理として、すべての人間にはGod（唯一神）を求める無意識な宗教性が備わっていると考える論者がいる。[*1] また、宗教全般の存在の理由を、主として、死の不安・恐怖の緩衝あるいは解毒剤として機能し、死後の生への希望を提供するということで説明する学派もあるが、これには、魂や身体の死後の状態が良好であり、死者が生者にとって再会するのが望ましい身近なものであり、死後の世界は報奨の多い完璧な場所であるというキリスト教的な来世観を軸とした大前提がある。だがこれは、多くの宗教で、来世がこれといった道徳的な秩序のない世界、死体や死者が汚らわしいもの、死霊が怒りに満ちた不運な存在、また個々の死者の霊が他と識別不可能な漠然とした存在として捉えられていることを考慮に入れていない。比較宗教学や文化人類学的な研究などからわかるように、そのような議論は宗教あるいは宗教性の正確で揺るぎない説明というよりも、宗教や宗教性の一つの（偏った）捉え方でしかない（ムスリン 2011, 2014, 2015）。そこには自身の文化の神概念や来世観などを宗教全般とみなす誤認が見られるが、その誤認の原因は、宗教の多様性に関する理解が不足していることや研究者自身の信仰もしくは宗教的こだわり（自文化中心主義）にあるのではないかと私は考える。アメリカの心理学分野の専門誌の中の宗教研究は、必ずしも客観的で全人類普遍的な成果を提供する、われわれがどうしても見上げるべき研究ではない、ということを念頭に置く必要がある。

第4節　注意すべき点

実は、「God」（「神」）のみならず「religion」（「宗教」）自体が、キリスト教色のある、具体的な歴史をもつ西洋概念であり、それを全人類普遍的範疇として捉え、異文化の研究にそのまま無反省に当てるべきではないことは、宗教を対象とする多くの文化人類学的・社会学的・史学的研究が長年にわたって指摘してきたことである。これは、すべての宗教の背後にGodあるいはGod的存在への信仰または依存感という共通の部分があり、人間は誰もがその心の深層において（無意識に）Godを信じるという想定のもとで人類普遍的な宗教の実在を自明のこととみなす（キリスト教的な感覚を反映した）西欧の近代的宗教観と、宗教に世俗的な思想や営みと異なる、時代や文化を超えた固有の本質を認める（キリスト教神学の色を帯びた）西洋宗教哲学者の本質主義に対して行われてきた指摘である。

しかし、アメリカの専門誌が先導する心理学の領域では、「神」や「宗教」などの概念は特定の文化的・歴史的文脈の産物であると忠告する（他分野からの）この指摘に、いまだに十分な注意が払われていないような気がする。心理学においてすべての健康な人間は同じような構造や機能の脳をもち、そのため、文化や社会によってその表現や発生・発動条件に多少の相違があるとはいえ、人間たるもの誰もが（宗教心を含め）共通の感情や心的メカニズムを有すると考えがちであるのが要因の一つであろうと思われる。

もう一つは、前述した研究者自らの自文化中心主義の盲点である。すでに指摘したように、（一部の）北米心理学者は、宗教の多様性に関する意識が不足し、自文化または自信仰に引っ張られてGodをあらゆる宗教信仰の原型あるいは本質として捉え、一神教を宗教全般と同一視するという問題を抱えている。宗教心理学はプロテスタントの多い国であるアメリカで起こったものであり、アメリカなどの北米心理学者が自らの研究においてプロテスタント的な信仰をもつ対象者と接することが多く、心理学者の中には同様な信仰あるいはプロテスタント的な要素を含んだ宗教観をもつ研究者がいる。これらのことを踏まえると、北米心理学においてプロテスタント的な発想を無意識か意識的に宗教定義や尺度などに反映した研究があることは不思議なことではない。

だが、そのような概念を土台に据えた研究者の論文を宗教研究の権威として捉え、彼らの自文化中心的な考え方に基づいた研究手法や成果を、日本に拠点を置くわれわれが無反省に必要な変更を加えずに導入すると、文化的多様性に関する意識の欠如はわれわれの問題にもなる。知らず知らずのうちに偏った学問を輸入したということになるからである。そして、その問題は宗教と宗教に関する学問に限ったものではない。というのは、一神教的な概念を宗教全般として、アメリカなどの西洋社会における宗教性や道徳の概念を全人類の普遍的な宗教性・道徳性としてそれぞれ捉えてしまうと、われわれ日本で研究している者たちは、特定の時代、特定の社会の産物でしかないアメリカの研究者の人間観を普遍的なヒト種の心理として誤認してしまう。もしそうなったら、われわれがやろうとしている宗教心理学が（日本を舞台にした）アメリカ人の宗教心理の研究になってしまう。

第5節　おわりに

そのため、宗教的信念や実践の精神的健康への影響を特定しようとする場合、宗教を対象にしながら道徳性や人格の形成を考える場合、あるいは宗教と死への不安などに関する質問紙や尺度を作成する場合には、日本とアメリカ、東洋と西洋の文化的相違を十分意識し、日本の宗教や文化において培われてきた世界観や価値観を反映した、日本の文化的文脈により適った尺度や質問紙を作成する必要がある。

これはただ単に日本のことを紹介してほしいという意味だけではない。上記の議論にもあったように、アメリカ的な概念や価値観をそのまま日本の宗教を対象とした尺度や質問紙に反映させることで得られた相関性などは、たとえそれがアメリカの専門誌に円滑に承認され掲載されることになったとしても、日本の宗教事情に異文化の概念を強引に応用したということになるため、日本の現状を正しく捉えたとは考えにくい。また、一種の学問的・文化的覇権へ同調したとも考えられるという点でも、宗教研究を進めるときに北海道のフクロウを思い出して、日本人の世界観を自らの研究に反映させることを怠らない必要があるわけである。

確かに、日本の文化に合うように尺度などを調整する必要があると言うのはやさしいが、行うのは難しい。

数量的研究の場合、尺度の信頼性を確保し、その妥当性を確かめるためには複雑な手順が必要で、時間がかかる。また、アメリカの心理学専門誌に対して文化的相違点を主張し理解してもらうことも、場合によって、煩わしいやりとりを意味し、多少の勇気も要るかもしれない。そのため、日本における宗教を心理学的な立場から正確に捉え、海外に伝える試みは、かなりの努力や工夫が必要であろう。そこで、宗教学者と心理学者の間の密接な協力や助け合いが一つの有効な手段になると思われる。

最後に、誤解が生じないように、一言付記させていただきたいことがある。日本における「神」概念や日本人の宗教観はアメリカのそれと異なる部分があることを指摘したからといって、日本人の神概念が特殊であり、日本人の宗教観がユニークであると考えているというわけではない。「特殊だ」「特別だ」「固有だ」、これらはすべておよそ学問的な根拠のない（文化民族主義と関係している）主観的な評価でしかない。ある国、あるいはある文化圏と異なるということは、世界で唯一であるということにはならない。そして、宗教の心理学的研究を行う者は上記のような、特定の宗教の価値に関する主観的判断を意味し、優越感やナルシシズムを表現するとも捉えうる形容詞を使用する必要もないし、客観的な学問を目指すなら、使用すべきでもない。動物や植物、風や雷のような自然現象が神として拝まれることは古くから世界中に見られる現象であり、現代でも日本以外の一部のアジアの地域やアフリカなどで見られる。また、紙幅の関係でここでは日本における宗教の特徴について詳論することはできないが、簡単にまとめると、宗教学者が日本における宗教全般の一般的特徴としてしばしば指摘するのは、体系的な教理の習得よりも儀礼や祭りなどの実践に重点が置かれており、日本人は特定の教えあるいは宗教に限った信仰をもつよりも複数の系統の宗教的信仰と実践をあわせもつ傾向があり、占いや現世利益と呼ばれるものを求める宗教的行動が比較的顕著であるなどという点である。だが、これらは他の東アジアの国や地域などにも見られるものであり、日本独特の文化的パターンではないと考える。

注記

＊1　たとえば、意味管理理論の提唱者、カナダ人心理学者で牧師のP・T・P・ウォング（Wong, P. T. P.）は次のように述べている。「すべての人の（心の）深いところには、聖なるもの、超越的なものとのつながりへの憧れがある。個人の中には、孤児のように親・自分の運命・家を求めることを促す空虚感と不安がある。人々は、たとえその意識がなくても、自信と勇気をもって未知と向き合うことができるように必死かつ密かに神（God）を信じたがっているのである」（Wong 1998, p.361）。

文献

ムスリン、イーリャ（2011）「恐怖管理理論における死と宗教――宗教は死の不安の緩衝なのか」『死生学研究』15, 37-55

ムスリン、イーリャ（2014）「最近の心理学理論における宗教と死――意味管理理論」『死生学・応用倫理研究』19, 32-55

ムスリン、イーリャ（2015）「近年の北米心理学理論における死と宗教――宗教学・死生学の立場から」東京大学人文社会系研究科博士論文（未公刊）

Wong, P. T. P. (1998) Spirituality, Meaning, and Successful Aging. In P. T. P. Wong, P. S. Fry (Eds.), *The Human Quest for Meaning: A Handbook of Psychological Research and Clinical Applications* (pp.359-394). Lawrence Erlbaum Associates.

あとがき——終章に代えて

心理学的方法によるデータの活用

本書を手に取る人たちの多くは「宗教」「心理学」、もしくは両方に対して関心があるということであろう。そして、この「宗教」「心理学」はともに「怪しい」「いかがわしい」と言われやすい領域でもあるように思われる。

「エセ宗教」「宗教まがい」「エセ心理学」「心理学まがい」といった言葉をよく見聞きするが、そのようなものがあちらこちらに存在しているように思われる。私たちはそれらのものに対して、「それは怪しいのか、怪しくないのか」「問題があるのか、ないのか」を考え、見極めなければならない。

見極める際に何を手がかりにすればよいのだろうか。その一つとして、自分たちが見聞きした情報は何を根拠に論じられているのかを手がかりにするのは非常に有効な方策ではないだろうか。そして、その根拠となるものを、「データ」を用いて捉えていくことを提案したい。

「データ」にはさまざまなものが存在しているが、データであれば何でもよいわけではない。本書では「心理学的な方法による調査データ、実験データ」の活用を提案した。「心理学的な方法による調査データ、実験データ」は、妥当性〔測りたい特性をどの程度正確に捉えているか〕、信頼性〔測定結果がどの程度一貫〈安定〉しているか〕を検討することによって精錬され、より確かなものになっていく。

「宗教」「宗教的なるもの（スピリチュアリティ）」について語る際に、精錬された、より確かなデータをもとに語られているかどうかを考えていく必要がある。もちろん、データが万能であるといいたいわけではない。心理学分野で行われた調査や実験の結果（データ）がすべて精錬され、より確かなものとは限らないことも承知している。心理学者はできる限りデータを精錬させ、より確かなデータとして扱うことができるように取り組まなければならない。自らを含めてそのことを常に自戒しなければならない。

しかし、たとえ自戒していたとしても第27章で示した「自文化中心主義」のように、自分たちの気がつかないところでデータを誤って用いてしまうことがある。さらに、自分たちがデータを確かなかたちで扱ったとしても、他の領域の人たちがさまざまな扱い方をしてしまうこともある。データのいいとこ取りをされてしまったり、切り取られたデータ（調査結果）が一人歩きしてしまったりすることは防がなければならない。これらが起こった場合、データがマイナスに作用することになってしまう。とくに、「宗教」「宗教的なるもの（スピリチュアリティ）」の領域においては、データが悪用されることで偏見や誤解が生じてしまい、時にそれが大きなリスクにつながる可能性がある。

「新たな連携・協働」の提案

そのようなことが起こらないように「新たな連携・協働」を提案したい（図1）。難解で捉えることが困難である「宗教」「宗教的なるもの（スピリチュアリティ）」を追究するために、この「新たな連携・協働」を考案した。*1 データを正確に有効に扱うために心理学の中で終わらせるのではなく、他の分野をも含めて、それぞれの分野がそれぞれの持ち場、立場で連携・協働を行っていくものである。

なぜ「〝新たな〟連携・協働」であるのか。これまでにもさまざまな分野における連携・協働があったこ

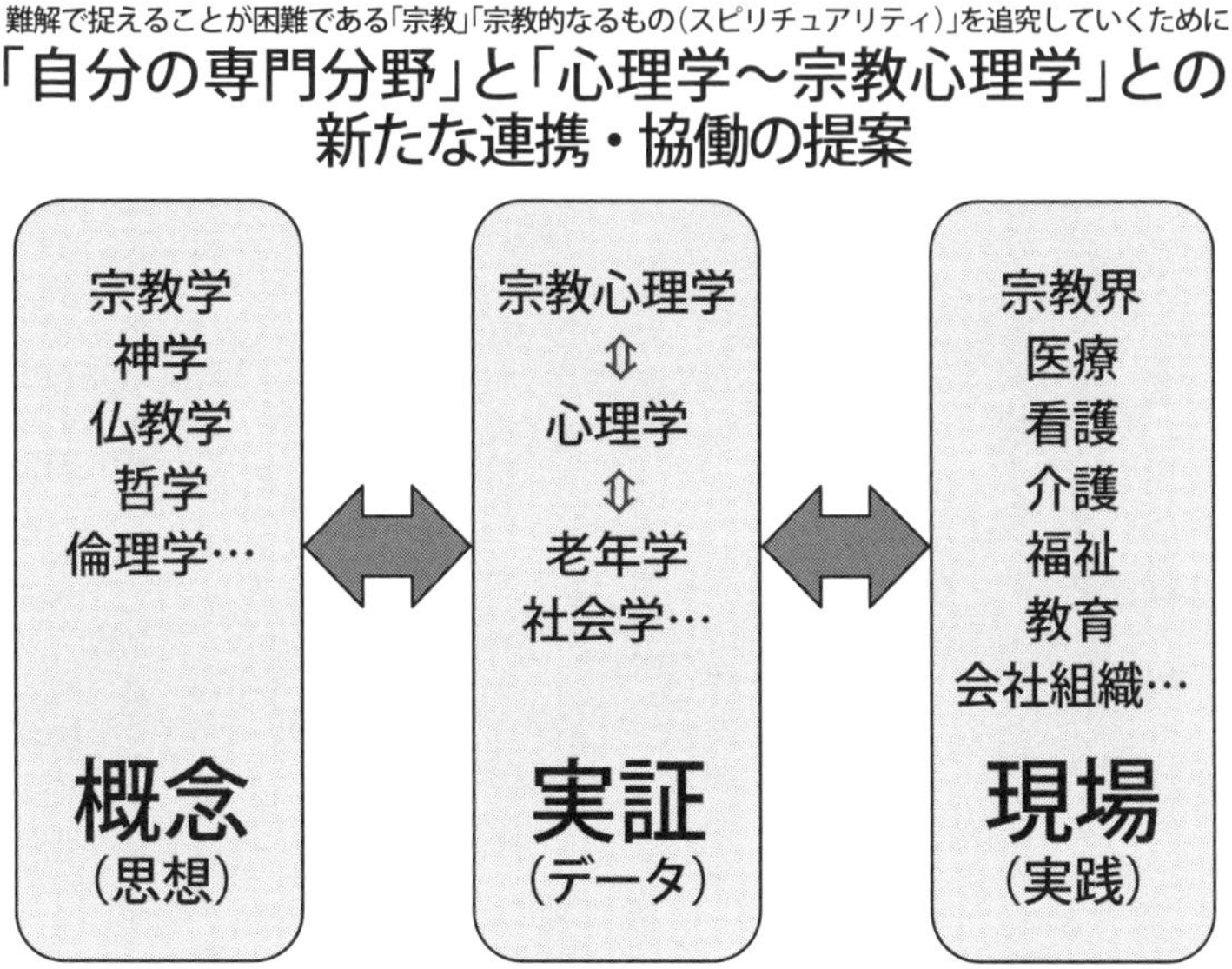

図１　難解で捉えることが困難である「宗教」「宗教的なるもの（スピリチュアリティ）」を追究する「新たな連携・協働」の構成

とは承知している。しかしこれまでの宗教研究を行う分野においては、実証的研究、とくに数量的研究を行う分野との連携・協働が希薄であり、弱かったように思われる。

この「数量的研究を行う分野」としては「心理学」が重なるが、現在に至るまで「心理学との連携・協働」はほとんど行われていなかった。さらに、本書で示したように心理学においては質的研究も行われているのだが、心理学で行われている質的研究についても宗教研究を行う分野との相互交流はなかったように思われる。数量的研究においても質的研究においても宗教研究を行う分野と心理学は没交渉の状態にあったのである（少なくとも私が研究を始めてからの20年余はそのような状態であった）。

こうした状況がこのまま続いてよいのだろうか。「宗教」「宗教的なるもの（スピリチュアリティ）」を捉え、追究していくためには多くの困難が伴うからこそ、さまざまな方法を駆使してこのテーマに挑んでいく必要があるように思われる。

その一つの方法として「心理学的なデータに基づいた宗教研究」に新たな光を当ててみてはどうだろうか。私自身が提案したい「新たな連携・協働」とは、「心理学（実証的研究：数量的研究、質的研究）も宗教研究における中心的な柱の一つにする」というものである。

さらに、より具体的に「新たな連携・協働：概念（思想）⇕実証（データ）⇕現場（実践）」について説明したい。

まず「概念（思想）」についてである。心理学も「（構成）概念」を検討する。しかし調査や実験を行うことを前提としているため、その検討は「調査、実験ができる範囲での構成概念」となり、どうしてもその捉え方が浅くなってしまう。しかし、「宗教」「宗教的なるもの（スピリチュアリティ）」は、本来深遠でつかみどころのないものである。そして、その深遠でつかみどころないものに対して、深く考察し、明らかにしていくのが、宗教学、神学、仏教学、哲学、倫理学等の人文科学分野であろう。人文科学分野によって丁寧に「概念」を検討することにより、「宗教」「宗教的なるもの」がより立体的に見えてくる。こうした考え方から、実証的心理学研究を重視する本書でも、「概念（思想）」を一つの柱に位置づけた。

次に「実証（データ）」である。上記のような概念検討の作業を経て、主に「実証（データ）」を担うのが心理学、老年学、社会学等の社会科学分野である。[*2] そこでは具体的な調査や実験を行い、データから立ち現れる現実（リアリティ）に迫ることができる。これにより、概念検討だけではうかがい知ることができなかった、宗教の新たな側面を捉えることができると考えた。[*3]

最後に「現場（実践）」である。「概念（思想）」と「実証（データ）」と現場との連続性、たとえば概念検討や実証的検討から得られた知見をいかに現場に還元・貢献ができるのかが重要になる。本書では、宗教界、医療、看護、介護、福祉、教育、会社組織といった実践現場を想定した。

「新たな連携・協働」で示した三つの領域「概念」「実証」「現場」は相互に密接に、かつ有機的に関連している。たとえば、日々の生活の中で見たもの・感じたものから着想を得て（現場）、「宗教」「宗教的なるもの（スピリチュアリティ）」が自分たちの身近に存在しているのかどうかをデータをもとに検討したうえで（実証）、これまでの概念の再吟味を行う（概念）ことは、それ自体が一連の研究プロセスである。このように大きく三つの柱を立てつつも、「概念（思想）」⇕「実証（データ）」⇕「現場（実践）」が行き来することにより、難解で捉えることが困難である「宗教」「宗教的なるもの（スピリチュアリティ）」に今まで以上に接近していくかたちを作っていきたいと考えている。

そして、「新たな連携・協働」の雛形を示したのが本書である。各章のタイトルを「○○○○と宗教心理学」というかたちで設定することにより、それぞれの領域との連携・協働を提案した。読者のみなさんには「新たな連携・協働」のもつ可能性を感じ取ってほしい。

実証的宗教心理学の役割

その可能性を具現化するために実証的宗教心理学はどのような役割を担うべきであるのか。私自身は20年余り、実証的宗教心理学に取り組んでいく中で次のように考えるようになった。

研究を始めて数年を経たころは、宗教心理学者が少しでも増えてほしい、増やしたいと考えていたが、それはなかなか難しいことを実感するようになっていった。そのような中で宗教心理学者を増やすのではなく、「宗教」「宗教的なるもの（スピリチュアリティ）」に関心をもち、研究の中で「宗教」「宗教的なるもの（スピリチュアリティ）」を必要とする人たちと「連携・協働」することで実証的宗教心理学を発展・深化させていくことができないかと考え、行動に移していったのである。

私の中では、実証的宗教心理学が今回提案した「新たな連携・協働」の橋渡し役の務めを担うことができればと考えている。加えて、「新たな連携・協働」を行っていく際の役割としては、幕末の坂本龍馬のような存在になることができれば素晴らしいと考えている。坂本龍馬が薩長同盟を成立させ、日本に新たな道筋をつけたように、日本でも決して大きな領域ではない実証的宗教心理学がそのような役割を担うことができればとの思いがある。実証的宗教心理学にはそのような役割を担うだけのポテンシャルがあると確信している。

本書は、実証的宗教心理学を起点とした「新たな連携・協働」を行うための「はじめの一歩」である。本書をきっかけに「宗教」「宗教的なるもの（スピリチュアリティ）」を追究するための「新たな連携・協働」が具体的に展開することを願うばかりである。とくに、国内外において「宗教」「宗教的なるもの（スピリチュアリティ）」がさまざまなかたちで人々や社会に絡み合い、安寧をもたらすこともあるが、時に深く影を落とすような状況の中で、たとえそれが大海の一滴のような存在であったとしても、実証的宗教心理学が「宗教」「宗教的なるもの（スピリチュアリティ）」を追究し、それらを正確に捉えるための一助となれば本書を刊行した意義は大きい。

本書を閉じるにあたって

最後に、個人的なことを述べさせていただきたい。本書が刊行するまでに２人の大切な人が亡くなる経験をした。２人の大切な人とは母米子と本書の担当編集者の松山由理子さんである。母、松山さんは私の最大の応援者であった。

私が現在に至るまで研究を行うことができたのは、母の支えなしには考えることはできない。研究に対して、仕事に対して大いに時間を注ぐことができたのは母が私をずっと支え続けてくれたからである。

松山さんは出会ったころから私が行っている実証的宗教心理学の意義、必要性を理解し、応援してくださっていた。そして『宗教を心理学する――データから見えてくる日本人の宗教性』（誠信書房、２０１６年）を出版してかたちにしてくださった。出版事情が厳しい中、沈滞していた実証的宗教心理学に関する書籍を出版助成なしで刊行する道を創り出してくれた松山さんの存在は本当に有り難いものであった。

「松島先生のやっていることは必ず必要とされる」と松山さんが語ってくれた言葉のとおり、その言葉はさらに本書刊行へとつながっていった。今回も松山さんとご一緒に実証的宗教心理学の新たなページを開く予定であった。しかし、それは叶わなかった。そして叶わなかった理由は私にあった。

２０２１年3月に母が亡くなったことにより、生活が一変してしまい、研究に充てる時間がほとんどなくなり、本書に充てることができる時間もなくなってしまった。そのことで刊行スケジュールは大幅に遅延してしまった。そのような中、編者の大橋明さん、川島大輔さん、執筆メンバー、そして松山さんは辛抱強く待ち続けてくれた。少しずつ少しずつ立て直していき、全体の調整を終えて、２０２２年2月に松山さんに入稿することができたのである。多くの時間を要してしまったが、再出発をすることができた。

「いよいよ校正が始まる」と松山さんからの連絡を待ったのだが、その後、連絡がないまま3ヶ月が過ぎた。そのような中、福村出版より松山さんが体調を崩されたとの連絡があった。そして、そのおよそ1ヶ月後に再び連絡があり、松山さんが亡くなられたことを知った。

「予定した刊行スケジュールどおりに作業が進んでいれば松山さんと一緒に本書を手に取ることができたのに……」との思いが生じたが、時間は戻ってこない。身動きをとることができない私に対して「それでは来年の話題の書となることを信じてお待ちしています」とエールを送り続けてくれた松山さんに向けて本書を刊行することが最大の恩返しと思い、本書刊行に向けて取り組んだのである。新たな担当編集者として小山光さんが加わり、本書は二度目の再出発をすることができた。再出発した後も、本当に多くの紆余曲折を繰り返し、さまざまな困難に遭遇したが、今こうやって刊行に至ったのである。

本書が「話題の書」になるかはこれからの話ではあるが、支え続け、応援し続けてくれた母、松山さんに対する感謝の思いをかたちにすることができたのではないかと考えている。

そして、この感謝の思いは多くの人たちに向けられたものでもある。先ほども触れたが、刊行に至るまで辛抱強く待ち続け、支え続けてくれた大橋さん、川島さん、執筆メンバーに心より感謝したい。多大な迷惑をかけたにもかかわらず、いつも気持ちよく対応をし続けてくれた。

福村出版株式会社社長の宮下基幸さん、佐野尚史さんに感謝を捧げたい。宮下さんは本書の企画が決定するタイミングで松山さんとご一緒に私の職場まで来てくださり、そのときにさまざまなことをお話しした。宮下さんの後ろ盾があったからこそ本書を刊行することができたと考えている。佐野さんは松山さんが病いに伏し、亡くなられたことにより、本書の行き先が見えなくなってしまった際に、立て直し役としてさまざまな調整を行ってくださった。新たな担当編集者の小山さんに引き継いだ後も刊行に至る現在まで見守り続け、支え続けてくださった。宮下さん、佐野さん、私自身の知らないところでサポートしてくださった福村出版のスタッフのみなさんに心より感謝したい。

そして担当編集者の小山光さんに感謝を捧げたい。松山さんから編集を引き継いでいただいた時点で長きにわたる空白の時間があり、「はたしてどのようになってしまうのか……」「立て直しは簡単ではないだろう……」と不安に思っていた。そのような中、小山さんの手際は本当に素晴らしいものであった。丁寧できめ細やかな作業に私の中にあった不安は消えていていき、細部まで行き届いた作業に松山さんの笑顔が目に浮かんだ。困難な状況の中から本書刊行の道筋をつけてくださった小山さんに心より感謝したい。

困難が多い日々の中、父、兄家族、職場のスタッフ、研究や教会関係者の方々と本当に多くの方々に支えられて、本書刊行にたどり着くことができた。亡き母、松山さん、そして支え続けてくださったすべての方々に心からの感謝を込めて本書を上梓したい。

2023年3月

松島公望

注記

＊1　この「新たな連携・協働」の提案は、髙須麗子氏とのやりとりをきっかけにして生まれ、深まり、広がっていった。「新たな連携・協働」の提案のヒントをくれた髙須氏に心より感謝したい。

＊2　ここで「自然科学分野」が抜け落ちてしまっている。この点については、もとは宗教学ではあるが、宗教認知科学が脳科学、神経科学に通じていることから、宗教認知科学を入口にして自然科学分野との連携・協働を行うことができればと思案している。

＊3　図1の「心理学〜宗教心理学」の関係については、心理学と宗教が結びついたときに「宗教心理学」と呼ぶことは可能になると思われる。本書は心理学と宗教をいかに結びつけていくのかが主題になっていることから、必ずその先の宗教心理学に帰結していくといったかたちで考えていきたい。

な

は

ま

ら

た

索　引

古賀佳樹（Yoshiki Koga）
独立行政法人国立病院機構久里浜医療センター臨床研究部研究員
中京大学大学院心理学研究科博士後期課程修了。博士（心理学）。主要業績：「ゲームの思わぬ危険性――ゲームの使用が死への距離を近づける？」（川島大輔・松本学・徳田治子・保坂裕子編『多様な人生のかたちに迫る発達心理学』ナカニシヤ出版、2020年）、「ゲーム依存とアンヘドニア傾向の関連――行動活性化による介入可能性の検討」（共著、『パーソナリティ研究』29(1)、2020年）など。

日原尚吾（Shogo Hihara）
松山大学経営学部准教授
広島大学大学院教育学研究科博士後期課程修了。博士（心理学）。主要業績：“Forming a Negative Identity in Contemporary Society: Shedding Light on the Most Problematic Identity Resolution”（co-authored, *Identity*, 18(4), 2018）、“Considering the Negatively Formed Identity: Relationships between Negative Identity and Problematic Psychosocial Beliefs”（co-authored, *Journal of Adolescence*, 70, 2019）、“Identity Processes and Identity Content Valences : Examining Bidirectionality”（co-authored, *Developmental Psychology*, 57(12), 2021）など。

イーリャ・ムスリン（Ilja Musulin）
立教大学非常勤講師
セルビア生まれ。東京大学大学院人文社会系研究科博士課程修了。博士（文学）。専門：宗教学、日本学。主要業績：「恐怖管理理論における死と宗教――宗教は死の不安の緩衝なのか」（『死生学研究』15、2011年）、「宗教学理論における死と宗教――合理的選択理論の批判的考察」（『死生学研究』16、2011年）、「最近の心理学理論における宗教と死――意味管理理論」（『死生学・応用倫理研究』19、2014年）など。

辻本　耐（Tai Tsujimoto）
南山大学社会倫理研究所研究員
大阪大学大学院人間科学研究科博士後期課程単位取得退学。博士（人間科学）。主要業績：「子どもは死んだらどうなると思っているのか？」（友久久雄編『仏教とカウンセリング』法藏館、2010年）、「親は幼い子どもに対して死をどのように説明しているのか？——特に死別場面に注目して」（『死の臨床』36(1)、2013年）、「幼い子どもは死を理解しているのであろうか？——幼児期における死の理解」（佐藤眞一編著『心理老年学と臨床死生学——心理学の視点から考える老いと死』ミネルヴァ書房、2022年）など。

中尾将大（Masahiro Nakao）
大阪大谷大学人間社会学部嘱託講師
広島大学大学院生物圏科学研究科博士後期課程単位取得退学。博士（学術）。主要業績：「動物の行動に関する実験」（心理学実験ノート編纂委員会編『心理学実験ノート（第6版）』二瓶社、2016年）、「仏教・浄土教と行動科学の接点」（藤能成編著『仏教と心理学の接点——浄土心理学の提唱』法藏館、2016年）、“Japanese Religiousity through the Lens of Psychological Health: The Role of Religion in Seeking a Better Life”（M. Takahashi (Ed.), *The Empirical Study of the Psychology of Religion and Spirituality in Japan*, Elm Grove Publishing, 2020）など。

杉村和美（Kazumi Sugimura）
広島大学大学院人間社会科学研究科教授
名古屋大学大学院教育学研究科博士後期課程中退。博士（教育心理学）。主要業績：『女子青年のアイデンティティ探求——関係性の観点から見た2年間の縦断研究』（風間書房、2005年）、『大学生の自己分析——いまだ見えぬアイデンティティに突然気づくために』（共著、ナカニシヤ出版、2008年）、『アイデンティティ——時間と関係を生きる（ワードマップ）』（共著、新曜社、2022年）など。

西脇　良（Ryo Nishiwaki）
南山大学人文学部教授
白百合女子大学大学院文学研究科博士課程修了。博士（心理学）。主要業績：『日本人の宗教的自然観——意識調査による実証的研究』（ミネルヴァ書房、2004年）、『宗教心理学概論』（共編、ナカニシヤ出版、2011年）、『宗教を心理学する——データから見えてくる日本人の宗教性』（共編著、誠信書房、2016年）など。

及川　晴（Haruka Oikawa）
同志社大学こころの科学研究センター研究員
東京大学大学院教育学研究科博士後期課程修了。博士（教育学）。主要業績：「思考抑制の影響とメンタルコントロール方略」（『心理学評論』46(4)、2003年）、「危機的状況での認知、感情、行動の変化——新型インフルエンザへの対応」（共著、『心理学研究』81(4)、2010年）、『思考抑制の3要素モデル』（風間書房、2011年）など。

白岩祐子（Yuko Shiraiwa）
埼玉県立大学保健医療福祉学部准教授
東京大学大学院人文社会系研究科博士課程修了。博士（社会心理学）。主要業績：『「理性」への希求――裁判員としての市民の実像』（ナカニシヤ出版、2019年）、『ナッジ・行動インサイト ガイドブック――エビデンスを踏まえた公共政策』（共編著、勁草書房、2021年）、「司法と被害者――『忘れられた存在』からの脱却」（法と心理学会監修『入門 司法・犯罪心理学――理論と現場を学ぶ』有斐閣、2022年）など。

石井賀洋子（Kayoko Ishii）
株式会社あずきプランニング
名古屋大学大学院文学研究科博士後期課程単位取得退学。博士（文学）。看護師・看護教員として病院・専門学校・大学に勤務する中で、一時、臓器移植コーディネーターの業務に携わる。主要業績：「生命健康科学部における『生と死』の教育への取り組み」（共著、『中部大学教育研究』8、2008年）、「現代医療と宗教をめぐる実践的考察――宗教的背景の異なる医療施設の調査から」（博士論文、名古屋大学、2010年）、「現代医療と宗教のかかわり」（『大阪保険医雑誌』579、2014年）など。

岡田正彦（Masahiko Okada）
宗教心理学研究会会員、宇都宮大学大学院地域創生科学研究科博士後期課程在学
大正大学大学院文学研究科修士課程修了。認定カウンセラー、精神保健福祉士、公認心理師。主要業績：「スウェーデンボルグの世界観の宗教心理学的考察」（『人体科学』14(1)、2005年）、「セルフヘルプグループとのコラボレーションの試み」（『人体科学』15(1)、2006年）、「スウェーデンボルグの世界観への宗教心理学的探究――フロイトの精神分析的自我理論の視点から」（日本スウェーデンボルグ協会編『スウェーデンボルグを読み解く』春風社、2007年）など。

森　マミ（Mami Mori）
東京神学大学非常勤講師
白百合女子大学大学院文学研究科修士課程修了。修士（心理学）。公認心理師、臨床心理士。4都県公立・私立学校にてスクールカウンセラー、児童養護施設心理職として勤務。主要業績：「子どもからのメッセージ――心理臨床の現場から」（金児曉嗣監修『宗教心理学概論』ナカニシヤ出版、2011年）、『大人になった発達障害の仲間たち』（いのちのことば社、2019年）、「高齢者虐待と福音」（『聖書と精神医療』39、2020年）など。

河村従彦（Yorihiko Kawamura）
カワムラ心理相談室カウンセラー
東洋英和女学院大学大学院人間科学研究科博士後期課程単位取得退学。博士（人間科学）。臨床心理士、牧師。主要業績：「基本的信頼感、自尊感情、生き方と神イメージの相互の影響の検討」（『キリスト教教育論集』21、2013年）、「キリスト者が内在化させている神表象の変化についての質的研究」（『キリスト教教育論集』23、2015年）、「日本人キリスト者の神表象研究――Wesley理論に基づく教会教育の視点から」（博士論文、東洋英和女学院大学、2015年）など。

クリーグ波奈（Hanna Krieg）
神戸バイリンガルスクール教諭
東京大学大学院教育学研究科修士課程修了。修士（教育学）。主要業績：“Attachment and God Concepts in Japanese Young Adults”（121st American Psychological Association Annual Convention, Honolulu: 2013)、「キリスト教主義学校の役割とその教育的意義――宗教を通した価値の社会化の視点から」（『東京大学大学院教育学研究科紀要』56、2017年)、「心理学」（中西のりこ・仁科恭徳編著『グローバル・コミュニケーション学入門』三省堂、2018年）など。

今城志保（Shiho Imashiro）
株式会社リクルートマネジメントソリューションズ組織行動研究所主幹研究員
東京大学大学院人文社会系研究科博士後期課程修了。博士（社会心理学)。主要業績：「採用面接評価の実証的研究：応募者、面接者、組織が面接評価に及ぼす影響の多水準分析」（『産業・組織心理学研究』19(1)、2005年)、『採用面接評価の科学――何が評価されているのか』（白桃書房、2016年)、「組織開発・組織変革」（角山剛編『組織行動の心理学――組織と人の相互作用を科学する（産業・組織心理学講座 第3巻)』北大路書房、2019年）など。

矢吹理恵（Rie Yabuki-DiCorcia）
東京都市大学メディア情報学部准教授
白百合女子大学大学院文学研究科博士課程修了。博士（心理学)。主要業績：『国際結婚の家族心理学――日米夫婦の場合』（風間書房、2011年)、「日米国際結婚夫婦の宗教的文化実践をめぐる夫婦間葛藤と夫婦関係の変容」（『家族心理学研究』33(2)、2020年)、「日米国際結婚夫婦の宗教的文化実践をめぐる夫婦間葛藤と妻の独立への模索」（『語りの地平：ライフストーリー研究』5、2020年）など。

河村　諒（Ryo Kawamura）
愛知県立大学看護学部准教授
同朋大学大学院文学研究科博士後期課程単位取得退学。博士（文学)。主要業績：「親鸞の『まいりあふべく』浄土について――老年学の視点から」（ビハーラ医療団編『念仏医療者たちの臨床聞法録（ビハーラ医療団講義集Part II)』自照社出版、2013年)、「高齢者施設における宗教的な関わりの臨床的意義と課題――特別養護老人ホームの介護職員への調査を通して」（共著、『Palliative Care Research』15(3)、2020年)、「介護付き有料老人ホームにおける宗教的な関わりを通したスピリチュアルケア実践との関連要因の検討」（共著、『ホスピスケアと在宅ケア』30(1)、2022年）など。

大村哲夫（Tetsuo Ohmura）
東北大学大学院文学研究科准教授
東北大学大学院文学研究科博士課程修了。博士（文学)。臨床心理士。主要業績：『心理臨床とセラピストの人生――関わり合いのなかの事例研究』（共編著、創元社、2015年)、『共に生きるスピリチュアルケア――医療・看護から宗教まで』（共編著、創元社、2021年)、「触れることと触れないこと――スピリチュアルケアにおける倫理的ジレンマ」（『宗教研究』96(2)、2022年）など。

久保隆司（Takashi Kubo）
早稲田大学・國學院大學・日本大学、各非常勤講師
國學院大學大学院文学研究科博士後期課程単位取得退学。博士（神道学）、MA in Counseling Psychology。臨床心理士／公認心理師。主要業績：『ソマティック心理学』（春秋社、2011年）、『ソマティック心理学への招待――身体と心のリベラルアーツを求めて』（編著、コスモス・ライブラリー、2015年）、『生成と統合の神学――日本・山崎闇斎・世界思想』（春秋社、2023年）など。

島井哲志（Satoshi Shimai）
関西福祉科学大学心理科学部教授
関西学院大学大学院文学研究科博士課程単位取得退学。博士（医学）。専門：ポジティブ心理学、健康心理学、公衆衛生学。主要業績：J・J・フロウ／A・C・パークス編『ポジティブ心理学を味わう――エンゲイジメントを高める25のアクティビティ』（共監訳、北大路書房、2017年）、『健康・医療心理学 入門――健康なこころ・身体・社会づくり』（共編、有斐閣、2020年）、『看護のためのポジティブ心理学』（共編、医学書院、2021年）など。

小笠原將之（Masayuki Ogasawara）
関西福祉科学大学心理科学部教授
大阪大学医学部医学科卒業。学士（医学）。主要業績：「自殺予防の新たな視点――『実存モデル』について」（共著、『自殺予防と危機介入』30(1)、2010年）、「『絶望』の先を見据えて――精神医学の臨床から」（平山正実・斎藤友紀雄監修『自死遺族支援と自殺予防――キリスト教の視点から』日本キリスト教団出版局、2015年）、「精神療法の本質としての『祈り』」（『祈りと救いの臨床』2(1)、2016年）など。

武田正文（Masafumi Takeda）
浄土真宗本願寺派高善寺副住職、広島大学客員講師
広島大学大学院教育学研究科博士課程前期修了。修士（心理学）。スクールカウンセラー。主要業績：「浄土真宗僧侶の宗教活動が門徒のメンタルヘルスに果たす役割」（共著、『広島大学心理学研究』10、2011年）、『教えの庭から』（山陰中央新報、連載中）、『仏教×心理学でビジネス考』（中国新聞セレクト、連載中）など。

相澤秀生（Shuki Aizawa）
跡見学園女子大学文学部兼任講師
駒澤大学大学院人文科学研究科博士後期課程単位取得退学。修士（仏教学）。主要業績：「過疎地域における供養と菩提寺――曹洞宗」（櫻井義秀・川又俊則編『人口減少社会と寺院――ソーシャル・キャピタルの視座から』法藏館、2016年）、『岐路に立つ仏教寺院――曹洞宗宗勢総合調査2015年を中心に』（共編著、法藏館、2019年）、「現代仏教寺院に関する実態調査の現状と課題」（『宗教学論集』41、2022年）など。

■著者紹介（執筆順）

タカハシマサミ（Masami Takahashi）
ノースイースタン・イリノイ大学教授
テンプル大学大学院発達心理学研究科博士課程修了。博士（心理学）。主要業績："Relationship between Wisdom and Spirituality: An Expanded Theoretical Model with Mysticism and Gerotranscendence"（R. J. Sternberg & J. Glück (Eds.), *The Cambridge Handbook of Wisdom*, Cambridge University Press, 2019）、"Psychology of Religion in Japan"（co-authored, *Cambridge Handbook of Psychology and Religion*, Cambridge University Press, in press）、"The Last Kamikaze: Testimonials from WWII Suicide Pilots" [motion picture]（producer/director, US: phi phenom production (Available from Documentary Educational Resources, Inc.), 2007）など。

浦田　悠（Yu Urata）
大阪大学スチューデント・ライフサイクルサポート（SLiCS）センター特任准教授
京都大学大学院教育学研究科博士後期課程単位取得退学。博士（教育学）。専門：生涯発達心理学、質的心理学、ポジティブ心理学。主要業績：『人生の意味の心理学――実存的な問いを生むこころ』（京都大学学術出版会、2013年）、「量的研究法」（川島大輔・近藤恵編『はじめての死生心理学――現代社会において、死とともに生きる』新曜社、2016年）、「意味Meaning」（秋山美紀・島井哲志・前野隆司編『看護のためのポジティブ心理学』医学書院、2021年）など。

森本真由美（Mayumi Morimoto）
有限会社パピエ・コレ代表、大学・専門学校非常勤講師
白百合女子大学大学院文学研究科博士課程単位取得退学。博士（心理学）、修士（社会学、経営学、神学）。主要業績：「カトリック信者の宗教性発達過程に関する検討」（『生涯発達心理学研究』（白百合女子大学生涯発達研究教育センター紀要）7、2015年）、「TEAを用いた生育史分析による宗教性発達の検討――ロヨラのイグナチオの伝記研究」（『生涯発達心理学研究』（白百合女子大学生涯発達研究教育センター紀要）8、2016年）、「イエズス会学校における自我体験の想起と語りによる意味形成の検討」（『カトリック教育研究』38、2021年）など。

藤井修平（Shuhei Fujii）
東京家政大学人文学部非常勤講師
東京大学大学院人文社会系研究科博士課程単位取得退学。博士（文学）。主要業績：「西洋における禅の広がりの様相」（宗教情報リサーチセンター編『海外における日本宗教の展開――21世紀の状況を中心に』国際宗教研究所宗教情報リサーチセンター、2019年）、アラ・ノレンザヤン著『ビッグ・ゴッド――変容する宗教と協力・対立の心理学』（共監訳、誠信書房、2022年）など。

■編著者紹介

松島公望（Kobo Matsushima）
東京大学大学院総合文化研究科助教
東京学芸大学大学院連合学校教育学研究科博士課程修了。博士（教育学）。専門：宗教心理学、発達心理学、教育心理学。主要業績：『ようこそ！青年心理学――若者たちは何処から来て何処へ行くのか』（共編、ナカニシヤ出版、2009年）、『宗教性の発達心理学』（ナカニシヤ出版、2011年）、『宗教心理学概論』（共編、ナカニシヤ出版、2011年）、『宗教を心理学する――データから見えてくる日本人の宗教性』（共編著、誠信書房、2016年）など。

大橋　明（Akira Ohashi）
鈴鹿医療科学大学保健衛生学部教授
大阪大学大学院人間科学研究科博士後期課程修了。博士（人間科学）。中部学院大学人間福祉学部准教授などを経て現職。専門：老年学、臨床心理学。主要業績：「時間的展望と適応」（教員免許状更新講習事業コンソーシアム編『教職リニューアル――「教育の最新事情」を効果的に学ぶために（第2版）』ミネルヴァ書房、2011年）、「情動・感情② 感情」（佐藤眞一・権藤恭之編著『よくわかる高齢者心理学』ミネルヴァ書房、2016年）など。

川島大輔（Daisuke Kawashima）
中京大学心理学部教授
京都大学大学院教育学研究科博士後期課程修了。博士（教育学）。独立行政法人国立精神・神経医療研究センター精神保健研究所自殺予防総合対策センター研究員、北海道教育大学准教授、中京大学心理学部准教授などを経て現職。専門：死生心理学、生涯発達心理学、自殺予防学。主要業績：『生涯発達における死の意味づけと宗教――ナラティヴ死生学に向けて』（ナカニシヤ出版、2011年）、『はじめての死生心理学――現代社会において、死とともに生きる』（共編、新曜社、2016年）など。

宗教《しゅうきょう》が拓《ひら》く心理学《しんりがく》の新《あら》たな世界《せかい》
——なぜ宗教《しゅうきょう》・スピリチュアリティが必要《ひつよう》なのか

2023年5月25日　初版第1刷発行

編著者　松島公望
大橋明
川島大輔
発行者　宮下基幸
発行所　福村出版株式会社
〒113-0034　東京都文京区湯島2-14-11
電話　03(5812)9702
FAX　03(5812)9705
https://www.fukumura.co.jp
印刷・製本　中央精版印刷株式会社

Printed in Japan　ISBN978-4-571-25064-4 C3011
落丁・乱丁本はお取り替えいたします
定価はカバーに表示してあります